国际金融教程

主编　韩余静　陈珂

GUOJI JINRONG

JIAOCHENG

WUHAN UNIVERSITY PRESS
武汉大学出版社

图书在版编目(CIP)数据

国际金融教程/韩余静,陈珂主编.—武汉:武汉大学出版社,2023.12
ISBN 978-7-307-23991-3

Ⅰ.国…　Ⅱ.①韩…　②陈…　Ⅲ.国际金融—高等学校—教材
Ⅳ.F831

中国国家版本馆 CIP 数据核字(2023)第 176878 号

责任编辑:杨　欢　　责任校对:李孟潇　　版式设计:马　佳

出版发行:**武汉大学出版社**　　(430072　武昌　珞珈山)
　　　　　(电子邮箱:cbs22@ whu.edu.cn 网址:www.wdp.com.cn)
印刷:武汉邮科印务有限公司
开本:787×1092　1/16　印张:12.75　字数:291 千字　插页:1
版次:2023 年 12 月第 1 版　　2023 年 12 月第 1 次印刷
ISBN 978-7-307-23991-3　　定价:49.00 元

前　言

进入 21 世纪，中国全面推进深化改革开放，建设高水平的开放型经济新体制。在深化经济体制改革的同时，中国职业教育也充分开启改革的大门，推行《国家职业教育改革实施方案》（俗称"职教二十条"）。为了响应职教改革，贯彻"职教二十条"，编者紧跟中国特色高水平高职学校和专业建设步伐，围绕新时代职业教育现代化的目标与要求来编写教材，使高职教材适应新时代新业态下经济社会发展的需要，服务于地方经济发展及行业变化带来的新的人才需求，面向开放型经济市场培养国际化高素质、高技能型人才。本教材紧跟时代步伐以及国际金融形势变化，在教学内容编写和相关数据收集方面与时俱进，融入新的国际金融、国内金融领域的热点问题，不仅接地气，更是将新理念、新做法、新资讯等元素融入，打造易读易用的专业实用性教材。

本教材遵循"必需"与"够用"的原则，基于高职学生的认知特点和学情，确定学习目标、学习内容与学习形式；主要包括外汇与国际收支、汇率与标价方法、外汇业务、外汇风险防范、国际金融市场、国际贸易融资等内容，旨在让学生掌握最基本、最重要的知识点，满足日后专业工作和生活中对国际金融工具的应用需求。本教材具有项目式、模块化的特点，以学习情境为背景，开设各个学习项目。每个学习情境开始前的"学习目标""资料导入"，意在让学生在学习伊始即能了解本情境的学习要点，以及要求掌握的知识和技能；在每个学习项目中间穿插"知识解答""趣味阅读""课堂互动""案例分享"等模块，引导学生深入探究所学知识，并能用于解决实际问题；项目结尾的"职业素养"，让学生树立正确的价值观，培养良好的职业操守和职业素养，"阅读拓展"模块起到对专业知识的延伸和迁移作用，最后还安排"基础练习"与"技能训练"，让学生巩固学到的知识，检验技能操作能力。在结构上，环环相扣，在逻辑思维上层层深入，有利于学生的递进式学习和掌握；在内容上，知识点呈现由浅入深，并化繁为简；此外，典型案例和最新阅读材料让知识贴近市场和生活，知识解答浅显易懂，习题与训练具有针对性，让学生能够举一反三。基于本教材的可读性和简易性特点，期望能达到让学生看得懂、能自学、喜欢练、易掌握的学习效果，实现教、学、练、会相融合的培养目标。本教材可作为高职院校的教学用书，也可作为应用型本科院校国贸、经管、金融等专业的基础课教材以及相关职业人才或爱好者的学习参考书。

本书系国家"双高计划"建设教材，是 2020 年海南经贸职业技术学院立项的"双高"专项教材，由海南经贸职业技术学院的韩余静担任第一主编，负责提纲的拟定和统稿；海南经贸职业技术学院的陈珂担任第二主编，中国银行新加坡分行的邓卫琴作为业务指导。全书共有六个学习情境，学习情境一、二、六由韩余静编写，学习情境三、四、五

1

由陈珂编写。本书得到海南经贸职业技术学院"中国特色高水平高职学校与专业建设计划"项目经费资助。

　　在本书编写过程中，编者广泛参阅了相关专家、学者的文献资料以及大量的数字资源，参考了许多前辈和同仁的著作，受篇幅所限，无法一一列举，在此对他们表示衷心的感谢。由于编者的学识有限，书中难免有疏漏和不当之处，恳请读者提出宝贵意见和建议。

编　者

目　　录

学习情境一　国际收支

学习目标

◎ 知识目标：

★ 掌握外汇、国际收支、经常账户差额、综合差额的概念。

★ 熟悉国际收支平衡表的内容和结构以及记账原理。

★ 了解国际收支失衡的类型和调节方法。

◎ 能力目标：

★ 看懂国际收支平衡表并对其进行基本面分析，能够初步分析国际收支失衡的原因和影响，理解政府对收支失衡调节手段和措施的运用。

资料导入

国家外汇局：2019 年中国国际收支保持基本平衡

据国家外汇局网站消息，日前，国家外汇管理局公布了 2019 年四季度及全年国际收支平衡表初步数据。就"2019 年我国国际收支状况有何特点"的记者提问，国家外汇管理局新闻发言人、总经济师王春英指出，我国国际收支平衡表初步数据显示，2019 年，我国国际收支保持基本平衡，经常账户呈现顺差，跨境资金流动平稳。

一是经常账户呈现顺差，其中货物贸易顺差增长，服务贸易逆差缩小。2019 年，经常账户顺差 1775 亿美元，与国内生产总值（GDP）之比为 1.2%；2018 年为顺差 491 亿美元，与 GDP 之比为 0.4%。其中，国际收支口径的货物贸易顺差 4628 亿美元，较 2018 年增长 17%；服务贸易逆差 2614 亿美元，较 2018 年下降 11%。服务贸易项下，旅行、运输和知识产权使用费逆差分别较 2018 年下降 8%、12% 和 8%。

二是直接投资保持净流入。2019 年，直接投资净流入 591 亿美元。其中，对外直接投资净流出 976 亿美元；外国来华直接投资净流入 1567 亿美元，保持在较高规模。

三是证券投资呈现顺差。据初步统计，2019 年，我国证券投资顺差约 600 亿美元。其中，我国对外证券投资近 900 亿美元，来华证券投资近 1500 亿美元。

王春英表示，总体来看，中国经济拥有足够的韧性和巨大的发展潜力，长期向好发展、高质量增长的趋势不会改变，全方位对外开放将持续推进，预计未来我国国际收支仍将继续呈现总体稳定、基本平衡的格局。

（资料来源：中新网，2020 年 2 月 14 日，http：//www.chinanews.com/cj/2020/02-14/9091428.shtml）

什么是国际收支？什么是经常账户？国际收支与经济之间有哪些联系？国际收支记录哪些国际经济交易项目？如何理解国际收支基本平衡？如何认识国际收支平衡对一国宏观经济目标实现的影响以及政策措施运用，等等。通过本情境的学习，将有助于大家运用相关知识和原理解读经济数据，分析一国的国际收支运行情况。

项目一　外汇与国际收支

国际收支（Balance of Payment，BOP）是国际金融学领域中的一个重要概念，也是了解一国对外经济、贸易和金融活动全貌的重要分析工具，其状况反映了一国的经济实力和国际竞争力。在探讨国际收支之前，我们先从认识另一个与国际收支密切相关的重点词汇——"外汇"开始。

一、外汇

（一）外汇的含义

外汇是国际汇兑（Foreign Exchange）的简称。一般来说，外汇的概念可以有动态和静态之分。动态的外汇是指把一国货币兑换为另一国货币的金融活动。例如，一位中国进口商进口了日本的数控车床，他就可能需要支付日元给日本的出口商。这时，这位进口商就需要将他持有的人民币兑换成日元以清偿债务。这种将本国货币兑换成外国货币的活动就视为动态的外汇，这时的外汇等同于国际结算。

当外汇被看作一种支付工具或手段时，它就有了静态的含义。静态的外汇，又有狭义与广义之分。狭义的静态外汇是指以外币表示的可用于国际间结算的支付手段。或者说，通常意义的外汇是指存放在国外银行的外币资金，或是银行汇票、支票等将存款索取权具体化了的银行票据。广义的静态外汇是指各国外汇管制法令所称的外汇。例如，根据我国 2008 年修订的《中华人民共和国外汇管理条例》第 3 条的规定，外汇是指以外币所表示的可以用作国际清偿的支付手段和资产：①外国货币，包括纸币、铸币；②外币支付凭证，包括票据、银行存款、邮政储蓄凭证等；③外币有价证券，包括政府债券、公司债券、股票等；④特别提款权；⑤其他外汇资产等。

✍ **知识解答**

什么是特别提款权？

特别提款权（Special Drawing Right，SDR），是国际货币基金组织于 1969 年创设的按会员国缴纳的份额分配给各参加国的一种储备资产和记账单位，亦称"纸黄金（Paper Gold）"。它作为会员国原有普通提款权以外的一种使用资金的特别权利，以补充储备资产的不足。成员国使用特别提款权无须偿还，所持有的特别提款权超过其累计分配额时，可获得利息，不足部分则需支付利息。特别提款权可用于成员国政府间的结算，或向其他成员国换取外汇，弥补国际收支逆差，偿还向基金组织借的贷款和利息，但不能兑换黄金，也不能直接用于贸易或非贸易支付。特别提款权是以美元为中心的国际货币体系危机的产物，最初以黄金表示，与美元同值，后改用"一篮子"货币定值。2015 年 11 月 30 日（华盛顿时间）国际货币基金组织执董会决定将人民币纳入 SDR 货币篮子，SDR 货币篮子由 2001 年以来的 4 种货币扩大到美元、欧元、日元、英镑、人民币 5 种货币，它们的权重分别为 41.73%、30.93%、8.33%、8.09%、10.92%。新的货币篮子于 2016 年 10 月 1 日正式生效。

（二）外汇的特点

我们通常所说的外汇指的就是狭义的外汇。只有为各国普遍接受的支付手段，才能用于国际结算。为此，作为狭义的外汇必须具备以下三个特点：

1. 必须具有国际性

即必须是以外币所表示的金融资产，而不能是以本币表示的金融资产。例如，在美国以美元表示的支付凭证，不属于外汇，只有除美元之外的其他可自由兑换货币所表示的支付凭证，在美国才算外汇。

2. 必须具有可兑换性

即持有者可自由地将其兑换成其他货币或以其表示的支付手段。自由兑换货币主要指该货币的发行国对该国货币经常项目下的支付和资本与金融项目下的收支不进行管制和限制。《国际货币基金协定》第 30 条 F 款认为自由兑换货币指：①该货币在国际支付领域中被广泛使用；②该货币在国际外汇市场上是主要的买卖对象；③英镑、美元、日元、欧元是主要的自由兑换货币。非自由兑换货币主要指该货币发行国对该国货币经常项目下的支付和资本与金融项目下的收支进行管制和限制。例如，以越南盾、缅甸元所表示的支付凭证对一国不能算作外汇，因为这些货币的发行国对该国货币经常项目下的支付和资本与金融项目下的收支进行严格的管制。

3. 必须具有可偿付性

即在国外能得到各国的普遍接受和使用，承认其代表一定的价值量，能作为支付手段偿付对外债务。

从狭义的概念来看，黄金以及以外币表示的有价证券不能视作外汇，因为它们不能直接用于国际结算，而只有将它们变为国外银行的存款，才能用于国际结算。至于外币现钞，严格来说也不能算作外汇。虽然，外币在其发行国是法定货币，然而，当它一旦流入他国，便失去了其法定货币的身份和作用，外币持有者须将这些外币向本国银行兑换成本币才能使用。即使是银行，也须将这些外币运至其发行国或境外的外币市场出售，变为在国外银行的存款，以及索取这些存款的外币票据与外币凭证，如银行汇票、本票、支票和电汇凭证等，才算是外汇。

📖 **课堂互动**

小组讨论："外汇"与"外国货币"之间能画等号吗？请具体分析并举例说明。

（三）外汇的种类

1. 自由外汇与记账外汇

外汇按照能否自由兑换，可分为自由外汇与记账外汇。

（1）自由外汇就是不受任何限制，可以自由兑换成任何一种货币的外汇，它在国际金融市场上可以自由买卖，在国际金融中可以用作偿清债权债务的支付手段。目前，世界上有几十种可自由兑换的货币，能在国际结算中普遍使用的自由外汇有美元、欧元、英镑、瑞士法郎、日元等货币。国际货币基金组织（International Monetary Fund，简称 IMF）规定，对国际性经常往来的支付和资金转移有一定限制的货币属于有限自由兑换货币。世界上有一大半国家的货币为有限自由兑换货币，我国人民币目前仍属于有限自由兑换货币。

（2）记账外汇，又称清算外汇或双边外汇，它是根据两国政府贸易清算协定进行国际结算时，用作计价单位的货币。记账外汇可使用交易双方任何一方的货币，也可使用第三国货币。但这种外汇不能兑换成其他货币，也不能支付给第三国。记账外汇经常被缺乏自由外汇的国家在国际结算中使用。例如，中国在与某些发展中国家开展进出口贸易时，为了节省双方的自由外汇，通过签订双边协定，在双方国家各自银行开立专门记账外汇账户来办理清算结算。

2. 贸易外汇与非贸易外汇

根据外汇的来源与用途不同，可分为贸易外汇与非贸易外汇。

（1）贸易外汇是指由商品进出口及其从属费用引起的外汇收付，包括进出口贸易中的应收应付货款、交易佣金、运费保险费等。

（2）非贸易外汇是指非贸易业务引起的外汇收付，如劳务合作、旅游外汇、侨汇、捐赠以及资本流动等方面的外汇收支。

3. 外汇现钞与外汇现汇

根据外汇的形态，可分为外汇现钞与外汇现汇。

（1）外汇现钞是指外国钞票、铸币，现钞主要由境外携入。

（2）外汇现汇是指其实体在货币发行国本土银行的存款账户中的自由外汇。主要由国外汇入，或由境外携入、寄入的外币票据，经银行托收，收妥后存入。它包括从境外银行直接汇入的外币、居民委托银行代其将外国政府公债、国库券、公司债券、金融债券、外国银行存款凭证、商业汇票、银行汇票、外币私人支票等托收和贴现后所收到的外币。

4. 硬外汇与软外汇

根据外汇汇率的市场走势不同，可分为硬外汇（硬币）与软外汇（软币）。

（1）硬币是指币值坚挺，购买能力较强，汇价呈上涨趋势的自由兑换货币，即所谓的"硬通货"。

（2）软币是指币值趋软，有下跌趋势的自由兑换货币，即所谓的"软通货"。

由于各国的国内外经济、政治情况千变万化，各种货币所处硬币、软币的状态也不是一成不变的。

5. 即期外汇与远期外汇

根据外汇买卖交割期限，可分为即期外汇与远期外汇。

（1）即期外汇是指在外汇买卖成交后的当天以及之后的两个营业日办理交割的外汇。

（2）远期外汇是指买卖双方先签订合同，在未来一定时期办理交割的外汇。

（四）外汇的作用

作为国际贸易的产物，外汇不仅能促进世界经济的发展，也对一国的经济建设、科技发展、金融市场稳定发挥着非常重要的作用。

1. 外汇作为国际支付手段，实现国际间的购买力转移

由于各国货币制度不同，过去一般是运送国际间共同确认的财富黄金作为清偿手段，一国货币不能在其他国家流通，不同国家间的购买力无法转移，而外汇的出现解决了这一难题。外汇作为国际支付手段，使货币购买力在不同国家间流通变成现实，从而保证各国政治、经济和文化交流的正常进行。

2. 外汇的出现和广泛使用，促进了国际贸易的发展

外汇是清偿国际债权债务的重要结算工具，使用这种结算工具，不仅能减少过去运送黄金或现钞的费用和成本，提高支付效率；而且能防范风险，加速资金周转，使得国际结算更加安全、便利和快捷，从而促进国际贸易的发展。

3. 外汇在国际间的流动，调剂了各国资金的余缺

由于世界经济发展的不平衡，资金在各国分布不均匀，因此，利用外汇开展国际长期、短期信贷，或通过国际投资促进外汇资金在国际间的流动，能调节各国资金余缺的状况，并为一国的经济建设、科技发展提供所需资金。

4. 外汇充当国际储备，起到平衡国际收支的作用

外汇是国际储备的主要组成部分。一方面，当一国的国际收支发生逆差时，需要动用国际储备进行弥补差额，外汇储备成了平衡一国国际收支的基本手段；另一方面，外汇储备能在一定程度上应对突发的金融风险，保障金融市场的安全。

✑ 知识解答

何谓国际储备？

国际储备（International Reserve）是一国当局持有的，用于弥补国际收支逆差以及维持其货币汇率稳定，作为对外偿债保证的各种形式资产的总称，主要有以下四种形式：

1. 黄金储备（Gold Reserve）

作为储备的黄金是货币性黄金（Monetary Gold），即一国货币当局作为金融资产持有的黄金。非货币用途的黄金不包括在内。

2. 外汇储备（Foreign Exchange Reserve）

外汇储备是一国货币当局持有的国际储备货币。国际储备货币主要有美元、日元、欧元等可兑换货币。它是一国最主要和最重要的储备资产，占国际储备的绝大部分比例。

3. 在国际货币基金组织的储备头寸（Reserve Position in the Fund）

它又被称为普通提款权（General Drawing Dight，GDR），是指成员国在国际货币基金组织（IMF）的普通账户中可自由提用的资产。它主要包括三部分：一是成员国向 IMF 所缴纳份额中的 25% 的外汇部分，二是 IMF 用去的成员国本币持有量部分，三是成员国对 IMF 的贷款。

当一个国家加入 IMF 时，需向该组织缴纳一定数额的会费，称为份额。按 IMF 的现行规定，会员认缴份额的 25% 须以外汇或特别提款权缴纳，其余的 75% 以本国货币缴纳。当成员国发生国际收支困难时，有权以本国货币作为抵押向 IMF 申请提用外汇，用来偿付国际收支逆差。

4. 特别提款权（Special Drawing Right，SDR）

特别提款权是 IMF 分配给成员国的、在原有的普通提款权之外的一种使用资金的权利。这种无形货币与其他储备资产形式相比，有以下几个方面的特点：①不具有内在价值。SDR 是 IMF 人为创设的账面资产，俗称"纸黄金"。②具有严格限定的用途。SDR 只能在 IMF 及会员国之间使用，可同黄金、外汇一起作为储备资产，可用于向其他会员国换取可兑换货币，支付国际收支逆差，偿还 IMF 的贷款。③由 IMF 根据份额的大小向会员国无偿分配。SDR 的分配以份额为基础，所以各成员国的分配数量与其份额成正比，份额越大，分配得越多。

二、国际收支概述

（一）国际收支的产生和发展

国际收支（Balance of Payments，BOP）产生于 17 世纪初，由于地理大发现和工业革命的胜利，以国际贸易为主的对外经济活动得到迅速发展。当时的重商主义者认为，增加一国的财富主要是通过对外贸易顺差来实现的。因此，这一时期的国际收支主要是指一国对外贸易需要结算的差额，即贸易差额。各国开始以"贸易差额"这一概念进行国际贸易收支的初步统计，用来表示一国在一定时期内对外货物贸易的总体情况。第一次世界大战后，各国复苏和发展经济需要大量的资金（包括战争赔款），国际资本借贷因此大大增加，国与国之间的外汇收支比较频繁，对外经济交易内容和范围不断扩展，涉及贸易、非贸易、资本借贷、单方面资金转移等内容。这时的国际收支内涵扩展为一国的外汇收支，即凡在国际经济交往中必须通过外汇进行清算的交易，都属于国际收支的范畴。以上的两种含义统称为狭义的国际收支。

第二次世界大战后，国际经济交往方式明显增多，没有外汇收支的交易也大大增加，如协定贸易、补偿贸易、易货贸易、无偿援助等均不涉及外汇收支，狭义的国际收支概念已不再适用。为了便于一国当局掌握对外经济交易的全貌，国际收支又扩展为一国的国际经济交易总和，将国际收支衡量的重心由"收支"转向"交易"，考察一国在一定时期内全部的国际经济交易，即只要是属于国际经济交易的项目，不论有无外汇收支，都属于国际收支的范畴，这就是现在普遍采用的广义的国际收支概念。

（二）国际收支的概念

国际货币基金组织规定：国际收支是指一国在一定时期内（通常为一年）全部对外经济往来的系统的货币记录。它包括：①一国与其他国之间商品、劳务和收益的交易；②该国货币、黄金、特别提款权以及对其他国的债权、债务的变化；③无偿转移，以及根据会计处理的需要，平衡前两项没能相互抵消的交易和变化的对应记录。根据上述定义，结合国际收支的产生和发展来看，国际收支有狭义和广义两种概念。

1. 狭义的概念

狭义的国际收支是指一个国家或地区在一定时期内外贸或外汇收支的总和。该定义以支付为基础，主要适用于第二次世界大战以前。按照这一概念，凡在一定时期内涉及外汇收支的国际经济交易，都属于国际收支范畴，而那些不涉及外汇收支的国际经济交易则不包括在狭义的国际收支范畴内。例如，补偿贸易、易货贸易以及清算协定下的记账贸易等都没有涉及外汇收支，因此也不包括在狭义的国际收支范围内。狭义的国际收支概念十分强调到期立即结清和以现金进行支付。

2. 广义的概念

第二次世界大战以后，国际经济交易的内容和方式都有很大的变化与发展，各国间的易货贸易、记账贸易、补偿贸易、赊销等不涉及外汇收支的国际经济交易，政府无偿援助、私人赠予侨汇等无偿性质的资金转移，以及资本的大规模国际流动等，使国际经济交易的内容更加丰富。狭义的国际收支概念不能准确地反映一国对外经济交往的各个方面，于是，世界各国便广泛采用广义的国际收支概念，也就是国际货币基金组织所定义的概念，即一个国家或地区在一定时期内（通常为一年）居民与非居民所有经济交易的系统记录。该定义以交易为基础，主要适用于第二次世界大战以后。

📝 **知识解答**

"居民与非居民"的准确理解

一国居民是指在该国居住或从事营利活动一年或一年以上的自然人或法人，包括政府、非营利机构、企业和个人四类经济单位。不能视为"居民"者，均被视为"非居民"。

IMF 规定：

（1）一国政府驻外机构（如大使馆、领事馆、军事机构等）及派驻人员（包括家属）都属派出国的居民，当地雇员除外。

（2）跨国公司的母公司或子公司是经营所在国的居民。

（3）国际性机构，如联合国、国际货币基金组织、世界银行等是任何国家的非居民。

据此，跨国公司母公司与其海外子公司进行的经济交易、国际性机构向其雇员支付工资和薪金、一国驻外人员在驻在国消费等均属国际收支范畴，但一国政府向其驻外机构或人员汇款则不属于国际收支的范畴。可见，归入国际收支范畴的居民和非居民的交易，不是以国籍来界定的，而是以交易主体经济利益中心所在地作为判断依据。

（三）掌握国际收支概念需要注意的几个方面

1. 国际收支是一个流量的概念

流量（Flow）是指在一定时期内发生的变量变动的数值，如一定时期内的存款变动数、人口出生数等；存量（Stock）是指一定时点上存在的变量的数值，如某一时点上存款的总数、人口总数等。国际收支是指在一定时期内（通常为一年）发生的国际经济交易总和，因而是一个流量的概念。

2. 国际收支记录的是经济交易

经济交易主要分为两大类：一类是交换，即交易双方互换货币价值相等的商品、劳务或金融资产。它包括：①金融资产与商品和劳务之间的交换，即商品和劳务的买卖；②商品和劳务与商品和劳务之间的交换，即物物交换；③金融资产与金融资产之间的交换，即资本借贷。另一类是转移，即交易一方向另一方提供单方向的或无偿的商品、劳务或金融资产，而没有得到对等的回报。它包括：①商品和劳务的转移；②金融资产的转移。

3. 国际收支交易的主体是居民与非居民

居民与非居民是一个地域的概念。判断一项经济交易是否应包括在国际收支范畴内，依据的不是交易双方的国籍，而是依据交易的双方是否一方是该国的居民，另一方是该国的非居民。只有居民与非居民的经济交易才属国际收支的范围，居民与居民的交易属国内经济交易，非居民与非居民的交易属离岸经济交易，它们都不包括在任何一国的国际收支范畴里。此外，要将居民与公民的概念区分开。公民是一个法律的概念，是指拥有一国国籍并根据该国法律规定享有权利和承担义务的自然人。

项目二　国际收支平衡表

一、国际收支平衡表的概念

国际收支平衡表（Balance of Payment Presentation）是记录一国或地区居民与非居民在

一定时期内所有经济交易的统计报表，即对国际收支的系统记录。

在国际货币基金组织成立以前，各国都编制了本国的国际收支平衡表，各有特点但详略不一，难以进行国际间的比较。在国际货币基金组织成立以后，各成员国按规定必须按期向 IMF 报送本国的国际收支平衡表。目前，各国通行的参照标准是 IMF 于 2008 年 12 月发布的《国际收支和国际投资头寸手册（第六版）》。成员国从 2012 年开始按照《国际收支和国际投资头寸手册（第六版）》的标准格式向 IMF 报送国际收支平衡表和国际投资头寸表数据。我国国家外汇管理局于 2015 年正式按照新版手册编制国际收支平衡表。标准国际收支平衡表主要包括经常账户、资本和金融账户、净误差与遗漏三大类账户，主要账户设置如表 1-1 所示。

表 1-1　　　　　　　　　　　　国际收支平衡表的主要账户设置

1. 经常账户

　1. A　货物和服务

　1. A. a　货物

　1. A. b　服务

　1. B　初次收入

　1. B. 1　雇员报酬

　1. B. 2　投资收益

　1. B. 3　其他初次收入

　1. C　二次收入

2. 资本和金融账户

　2.1　资本账户

　2.2　金融账户

　2.2.1　非储备性质的金融账户

　2.2.1.1　直接投资

　2.2.1.2　证券投资

　2.2.1.3　金融衍生工具

　2.2.1.4　其他投资

　2.2.2　储备资产

3. 净误差与遗漏

二、国际收支平衡表的主要内容

（一）经常账户（Current Account）

经常账户又称往来账户，它反映了居民与非居民间经常发生的经济交易内容，是一国国际收支中最基本最重要的项目。其中包括以下三个具体账户。

1. 货物和服务账户

（1）货物，即有形贸易商品，该项下记录着一国货物进出口产生的外汇收支，具体记录所有权发生转移的货物，如一般贸易、进料加工贸易等贸易方式的货物进出口。货物账户数据主要来源于海关进出口统计，国际收支统计要求进出口货值均按 FOB 价（离岸价格）记录，而海关出口货值为 FOB 价，进口货值为 CIF 价（到岸价格）。因此，国际收支统计从海关进口货值中调出国际运保费支出，记入服务贸易项下，并补充部分进出口退运的数据以及海关未统计的转手买卖下的货物净出口数据。

（2）服务，又称无形贸易或劳务贸易，该项下记录着一国对外提供或接受服务发生的外汇收支，具体包括加工服务（货物所有权没有发生转移而产生的加工、装配、包装等服务和费用），维护和维修服务（包括货物和设备的维修和保养服务），运输、旅行、建设、保险和养老金服务，金融服务，知识产权使用费服务，电信、计算机与信息服务，其他商业服务，个人、文化与娱乐服务及别处未提及的政府服务等所发生的无形贸易收支。

2. 初次收入账户

初次收入是指由于提供劳务、金融资产和出租自然资源而获得的回报，包括雇员报酬、投资收益和其他初次收入三部分，具体体现如下：

（1）雇员报酬，即一国居民向非居民雇员支付的报酬或从非居民处获得的劳动收入。

（2）投资收益，指因金融资产投资而获得的利润、股息（红利）、再投资收益和利息，但金融资产投资的资本利得或损失不是投资收益，而属于金融账户统计范畴。具体包括直接投资、证券投资、借贷等形式产生的利润、股息（红利）、利息等投资收益。

（3）其他初次收入，指将自然资源让渡给另一主体使用而获得的租金收入，以及对跨境产品和生产的征税和补贴。

3. 二次收入

该账户主要记录商品、服务或金融产品从居民向非居民一方转移而不要求对等回报的外汇收支，即单方面转移、无偿转移，也称经常转移，包括现金和实物。经常转移分为政府和私人的无偿转移，政府无偿转移主要有政府间的军事援助、经济援助和捐赠、战争赔款等，个人无偿转移主要有侨民汇款、年金、捐赠等。

（二）资本和金融账户（Capital and Financial Account）

资本和金融账户记录资本和金融资产在国际间的流动状况，反映一国居民与非居民之间的资本流动和金融产品交易等收支的平衡状态。它包括资本账户和金融账户两大部分。

1. 资本账户（Capital Account）

资本账户体现为居民与非居民之间的资本转移，以及居民与非居民之间非生产非金融资产的取得和处置。

资本转移是指固定资产所有权的变更及债权债务的减免等导致交易一方或双方资产存量变化的转移项目，主要包括固定资产转移、债务减免、投资捐赠等。非生产、非金融资产交易是指非生产性有形资产（土地、地下矿产）和无形资产（专利、版权、商标、经销权等）的交易。

📖 课堂互动

说一说经常账户中服务项下记录的有关专利权等无形资产与资本账户中资本转移项目下有关的无形资产有什么不同。

2. 金融账户（Financial Account）

金融账户记录的是居民与非居民之间投资与借贷等金融资本的流动情况，同时包括储备资产变化的情况。因此，金融账户体现为非储备性质的金融账户和储备资产。其中金融账户包括直接投资、证券投资、金融衍生工具、其他投资等；储备资产是一国持有的官方储备资产，在这里是通过储备增减额的变化来达到调节国际收支平衡的目的。

（1）直接投资，指一国投资者直接在国外采用各种形式（如股本投资、利润收益再投资及其他资产投资等），对商业、金融、工矿等企业进行的投资。通过这类投资方式，投资者直接对投资企业拥有经营管理的发言权，它是长期资本流动的一种形式。在直接投资项下体现为直接投资资产和直接投资负债；相关投资工具划分为股权和关联企业债务，股权包括股权和投资基金份额以及再投资收益，关联企业债务包括关联企业间可流通和不可流通的债权和债务。

（2）证券投资，也称间接投资，指投资者在证券市场上购买他国政府发行的债券、企业发行的中长期债券以及股票而进行的投资；证券投资者以取得利息或股息为目的，对企业不享有经营管理权。在证券投资项下体现为证券投资资产和证券投资负债，相关投资工具划分为股权和债券。股权包括股权和投资基金份额，记录在证券投资项下的股权和投资基金份额均应可流通（可交易）。股权通常以股份、股票、参股、存托凭证或类似单据作为凭证。投资基金份额指投资者持有的共同基金等集合投资产品的份额。债券指可流通的债务工具，是证明其持有人（债权人）有权在未来某个（些）时点向其发行人（债务人）收回本金或收取利息的凭证，包括可转让存单、商业票据、公司债券、有资产担保的证券、货币市场工具以及通常在金融市场上交易的类似工具。

（3）金融衍生工具，又称雇员认股权，用于记录我国居民与非居民的金融工具和雇员认股权交易情况。在该账户下体现为金融衍生工具资产和金融衍生工具负债。金融衍生工具资产用于记录我国居民作为金融衍生工具和雇员认股权资产方与非居民的交易。金融衍生工具负债用于记录我国居民作为金融衍生工具和雇员认股权负债方与非居民的交易。

（4）其他投资，指上述三项投资未包括的其他金融交易，包括其他股权、货币和存款、贷款、保险和养老金、贸易信贷和其他应收款/应付款。

（5）储备资产（Reserve Asset），又称国际储备或官方储备，指货币当局直接掌握并随时可以动用、控制以达到平衡国际收支和稳定汇率等目的的系列金融资产。它包括货币黄金、外汇储备、特别提款权、在国际货币基金组织的储备头寸及其他债权。值得注意的是，该项目反映的是储备资产在国际收支平衡表统计期间的变化额（起到调节收支平衡的作用），而不是官方持有的储备余额存量。

（三）净误差与遗漏（Net Error and Omission）

净误差与遗漏是为了使国际收支平衡表借方和贷方平衡而人为设立的一个平衡项目。国际收支平衡表是按复式簿记原理编制的，从理论上来说，经常账户与资本和金融账户的借方总额同贷方总额应当相等。但是，由于各账户、各具体项目登录所用的资料不完整、来源分散不一、统计口径差异而出现一些差错与遗漏，致使上述两个账户的借方总额与贷方总额不能相等。为此，需要设立该项目进行人为的调整，以轧平平衡表中借贷方总额。

✏️ **知识解答**

人为设立"净误差与遗漏"账户的原因

在编制国际收支平衡表时，由于收集、统计的资料来源和时点不同等原因，会导致经常账户与资本和金融账户不平衡，形成统计残差项，因此，需要人为地设立净误差与遗漏项目来进行调节。具体原因有以下几个方面：第一，统计资料不完整。由于商品走私、虚报出口、以隐瞒形式进行的资本外逃等人为隐瞒因素造成的。第二，统计口径不一。由于国际收支的数据资料来源于海关统计、银行报表、官方主管机构等的统计报表，因此，在统计时，各部门可能在统计口径（时间、范围、计价标准）上存在差异，造成数据的重计、漏记。第三，估算方法不同，导致统计资料数据不精确。由于从事国际经济交易的主体成千上万，交易情况的复杂程度高，在统计时，不同统计单位采用的估算方法不一，因此造成计算结果不同，最终导致统计数据可能无法精确获得。

我国根据 IMF 出版的《国际收支和国际投资头寸手册（第六版）》的标准编制国际收支平衡表。表 1-2 为我国 2019 年国际收支平衡表（概览表）。

表 1-2　　　　　　　　**2019 年中国国际收支平衡表（概览表）**

项　　目	行次	亿元	亿美元
1. 经常账户	1	9768	1413
贷方	2	200485	29051
借方	3	−190717	−27638
1.A　货物和服务	4	11398	1641
贷方	5	182470	26434
借方	6	−171072	−24793
1.A.a　货物	7	29405	4253
贷方	8	165612	23990

续表

项　　目	行次	亿元	亿美元
借方	9	−136207	−19737
1.A.b 服务	10	−18007	−2611
贷方	11	16858	2444
借方	12	−34864	−5055
1.B　初次收入	13	−2336	−330
贷方	14	16228	2358
借方	15	−18565	−2688
1.C　二次收入	16	706	103
贷方	17	1787	259
借方	18	−1080	−157
2.资本和金融账户	19	3884	567
2.1　资本账户	20	−23	−3
贷方	21	15	2
借方	22	−38	−5
2.2　金融账户	23	3907	570
资产	24	−13759	−1987
负债	25	17665	2558
2.2.1　非储备性质的金融账户	26	2545	378
2.2.1.1　直接投资	27	3994	581
资产	28	−6744	−977
负债	29	10738	1558
2.2.1.2　证券投资	30	4003	579
资产	31	−6181	−894
负债	32	10184	1474
2.2.1.3　金融衍生工具	33	−165	−24
资产	34	94	14
负债	35	−259	−37
2.2.1.4　其他投资	36	−5287	−759
资产	37	−2290	−323

续表

项　目	行次	亿元	亿美元
负债	38	−2997	−437
2.2.2　储备资产	39	1362	193
3. 净误差与遗漏	40	−13652	−1981

注：1. 根据《国际收支和国际投资头寸手册》（第六版）编制，资本和金融账户中包含储备资产。

2. "贷方"按正值列示，"借方"按负值列示，差额等于"贷方"加上"借方"。本表除标注"贷方"和"借方"的项目外，其他项目均指差额。

3. 本表计数采用四舍五入原则。

（数据来源：国家外汇管理局网，2020 年 3 月 27 日）

三、国际收支平衡表的编制原理与记账方法

国际收支平衡表是按照现代会计学的复式记账原理编制的，在新版的《国际收支和国际投资头寸手册（第六版）》中，经常账户和资本账户沿用第五版的借贷法，即以借、贷作为记账符号，按照"有借必有贷，借贷必相等"的原理来系统记录每笔国际经济交易。对每一笔国际经济交易记录两次，一次记在贷方，一次记在借方，贷方与借方的数额相等。按照复式记账原则，借方记录资产（本国对外的金融资产）的增加和负债（外国在本国的金融资产）的减少，贷方记录资产的减少和负债的增加。我们可以将上述原则总结如下：

（1）凡引起本国外汇流入的项目，亦称正号项目，记入贷方，符号记为"+"。

（2）凡引起本国外汇支出的项目，称为负号项目，记入借方，符号记为"−"。

当外汇的流入大于支出而有盈余时，称为顺差；反之，则称为逆差，逆差应该在逆差数字前冠以"−"号。逆差也称为赤字，顺差称为黑字。由于每笔交易都要同时记入借方和贷方，因此国际收支平衡表的借方总额和贷方总额是相等的，贷方−借方＝零，差额为零，即平衡。但在实际中，对于平衡表中每一个明细账户来说，借贷双方的金额并不一定相等，所以经常出现差额。例如，出口−进口>0，即贸易差额为顺差，相反则为贸易逆差。

✍ 知识解答

国际收支平衡表主要账户各项目的记账规律

根据国际收支平衡表的复式记账原理，主要账户各项目下的金额记录贷方、借方具有如下规律：

（1）货物项下货物出口记录贷方，货物进口记录借方。

（2）服务项下提供的服务（服务输出）记录贷方，接受的服务（服务输入）记录借方。

（3）初次收入项下我国居民从非居民处获得的相关收入记录贷方，我国居民向非居民进行的相关支付记录借方。

（4）二次收入项下我国居民从非居民处获得的经常转移记录贷方，我国居民向非居民提供的经常转移记录借方。

（5）资本账户贷方记录我国居民获得非居民提供的资本转移，以及处置非生产非金融资产获得的收入；借方记录我国居民向非居民提供的资本转移，以及取得非生产非金融资产支付的金额。

（6）金融账户项下当期对外金融资产净增加记录为负值，净减少记录为正值；当期对外负债净增加记录为正值，净减少记录为负值。

《国际收支和国际投资头寸手册（第六版）》中的金融账户项下，既可沿用第五版的借贷法，也可用增减法来记录。增减法是指通过数值的正负说明资产负债的增加/减少，增加即记正值，减少即记负值。以储备资产为例，2019 年的储备资产减少，用借贷法即表示为 193 亿美元，而用增减法将记录为 -193 亿美元。为了与第五版衔接，我国国际收支平衡表的金融账户项下仍采用借贷法来记录，借贷法可表示资金的流向，如资产增加或负债减少，记负值；资产减少或负债增加，记正值。

🔲 案例分享

现以美国两则国际经济交易案例来说明其国际收支平衡表相关账户的记账方法：

美国向韩国出口价值 50000 美元的商品，韩国以其银行在美国的银行存款支付货款。这笔国际经济交易的记账方法是：美国向韩国出口，意味着美国的货物输向韩国，它为美国带来美元收入，应在美国国际收支平衡表中经常账户的货物项下记入贷方 50000 美元，与此同时，韩国在美国的银行存款（50000 美元）减少，意味着美国的对外负债减少，还应该在金融账户中的其他投资项下以负数记入负债。

中国某企业在美国投资，该企业本年度获得投资利润 500 万美元，它将其中的 360 万美元用于美国当地的再投资，140 万美元汇回国内，这笔交易涉及三个方面的内容：①中国企业在美国获得的直接投资利润是 500 万美元，由此美国的初次收入项下（投资收益）产生了支付行为，应当在美国的经常账户中的初次收入项下以负数记入借方；②140 万美元汇款在通常情况下会通过中美银行之间进行汇付，最终形成美国私人对外短期净债务的增加，应在金融账户中的其他投资项下以正数记入负债；③360 万美元用于美国当地再投资，即发生了美国非居民的投资交易额，所以在金融账户中的直接投资项下以正数记入直接投资负债上。

🔲 课堂互动

（1）甲国向乙国某企业出口价值 200 万美元的设备，该企业以其在甲国的银行存款支付这笔价款；（2）某外国人在甲国旅游，支付了 30 万美元的费用，该旅游者所花费的美元是在甲国的某银行兑换的。请你以甲国的角度来分析两笔国际经济交易的记账方法。

四、国际收支平衡表的差额分析

（一）贸易差额

贸易差额即贸易收支差额。广义的贸易差额由货物和服务的进出口差额构成，狭义的贸易差额仅指的是货物贸易差额，它是货物出口收入与进口支出相抵后的净额，也称有形贸易收支差额。在进行经济问题分析时提到的贸易差额，通常指的是货物贸易差额，因为对大多数国家来说，贸易收支差额在经常账户收支中所占的比重比较大，发展中国家由于服务贸易不发达，货物贸易在对外贸易中处于支配地位。货物进出口额的大小一般反映一国的外贸水平和经济实力，以及一国在国际市场上的商品竞争能力。通过对贸易收支差额进行具体分析，可以看出一国的商品进出口的结构和地区分布是否合理，进而了解该国的产业结构、生产技术水平、产品质量水平与其他各国的差距，有利于提高一国的经济发展水平和自主创汇能力。与此同时分析该国的贸易条件在世界贸易中的地位，寻找贸易顺差和逆差的原因，从而进行平衡调节。如果出现逆差，必须要有某种资金来源与之相抵，或是靠经常账户中其他账户的顺差来抵补，或是靠资本和金融账户中的外资流入，也可能用储备资产来弥补等；如果是顺差，必然会引起国际收支其他账户做相应的变化。

（二）经常账户差额

经常账户差额是国际收支平衡表中最重要的收支差额，经常账户由三个子账户构成，即货物与服务、初次收入、二次收入。所以，经常账户差额等于有形贸易收支差额、服务收支差额、初次收入差额与二次收入差额之和。虽然经常账户收支不能代表全部的国际收支，但它综合反映了一国经济交易的一般态势，各国和国际货币基金组织都特别重视经常账户差额情况。如果经常账户有逆差，表示从国外过多地动用了商品与服务供国内使用，应相应地减少本国在外国的资产或是增加对外的负债。如果经常账户有顺差，则表示向国外过多地供应了商品与服务，应相应地增加本国的对外资产或减少对外的负债。

（三）资本和金融账户（不含储备资产）差额

资本和金融账户（不含储备资产）差额是国际收支平衡表中资本账户差额与金融账户差额之和。其反映一国经济除储备资产以外的其他金融债权对外交易的结果。当该差额为正时，表明该国的资本流入大于流出，资本和金融账户有顺差，反之为逆差。资本和金融账户差额具有两方面的分析作用：一是通过该项目余额可看出一个国家金融市场的开放和发达程度，对一国货币政策和汇率政策的调整提供有益的借鉴。一般而言，金融市场越开放的国家，其资本和金融账户的流量总额就可能越大。随着经济和金融全球化的不断发展，资本和金融账户已经不仅仅局限于为经常账户提供融资，国际资本流动已经逐步摆脱了对国际贸易的依赖，表现出具有相对独立的运动规律。因此可以说，该差额能够反映该国金融市场的开放程度以及这种独立的资本运动规律。

二是该账户与经常账户之间具有融资关系，资本和金融账户余额可以折射出一国经常账户的状况和融资能力。当经常账户出现赤字时，必然对应着资本和金融账户的相应盈余，这意味着一国利用金融资产的净流入为经常账户赤字融资。如果一国的国际收支经常账户赤字是由直接投资流入来平衡差额，则这种平衡是良性健康的。但如果是通过金融账户中的证券投资和其他投资（不稳定的短期资本）的融资来弥补经常账户逆差，则此平衡是不健康的。如果一国的经常账户赤字长期高位运行，则其累积的净国外负债的利息支付就可能相当大，就会加剧经常账户赤字的恶化，形成一种恶性循环，有发生债务危机的风险。

（四）综合账户差额（总差额）

综合账户差额即国际收支总差额，它包含了除储备资产以外的所有国际收支账户差额。具体由经常账户差额与资本和金融账户差额构成，因此它是经常账户差额、资本和金融账户（不含储备资产）差额加上净误差与遗漏的总和。国际收支总差额将直接反映出该国在一定时期内国际储备量的变化情况，可以用来衡量一国的国际收支对储备造成的压力大小，如果总差额为盈余（顺差），则国际储备增加；总差额为赤字（逆差），则国际储备将相应减少。在平衡表当中，为了调节收支平衡，总差额会引起储备资产的反方向变动：总差额为正数（顺差），则储备资产为负数；反之，总差额为负数（逆差），则储备资产为正数，最终取得收支平衡。国际收支总差额是分析国际收支状况最常用的指标，按惯例，在没有特别说明的情况下，国际收支差额通常指的是总差额。

五、国际收支平衡表的分析

国际收支平衡表记录着一国在一定时间内全部国际经济交易的内容，国际收支状况是国民经济综合平衡的一个重要部分，是反映一国对外经济的"晴雨表"和"预警器"。它不仅对一国的宏观经济管理和决策有着重要作用，也是了解其他国家涉外经济发展状况和趋势的主要途径。所以很有必要准确、全面地分析国际收支平衡表，不仅要分析本国的国际收支平衡表，也要分析他，特别是经济大国及贸易伙伴国的国际收支平衡表。

（一）分析国际收支平衡表的意义

1. 分析本国国际收支平衡表的意义

（1）能够及时、全面地掌握本国的对外经济交往情况，从中找到国际收支顺差、逆差产生的原因，以便采取相应的措施，调节差额；

（2）可以掌握外汇资金的来源和运用情况，以及国际储备的增减情况；

（3）全面掌握本国的经济发展和实力状况，据以制定相应的贸易、金融、投资、财政、外汇管理等政策。

2. 分析他国国际收支平衡表的意义

（1）了解该国的国际收支顺差、逆差情况及储备资产增减情况，以此预测其汇率变动趋势及其可能采取的货币、金融和财政政策；

（2）知晓该国的国际资本流动规模和方向以及债务情况；

（3）测算其利率变动趋势和偿债能力，据此制定对该国的贸易和投资政策；

（4）有针对性地分析他国特别是经济大国的国际收支情况，有助于预测世界贸易发展趋势和国际金融市场形势变化情况，有效地制定本国国际贸易发展总体战略及具体对外贸易政策。

（二）国际收支平衡表的分析方法

掌握和运用正确的分析方法对准确、全面地分析国际收支平衡表有着重要作用。国际收支平衡表的分析方法主要有静态分析法、动态分析法和横向比较分析法等。对一国的国际收支进行分析时，一般需要将多种方法结合起来使用分析，才能对一国的对外经济交往情况全面、准确、深入地掌握。

1. 静态分析法

静态分析法是对某国在一定时期内（一年、一个季度或一个月）的国际收支平衡表各个项目和差额及其形成的原因，以及这些差额对国际收支总差额影响进行分析的方法。具体包括细致分析每个项目，分析各个项目的局部差额，分析大项的差额构成、平衡状况及其形成的原因等。比如分析货物贸易账户中的进口和出口的结构及总额情况，掌握贸易差额形成的原因；分析货物贸易和服务贸易的差额及构成；分析经常账户、资本账户、非储备性质的金融账户差额和构成及其形成的原因，以及储备资产增减情况等。

2. 动态分析法

动态分析法又称纵向比较分析法，即对某国连续不同时期的国际收支平衡表进行分析，来判断未来一定时期内该国国际收支的发展趋势和变化规律的分析方法。由于一国对外经济政策的连续性和经济结构调整的时效性，一国一个时期内的国际收支状况与上一时期和下一时期的国际收支状况有着密切联系。因此，分析国际收支平衡表也应将不同时期的国际收支状况联系起来，进行动态分析，以掌握政策执行效果和问题产生原因及可能的变化趋势。出现国际收支不平衡，暂时性顺差或逆差与持续性顺差或逆差的内涵和带来的影响是完全不同的，采取的政策和调节措施也存在较大的不同。因此，要掌握一国准确的国际贸易和经济发展变化情况，需要遵循动态性原则，分析连续不同时期的国际收支平衡表，才能得出比较准确的结论。

3. 横向比较分析法

横向比较分析法是对不同国家相同时期的国际收支平衡表进行分析比较的方法。通过横向比较分析，了解一国的经济地位和实力，了解各国的对外经济发展情况，以更好地把握世界贸易、金融及资本流动的发展状况趋势。同时，从中可找到本国与各国在对外贸易合作关系中存在的问题和矛盾，来调整对外贸易政策，促进本国经济与各国经济的合作和发展。

此外，分析一国的国际收支平衡表还要紧密结合国际收支发生期及其前后的国内外政治背景和国际局势的影响，尤其是一些主要经济大国的政治背景、经济政策、汇率变动、外汇管制和国际资本流动以及一些突发事件（如恐怖事件、重大自然灾害）的影响。只有对国内外的宏观经济、政治背景情况进行全面考察和分析，掌握各因素对国际收支可能产生的影响，才能得出更加全面、客观、科学的分析结论。

📖 案例分享

国际收支平衡表分析

国家外汇管理局公布的《2020 年中国国际收支报告》显示，2020 年我国国际收支延续基本平衡的发展格局，外汇储备规模稳定在 3.2 万亿美元左右。经常账户顺差增加，达到 2740 亿美元，与国内生产总值（GDP）之比为 1.9%，继续处于合理均衡区间。其中，货物贸易顺差 5150 亿美元，较 2019 年增长 31%，呈现先抑后扬走势；服务贸易逆差 1453 亿美元，收窄 44%，主要是旅行支出萎缩。资本和金融账户逆差 1058 亿美元，其中，资本账户逆差 1 亿美元，非储备性质的金融账户逆差 778 亿美元；跨境双向投融资活跃。一方面，外资投资国内市场的信心依然较强，各类投资合计 5206 亿美元，较 2019 年增长 81%；另一方面，居民多元化配制境外资产的需求增加，我国对外各类投资 5983 亿美元，增长 1.1 倍。2020 年年末，我国对外金融资产和负债较 2019 年年末分别增长 11% 和 18%，对外净资产 2.2 万亿美元。2021 年，预计经常账户顺差继续处于合理区间，跨境资本流动延续有进有出、总体均衡的态势。从国际环境看，全球新冠肺炎疫情仍在持续，经济金融运行中的不稳定不确定因素依然存在；但国内经济长期向好的基本面没有改变，我国将巩固拓展疫情防控和经济社会发展成果，加快构建以国内大循环为主体、国内国际双循环相互促进的新发展格局，继续实行高水平对外开放，保持人民币汇率在合理均衡水平上的基本稳定。外汇管理部门将立足新发展阶段，坚持新发展理念，持续推进贸易投资便利化改革，推动金融市场开放，完善外汇市场"宏观审慎+微观监管"两位一体管理框架，防范跨境资金流动风险，服务实体经济发展，维护国际收支基本平衡。

（资料来源：国家外汇管理局《2020 年中国国际收支报告》）

项目三 国际收支失衡与调节

国际收支平衡表的平衡与国际收支的平衡是两个不同的概念。如前所述，国际收支平衡表是按照会计学的复式记账原理编制的，因而最终借方总额与贷方总额是相等的，这种平衡只是账面的、会计上的平衡，并非实际意义上的平衡。通常情况下，一国的国际收支是否平衡呢？我们如何判定和认识一国的国际收支是否平衡？

一、国际收支失衡的判定

国际收支平衡表所列的全部账户中，除了"净误差与遗漏"账户外，其余所有账户都代表实际的经济交易，这些交易活动按照其交易主体和交易目的不同，可分为两种类型：自主性交易和调节性交易。

自主性交易（Autonomous Transaction）又称事前交易，是指经济实体或个人出于经济利益的动机或其他目的而主动进行的交易，如货物和服务的进出口、直接投资、证券投资等。通常情况下，自主性交易项目包括经常账户、资本和金融账户（部分短期资本除外）。

调节性交易（Accommodating Transaction）又称弥补性交易，即自主性交易收支不平衡之后产生的弥补性交易，所以又称事后交易。具体指中央银行或货币当局出于调节国际收支差额、维护国际收支平衡的目的而进行的交易，如官方储备的变动、官方的短期资金融通等。它体现了政府的意志，具有集中性和被动性的特点。

衡量国际收支平衡的口径有很多，不同国家往往根据自身情况选用一种或若干种口径来判断一国收支情况，并采取相应的对策。在理论上，一般是将自主性交易作为判定国际收支平衡与否的标准和依据。如果一国国际收支中的自主性交易所产生的借方金额与贷方金额相等，就说明该国国际收支平衡或基本平衡；如果不相等则为不平衡，不平衡即国际收支失衡（顺差或逆差），需要动用调节性交易来进行弥补差额。

究竟哪些项目属于自主性交易或调节性交易呢？在实践中，有些项目很容易确定，如经常账户；但有些项目难以确定它究竟是属于自主性交易还是调节性交易，如短期资本流动。所以，IMF倡导采用总差额这一概念进行分析。总差额是经常账户、资本和金融账户及净误差与遗漏项目之和。总差额的状况直接影响到一国货币的汇率是否稳定，而动用储备资产来弥补国际收支不平衡、维持汇率的稳定又会影响到一国货币的发行量，因此，总差额这一概念非常重要，它反映了报告期内一国国际收支状况对其储备的影响。在没有特别说明的情况下，一国国际收支顺差或逆差通常是就总差额而言的。

二、国际收支失衡的主要原因

一国国际收支失衡的原因是什么？根据各国的经济与外贸发展情况可归纳为以下几点。

（一）经济周期

各国的经济发展都会显现出周期性变化，经历繁荣、衰退、萧条、复苏四个阶段，在经济周期的各个阶段，由于生产、投资、人均收入和社会需求的消长，会使一国的国际收支发生不平衡。由于生产与资本国际化的发展，主要西方国家经济周期阶段的更替更会影响其他国家的经济状况，致使各国发生国际收支的不平衡，称为周期性不平衡。

（二）国民收入

一国国民收入的变化，可能是由于经济周期阶段的更替所致，也可能是由于经济增长率的变化所致。一国国民收入的增减，会对该国的国际收支产生影响：国民收入增加，贸易和非贸易支出都会增加；国民收入减少，则贸易和非贸易支出都会减少。这种由国民收入变化而产生的国际收支不平衡，称为收入性不平衡。

（三）经济结构

一国的国际收支状况往往取决于其贸易收支状况。当世界市场的需求发生变化时，一国输出商品的结构，乃至产业结构如能随之调整，则该国的贸易收支将不会受到影响；相反，如该国不能按照世界市场需求的变化来调整商品输出结构，则将会出现贸易收支和国际收支不平衡，由此产生的国际收支不平衡，称为结构性不平衡。一般而言，这种由于产业结构和经济增长等因素造成的国际收支失衡具有长期持久、不易消除的特点。

（四）货币价值

在一定汇率水平下，如果国内货币供应增加，一般物价水平与商品成本高于其他国家，将有利于该国进口，不利于出口，从而使其贸易收支和国际收支发生逆差；相反，则有利于出口，不利于进口，从而导致顺差。这种由于货币对内价值的高低所引起的国际收支不平衡，称为货币性不平衡。

（五）偶发性因素

除以上各种经济因素之外，一国政局动荡和自然灾害等偶发性因素，也会引起贸易收支的不平衡和巨额资本的国际流动，因而使一国的国际收支不平衡。例如，2001年美国"9·11"事件引起美国巨额收支变化，2003年"非典"疫情引起一些国家医疗药品的出口减少、进口增加等。

（六）不稳定的国际资本流动

国际金融市场上存在着大量的游资，稍有风吹草动，这些资金就会在各国之间频繁移动，以追求投资利润。这种变幻莫测的短期资本流动也会对一国国际收支产生影响。

就以上各个原因来说，经济结构性因素和经济增长率变化所引起的国际收支不平衡，具有长期性、持久的性质，因而被称为根本性不平衡、持久性失衡；其他因素所引起的国际收支不平衡，具有临时性，而被称为暂时性不平衡。

课堂互动

说一说国际收支失衡的具体类型，判断哪些属于持久性失衡，哪些属于暂时性失衡，并分析你的理由。

三、国际收支失衡对经济的影响

（一）国际收支逆差的影响

若一国国际收支发生逆差，则外汇供小于求，易引起本币贬值，中央银行需要抛售外汇而回笼本币进行干预，使本币回升，结果会导致外汇储备减少；同时国内本币供给量减少，也会引起通货紧缩，利率上涨，影响本国经济的增长，使产量和就业率下降。另外，国际储备的下降还会影响一国的对外金融实力和国家信用。从国际收支逆差形成的具体原因来说，如果是贸易收支逆差所致，将会造成国内失业率的提高；如果是资本流出大于资本流入所致，则会造成国内资金的紧张，从而影响经济增长。

如果一国存在长期、巨额的逆差，则会带来外汇储备大量流失，本币跌落，失业率上升，卷入债务危机，严重影响经济发展。

（二）国际收支顺差的影响

若国际收支出现顺差，则外汇供大于求，易引起本币升值，不利于出口；另外，国际收支顺差导致外汇储备增加，同时也引起本币供给量增加，导致通货膨胀。从另外一个角度考虑，本国顺差即他国逆差，易引起国际摩擦，影响国际关系。若顺差来自贸易账户，会因出口过多而引起本国资源不足，影响本国的经济发展。若顺差来自资本和金融账户，会因外债规模过大而造成还债压力增加，也会给本国经济发展带来不利影响。

由此可知，国际收支逆差会导致国内通货紧缩和本币贬值，国际收支顺差会导致国内通货膨胀和本币升值。相对而言，顺差对一国的压力较轻，但长期来看，无论是逆差还是顺差，都会给经济带来不利影响，各国都必须采取措施进行调节，使国际收支保持均衡。

✏ 知识解答

何谓国际清偿能力？

国际清偿能力指的是一个国家的对外支付能力以及为本国国际收支赤字融通资金的能力。它包括三个组成部分：一是一国货币当局持有的国际储备，主要指国际储备中的黄金和外汇储备；二是一国货币当局的借款能力；三是一国商业银行所持有的外汇资产。

国际清偿能力与国际储备既有密切联系，又有明显区别。国际清偿能力的内容要广于国际储备，一国的国际清偿能力除了包括该国货币当局持有的各种形式的国际储备之外，还包括该国在国外筹借资金的能力，即向外国政府或中央银行、国际金融组织和商业银行借款的能力。国际储备仅是一国具有的、现实的对外清偿能力，而国际清偿能力则是该国具有的、现实的对外清偿能力和可能有的对外清偿能力（潜在的借款能力）的总和。

课堂互动

你认为出现国际收支顺差对国家有任何影响吗？请具体分析。

四、国际收支失衡的调节

国际收支失衡的调节包括自动调节和政策调节。但国际收支的自动调节机制充分发挥作用是有前提的（如市场机制是完善的，经济是自由的，即无任何外汇或外贸的管制），而且调整时间也比较长，其作用的程度和效果也无法衡量。因此，当国际收支出现失衡时，一国当局往往不能完全依靠经济体系的自动调节机制来使国际收支恢复均衡，而需要采取适当的政策措施加以调节。调节国际收支失衡的政策主要有：

（一）外汇缓冲政策（Foreign Exchange Cushion Policy）

外汇缓冲政策是指一国货币当局通过变动官方储备或利用对外短期借贷来弥补国际收支失衡的政策，即政府将持有的黄金、外汇储备通过中央银行在外汇市场上买卖外汇来消除国际收支不平衡形成的外汇供求缺口。这一政策主要用于调节偶发性的国际收支失衡，并避免对本币汇率造成过大的影响，有利于本国对外贸易和投资的顺利进行。但这一政策不适用于弥补巨额的、长期的国际收支失衡，否则会导致官方储备的枯竭或大量累积（造成资源的浪费）、外债规模过大等；适合作为一种辅助手段，缓解支出政策所带来的冲击，更有效地调节国际收支。

（二）财政政策和货币政策

1. 财政政策（Fiscal Policy）

财政政策是指一国政府通过调整税率和财政支出的方式来改变社会总需求和物价水平，进而调节国际收支的政策。例如，当一国出现国际收支逆差时，政府可采用紧缩性的财政政策，即削减财政开支和提高税率，引起社会上的投资和消费减少，降低社会总需求，迫使物价下降，从而促进出口，抑制进口，改善国际收支。反之，出现顺差时，政府可采用扩张性的财政政策，增加财政开支和降低税率，以扩大总需求，减少出口，增加进口，从而减少国际收支盈余。

2. 货币政策（Monetary Policy）

货币政策是指一国中央银行通过调整其对商业银行等金融机构的再贴现率、法定存款准备金率或进行公开市场业务等来影响国内货币的供应量和利率，进而影响国际收支的政策。调低再贴现率和法定存款准备金率、在公开市场买入政府债券，会导致国内货币供应量增加，利率下降，称为扩张性的货币政策；调高再贴现率和法定存款准备金率、在公开市场卖出政府债券，会导致国内货币供应量减少，利率上升，称为紧缩性的货币政策。当国际收支失衡时，可采用扩张性或紧缩性的货币政策来加以调节。例如，当国际收支出现逆差时，采用紧缩性的货币政策，导致国内货币供应量减少，利率上升，进而引起国外资金流入增加，本国资金流出减少，改善国际收支。

紧缩性的政策会使国内经济紧缩，扩张性的政策会使国内经济膨胀，因此，无论是财政政策还是货币政策，它们对国际收支的调节都是以牺牲国内经济为代价的。特别是当经济紧缩和国际收支逆差并存或经济膨胀和国际收支顺差并存时，这种调节会使本已存在的经济紧缩或经济膨胀更为严重。只有在国际收支赤字是因为总需求大于总供给，同时实现充分就业的情况下，采取紧缩性的经济政策才不至于牺牲国内经济。因此，财政和货币政策适用于调节周期性的国际收支失衡。

✍ 知识解答

央行"三大法宝"

我国货币政策的三大工具，也称作货币政策的"三大法宝"，分别是存款准备金政策、再贴现政策和公开市场业务。

存款准备金政策是指中央银行对商业银行等机构制定的存款规定，即规定存款准备金率，强制要求商业银行等机构按规定的比例上缴给央行法定存款准备金。如果法定存款准备金率是10%，我们存入商业银行100元钱，商业银行可以把90元钱贷出去，10元钱要上缴给中央银行。上缴给央行的存款起到什么作用呢？它可以防止当商业银行出现信贷危机，其不能提供给客户所需取回的存款时，商业银行可以向中央银行贷款。假如中央银行提高法定存款准备金率，意味着商业银行向央行上缴的存款增加，则商业银行可提供放款及创造信用的能力就下降。从而降低了整个金融体系创造信用的能力，其结果是社会银根偏紧，货币供应量减少，投资及社会支出都相应缩减。

再贴现政策是指商业银行将贴现所获得的未到期票据，向中央银行转让，它是中央银行向商业银行提供资金的一种方式。中央银行通过调整贴现率来调节市场，影响利率。假若中央银行规定贴现率是5%，那么商业银行在向中央银行贷款时就要支付中央银行5%的贷款利息，商业银行再向个人或企业外贷时，为了保持利润，就会以高于中央银行贴现率5%的贷款利率外贷，如此一来，中央银行根据市场货币需求来制定贴现率，再通过商业银行利用市场自动调节商业银行贷款利率，进而调节银行的信贷规模。

公开市场业务是指中央银行在金融市场上公开买卖有价证券，以改变商业银行等机构的准备金，进而影响货币供应量和利率，实现货币政策目标的一种货币政策手段。例如，当市场上的货币供应量多时，央行可通过发行或卖出债券，使资金回笼；相反，则回购债券，直接增加金融机构的可用资金数量，进而增加市场上的货币供应量。

在以上三种工具中，中央银行最常用的是公开市场业务，因为这项政策比较温和，对经济起微调作用，而存款准备金政策和再贴现政策，都是相对强硬的手段。因此，当我们看到一个国家的中央银行的法定存款准备金率和再贴现率在改变的时候，一般是意味着货币政策有重大的变化，它们是非常情况之下使用的政策工具。

（三）汇率政策（Exchange Rate Policy）

汇率政策是指一国通过改变汇率水平来调节国际收支失衡的政策。主要有本币法定贬值和法定升值的做法。例如，当一国出现国际收支逆差时，政府可实行本币法定贬值政策，即降低本币汇率，提高外汇汇率，使本国产品以外币表示的价格下跌，提高出口竞争力，扩大出口，以改善国际收支的状况；反之，若国际收支出现顺差，则采用本币法定升值政策。汇率政策主要适用于调节货币性的国际收支失衡。1973 年春，西方各国将普遍采用的固定汇率制度纷纷改为浮动汇率制度以后，汇率政策仍被用于调节国际收支，这表明西方各发达国家积极进行市场干预，使汇率符合自己的期望值，通过本币币值的高估或低估来达到调节国际收支的目的。

汇率政策对国际收支和经济的影响是十分复杂的，汇率政策的效果受多种因素的制约，因而汇率政策能否达到预期的目标，要视进出口商品的供求弹性、本国实行的其他经济政策以及国际市场贸易环境等因素而定。而且运用汇率政策调节国际收支必须与财政、金融政策相配合。若一个国家为调节国际收支逆差而实行货币贬值，但另外又增加消费、增加政府和企业的开支，这样就扩大了对国外商品的需求，则本币贬值就不能达到减少逆差的作用。因此，只有结合紧缩性财政货币政策来实行货币贬值，才能起到改善逆差的效果。

（四）直接管制（Direct Control）

直接管制是指一国通过发布外汇或外贸管制等行政命令，对国际经济贸易进行干预，以求得国际收支平衡的政策措施。直接管制包括外汇管制、外贸管制。外汇管制是指一国当局对汇率水平及外汇的收支、买卖与国际结算等所采取的限制性措施；外贸管制是指政府直接干预进出口所采取的各项政策措施，包括关税政策、进口配额、进口许可证制、非关税壁垒、出口补贴、出口信贷政策、出口退税和外汇留成制等鼓励出口的政策。直接管制比较灵活，可以迅速达到平衡国际收支的目的，如通过提高进口关税或减少配额来限制进口，通过实行出口补贴或优惠信贷来鼓励出口，效果显著，但一旦取消管制，国际收支不平衡现象仍然会重新出现，不能真正解决结构性失衡问题。此外，实行管制政策，既为国际经济组织反对，又会引起他国报复而引发"贸易战"。

（五）供给政策（Supply Policy）

供给政策是指通过改善一国的经济结构和产业结构，增加贸易品的生产，提高贸易品的质量，降低贸易品的生产成本来改善国际收支的政策。供给政策主要调节长期的、结构性的国际收支失衡。

在以上的政策中，外汇缓冲政策又称为融资政策（Financing Policy），其他四种政策统称为调整政策（Adjusting Policy）。当一国国际收支出现失衡时，政府可选择的政策是多种的，可通过融资政策来调整，也可通过调整政策来调整，还可通过融资与调整政策的某种组合来调整。具体采用哪种政策或政策组合，要视具体失衡类型及国情而定。例如，若国际收支不平衡是由季节性变化等暂时性原因形成，可利用外汇缓冲政策；若国际收支不平衡是由国内通货膨胀加重而形成的，可运用货币贬值的汇率政策；若国际收支不平衡是由国内总需求大于总供给所致，可运用财政、货币政策，实行紧缩性财政、货币政策；若国际收支不平衡是由经济结构性原因引起的，可进行经济结构调整并采取相应的供给政策来调节。

项目四　我国的国际收支

一、我国国际收支平衡表编制

20 世纪 50 年代，我国开始编制外汇收支平衡表。由于当时我国实行高度集中的计划经济体制，国家对外经济交往活动比较单一，没有条件利用外资，基本无资金流动，外汇收支规模较小，因此，进出口贸易收支和非贸易收支构成了我国国际收支统计的主要内容。当时我国将外汇收支平衡作为我国国民经济综合平衡的一个重要组成部分，在对外贸易和外汇收支上实行"以收定支，收支平衡，略有盈余"的原则，即实现外汇平衡就必须保持贸易和非贸易的收支大体平衡，并有盈余。历年的外汇收支平衡表的编制为以后开展国际收支统计积累了历史经验并奠定了基础。

1980 年，中国在国际货币基金组织和世界银行的合法席位相继恢复，根据国际货币基金组织和世界银行有关条款的规定，成员国有义务向国际货币基金组织报送数据，当年国家外汇管理局和中国银行总行试编制了国际收支平衡表。1981 年，国家外汇管理局根据国际通行统计标准，结合我国经济运行实际，制定了我国首个国际收支统计制度。1984 年11 月，以国际货币基金组织编制的《国际收支手册》第四版为标准，国家对原有国际收支统计制度进行了修改。1985 年 9 月，我国首次正式向社会公布 1982—1984 年《中国国际收支概览表》，并从 1988 年开始，每年公布上一年的国际收支平衡表。我国国际收支统计制度初步建立。

为加强涉外统计工作，建立国际收支统计各项制度，1995 年国家外汇管理局制定并发布了《国际收支统计申报办法》，规定从 1996 年 1 月 1 日起，中国居民与非居民进行的交易都必须及时、准确、全面地进行国际收支申报。同年，我国开始按照国际货币基金组织《国际收支手册》第五版的原则编制和公布国际收支平衡表。之后，我国相继发布一系列有关实施细则和业务操作规程以及配套政策措施；国际收支统计数据采集方法也逐步走向规范化，采集手段逐渐实现电子化，我国国际收支统计工作不断优化和成熟。

1998 年，我国开始按季度编制国际收支平衡表。加入世界贸易组织后，为了融入全球化经济体系，履行国际货币基金组织规定的职责，从 2001 年开始，我国试编 1999 年以来历年的国际投资头寸表，并按每半年一次公布国际收支平衡表。2002年，我国加入国际货币基金组织数据公布通用系统（GDDS），在国际货币基金组织网站上正式发布我国"数据诠释模板"英文稿，并将国际收支数据诠释模板在国家外汇管理局国际互联网站公布。2005年我国首次公布中国国际收支报告，并实施出口换汇成本监测制度，开展边贸地区人民币汇兑、清算、支付及流通等情况监测，建立起了点面结合的统计监测制度。2006年5月，我国首次向社会公布中国国际投资头寸表，由此标志着我国对外部门统计信息的完整发布。同年12月，国家外汇管理局推出新版国际收支统计监测系统，提高了我国对国际收支统计信息的监测水平，有效监测我国国际收支状况，并及时发出预警信号，有助于完善我国国际收支统计工作，也为宏观经济调控提供决策的依据。

自2005年起，国家外汇管理局不断选派统计专家参加全球国际收支统计委员会，参与《国际收支和国际投资头寸手册》第六版的修订，国际货币基金组织于2008年12月正式发布了《国际收支和国际投资头寸手册》第六版，我国国家外汇管理局于2015年正式按照第六版手册编制国际收支平衡表。多年来，为了适应涉外经济发展的需要，国家外汇管理局按照国际通用指标和技术标准编制了国际收支平衡表、国际投资头寸表、外汇储备规模、外债余额与结构等一系列统计数据，对分析涉外经济形势、监测跨境资本流动、宏观经济调控等发挥了重要作用。

二、我国国际收支状况

（一）1982—1993年：国际收支顺差和逆差交替呈现

这一阶段我国的经常账户差额多年保持顺差，有五年出现经常账户逆差。这个时期资本和金融账户的规模在整个国际收支中所占比重较小，1982—1984年出现持续数年的非储备性质金融账户逆差，当年的经常账户顺差弥补了非储备性质金融账户逆差，从而使1982—1984年的整个国际收支为顺差，国家外汇储备连年增加。1985年、1986年、1989年外汇储备减少，这三年由于货物贸易逆差引起经常账户逆差，资本净流入带来的资本账户顺差未能弥补经常账户逆差，使得外汇储备减少。1993年经常账户为逆差，资本账户体现为净流出，该时期出现了国际收支顺差和逆差交替的状态。

（二）1994—2008年：经常账户顺差和非储备性质金融账户顺差并存的"双顺差"格局

进入90年代，中国对外贸易持续平稳发展，境外资本流入增长速度处于较高水平，国际收支出现持续的经常账户顺差和非储备性质金融账户顺差（"双顺差"），至2007年，经常账户顺差与GDP之比由1994年的1%左右提升至9.9%，外向型经济特征凸显，由此也拉动国内经济快速增长。2008年，经常账户顺差达到4206亿美元的历史性峰值。"双顺差"一度成为我国国际收支的标志性特征。在此情况下，外汇储备余额持续攀升。从1998年以来，我国外汇储备每年均以较快速度增长，至2006年年底中国外汇储备突破万亿美元，达到10663亿美元，超过日本，名列全球第一，并在2008年年底接近2万亿美元。

（三）2009—2018 年：经常账户顺差，资本和金融账户双向波动甚至出现逆差

90 年代出现的"双顺差"持续到 2011 年，2012 年出现资本和金融账户逆差之后，我国国际收支长期"双顺差"的格局被打破。2012 年、2014 年和 2015 年，在内外部环境的影响下，经常账户顺差继续扩大，而资本和金融账户差额由顺差转为逆差，尤其是 2015 年，经常账户中的服务贸易逆差继续扩大，初次收入、二次收入出现逆差，资本和金融账户（不含储备资产）逆差额达到 4853 亿美元，与 2014 年相比明显扩大，体现为境内主体对外投资的增加和对外负债的减少。2017 年和 2018 年上半年资本和金融账户转为顺差；同时，外汇储备也从 2014 年的历史高点回落，2017 年转为上升，2018 年以来外汇储备总体较为稳定。

2020 年新冠肺炎疫情暴发后，我国国际收支经常账户与非储备性质金融账户大致维持着"一顺一逆"的状态，外汇储备规模变动不大。2021 年，我国的货物进出口继续保持较高的顺差，展示了疫情下中国产业链和供应链的优势；同时，我国民间部门对外资产需求显著增加，国内企业、金融机构等民间部门的跨境资金流动有进有出，形成了国际收支自主平衡的格局。

三、我国国际收支的目标和调节

（一）我国国际收支的目标

我国国际收支的战略目标是保持国际收支的基本平衡，略有节余，由此促进国民经济的良性循环和健康发展；保持稳定合理的人民币汇率水平；使我国外汇储备水平处于最佳状态。保持国际收支平衡是整个国民经济综合平衡的有机组成部分，为宏观调控的四大目标之一。在宏观调控目标中，国际收支平衡不是次要的外部的某个方面，而是一项全局性、战略性的目标。每年国家外汇管理部门主动适应外部环境的复杂变化，充分发挥市场监督职能，不断深入外汇管理体制改革，推动金融市场双向开放；以促进国际收支平衡为目标，采取了一系列政策措施，保持外汇市场稳定，保持国民经济运行总体平稳。

（二）我国国际收支的调节

多年来，我国运用适度的货币政策、财政政策，保持稳定和合理的人民币汇率水平，逐步放开资本项目，加强外汇管理等，以调节国际收支。

2005 年，中央经济工作会议提出要研究建立调节国际收支的市场机制和管理体制，并将其作为推进经济体制改革、建立健全全面协调可持续发展制度保障的重要组成部分。2005 年的全国外汇管理工作会议提出，为巩固宏观调控成果、促进国际收支平衡、进一步提高对外开放水平，要着力推进外汇管理体制改革，继续推动贸易和投资便利化；稳步推进人民币可兑换进程，完善人民币汇率形成机制；加强对跨境资本流动的监测和管理，防

范对外金融风险；逐步建立调节国际收支的市场机制和管理体制，促进经济全面协调可持续发展。具体做好以下工作：

第一，坚持寓管理于服务之中，进一步便利贸易和投资活动。完善外汇账户管理，调整经常项目外汇账户限额管理方式。进一步便利服务贸易外汇收支活动。继续实行符合跨国公司经营特点的外汇管理政策，便利跨国公司内部资金运营和外汇资金的集中付汇。

第二，强化短期资本流入和结汇管理，防范短期资本冲击。规范外商投资企业对外借贷行为，积极引导企业优化债务结构。改进境内外资银行短期外债管理，进一步落实外资银行外债总量控制和严格结汇管理政策。完善货物贸易、服务贸易资金流入的真实性审核，规范对出口预收货款、进口延期支付等贸易融资行为的管理。加大对个人可疑外汇资金的监督，规范非居民个人境内直接投资。

第三，稳步推进资本项目可兑换，促进资金双向合理流动。支持保险机构、社保基金进行境外证券投资。允许国内企业境外上市募集资金经批准后存放境外或进行保值运作。对境外投资实行分类分级管理制度，加大对境外投资企业后续融资支持力度。进一步简化境外合格机构投资者外汇管理手续。引进国际开发机构在境内发行人民币债券。

第四，加快培育外汇市场，完善人民币汇率形成机制。扩大外汇供求范围，进一步满足个人、企事业单位及金融机构合理用汇需求。改进外汇指定银行结售汇周转头寸管理。增加外汇市场交易品种和交易方式。进一步提高外汇市场资源配置的效率。

第五，加强外汇储备经营管理，进一步提高储备管理的专业化水平。

近年来，我国坚持外汇管理改革创新，"放管服"改革持续深入推进，资本项目可兑换和金融市场双向开放取得新进展，外汇市场开放程度和竞争力迈上新台阶，跨境贸易投资自由化便利化进一步提升；跨境资本流动宏观审慎管理和外汇市场微观监管框架在探索中不断完善，跨境资金流动风险防范水平不断提高；外汇储备在保证安全、流动的基础上实现了保值增值，同时服务国家战略，有力支持了"一带一路"建设和国际产能合作。

2020年，面对新冠肺炎疫情的严重冲击和错综复杂的国际形势，外汇管理部门结合疫情防控更加突出服务实体经济、推进改革开放和防范化解风险，维护了外汇市场平稳运行和国际收支基本平衡。并提出了2021的工作重点：①以金融市场双向开放为重点，稳妥有序推进资本项目开放。②完善境外机构境内发行股票、债券资金管理，推进私募股权投资基金跨境投资试点，改革外债登记管理，促进跨境投融资便利化。③扩大贸易外汇收支便利化试点，促进贸易新业态发展。④建设开放多元、功能健全的外汇市场，支持金融机构推出更多适应市场需求的外汇衍生品。⑤完善外汇市场"宏观审慎+微观监管"两位一体管理框架。⑥以加强宏观审慎为核心改善跨境资本流动管理，以转变监管方式为核心完善外汇市场微观监管。⑦完善以风险评估为导向的分类管理信用体系建设，加强非现场监管能力建设。⑧坚持市场化原则，前瞻性地做好战略配置，动态优化投资组合，保障外汇储备资产安全、流动和保值增值，完善中国特色外汇储备经营管理。⑨在做好常态化疫情防控工作的同时，完善国际收支统计体系。

2021年，在疫情防控工作和社会经济发展合理统筹、国民经济总体运行平稳的背景下，我国外汇市场运行总体平稳，人民币汇率在合理均衡水平上保持基本稳定，跨境资金流动合理有序，外汇储备规模总体稳定。

职业素养

美欧将俄部分银行踢出 SWIFT，"金融核弹"威力多大?

俄乌局势愈演愈烈、波折再起，美欧等国对俄罗斯的金融制裁再度升级。

据新华社报道，美国等西方国家 2022 年 2 月 26 日发布联合声明，将部分俄罗斯银行排除在环球银行间金融通信协会（SWIFT）支付系统之外，并对俄罗斯央行实施限制措施，以防其配置国际储备削弱制裁措施造成的影响。

SWIFT 昨日向记者证实，将根据法律指示遵守相关制裁俄罗斯的规定，且正与欧洲当局接触，以获得有关实体的详细信息。另据新华社报道，俄罗斯央行昨日发表声明称，俄方拥有必要资源与工具，可维持金融稳定，保障金融领域的业务运转。

一石激起千层浪。消息一出，分析人士多以"金融核弹""核武级别"来形容这一措施的严重程度。这一"大招"的使出，究竟会如何搅动全球金融市场?

何为 SWIFT? 如此手段已非首次使用

SWIFT 成立于 1973 年，总部设在比利时首都布鲁塞尔，主要职能是在全球银行系统之间传递结算信息。

被踢出"SWIFT 群"的杀伤力有多大? 据新华社报道，切断一国金融机构与 SWIFT 系统之间的联系，实际上就切断了金融机构与全球银行系统间的联系，将无法进行跨境收付款，进而影响国际贸易。相关数据显示，目前 SWIFT 系统拥有约 1.1 万家金融机构成员，其中包括近 300 家俄罗斯银行。

一位市场分析人士对记者表示，部分俄罗斯银行被禁止使用 SWIFT 支付系统，相当于把俄罗斯金融体系从国际清算体系中排除，许多国际贸易往来将无法进行支付清算，进出口商或被迫重新谈判、选择范围收窄，国际金融合作也将受到极大限制。而且，这一影响涉及 SWIFT 系统内全部币种的支付。

新华社报道显示，当天的联合声明未列出将被排除出 SWIFT 系统的俄银行名单，但美方官员透露，相关制裁目标是 10 家俄最大金融机构，其资产占俄银行业总资产的近 80%。相关名单将在几天内拟定。由于并非所有俄罗斯银行都将被排除，因此，有分析认为，这在一定程度上保证了欧盟购买俄罗斯天然气的支付渠道畅通。

美国务院能源安全高级顾问阿莫斯·霍赫斯坦 2 月 25 日表示，美国的制裁措施将不会针对俄石油和天然气产业，因为此举不但难以减少俄石油和天然气收入，反而会令美国及其盟友承担能源价格上涨的后果。

西方通过 SWIFT 实施金融制裁已非首次。据新华社报道，作为制裁伊朗核活动的措施之一，美国 2012 年施压 SWIFT 中断过对伊朗中央银行及其他部分金融机构的服务。

"杀伤力"到底有多大?

将俄罗斯部分银行从 SWIFT 系统中移除，真的会造成"金融核弹"级的杀伤力吗？

一位分析人士对记者表示，"金融核武器"的表述实属夸大其词。由于俄罗斯在全球贸易体系的比重较低，加上近年来"去美元化"的原因，这一措施对俄罗斯及全球金融的影响有限。截至 2021 年年末，俄持有美国长期债券金额总计仅 63.31 亿美元，其中美国政府债 54.15 亿美元，美企业债和股票资产不到 10 亿美元，规模有限。

"俄罗斯客户可能被迫减少国外出行，导致商业活动陷入停滞。"嘉盛集团资深分析师 Joe Perry 对记者表示，SWIFT 是金融机构之间进行金融信息传递的通道，而 SWIFT 并不对银行账户做任何划拨，对银行账户进行资金划拨的是清算和结算业务。

中信建投宏观经济团队首席经济学家黄文涛认为，禁用 SWIFT 将阻断俄罗斯与国际金融机构间的交易信息收发。尽管仍可通过电子邮件或传真联系汇款信息，但安全性不完善，大量数据需要人工交换，作为支付信息的传输路径极为脆弱。尽管资金流并未被切断，但交易仍将面临打击。

近年来，俄罗斯也在试图减少对 SWIFT 系统的依赖。公开资料显示，2014 年，俄罗斯央行已开发一套本土结算系统——俄罗斯银行金融信息系统（"SPFS 系统"），并在 2019 年投入使用。截至 2021 年 11 月 10 日，SPFS 系统有 400 个使用者，主要使用者包括俄罗斯银行，还包括亚美尼亚、白俄罗斯、德国、哈萨克斯坦、吉尔吉斯斯坦和瑞士等国的 23 家银行，但不包括在俄罗斯经营业务的、主要的非俄罗斯银行，如德意志银行、意大利裕信银行等。然而，俄罗斯银行依然高度依赖 SWIFT 系统。截至 2021 年 5 月，仅有 20% 的俄罗斯境内转账通过 SPFS 完成。相较于 SWIFT 系统，在使用者的数量、使用频率、使用范围等方面，SPFS 仍然有不少差距。

过去一段时期，俄央行也在持续推行"去美元化"，大幅削减其美元储备。数据显示，俄央行外汇储备约为 6430 亿美元，其中仅有 6.6% 为美国债券，较 2018 年的 30% 有大幅下降。当前，在俄央行外汇储备中，中国债券占 13.8%，法国债券占 12.2%，日本债券占 10%，德国债券占 9.5%，黄金储备约占 22%。

（资料来源：《上海证券报》，作者：范子萌、张琼斯，转引自新华网，2022 年 2 月 28 日，http://www.xinhuanet.com/finance/2022-02/28/c_1128421641.htm）

💬 阅读拓展

中国国际收支的变化与展望

一、中国国际收支的结构性变化

2021 年，中国国际收支总体上保持着基本平衡。2020 年新冠肺炎疫情暴发后，中国年度经常账户与非储备性质金融账户大致维持着"一顺一逆"的状态，外汇储备规模变动不大，中国对外资产与负债头寸小幅递增，但部分子项目的结构性变化值得高度关注。

（1）疫情需求错位下贸易盈余积累增加，经常账户余额呈现持续顺差。

（2）非储备性质金融账户由负转正，短期资本流动波动性显著上升。

（3）储备资产余额稳步增加，存流量背离现象有所缓解。

（4）净误差与遗漏项一季度由负转正，之后依然延续大规模净流出。

二、中国国际收支变动的成因

（1）货物贸易顺差扩大与服务贸易逆差收窄决定了此轮经常账户变动。

（2）其他投资项的波动决定了非储备性质金融账户变动不居的走势。

（3）估值效应的大小与方向驱动了储备资产规模的变动。

（4）净误差与遗漏项持续净流出可能暗示着隐蔽的资本外逃。

三、中国国际收支的展望

一是中国经常账户盈余增长动力有所疲软，经常账户顺差将小幅下降。尽管2021年至今，经常账户延续了盈余增加的状况，但在第二季度经常账户增长动力已出现疲软的态势。疫情等外生冲击因素不是驱动中国经常账户变动的结构性因素，展望2022年，中国经常账户盈余恐怕难以持续增加。

二是非储备性质金融账户季度余额变动不居，年度余额大概率呈现逆差。自从2019年中美贸易摩擦以来，中国金融市场的开放速度也显著加快，一方面，境外机构投资者可以通过深港通、沪港通与债券通投资境内A股、债券；另一方面，允许境外金融机构对境内金融机构（银行、保险、证券、资管与融资租赁公司）持股甚至控股。这将导致其他投资项波动性日益加剧。预计2022年中国非储备性质金融账户将呈现季度余额变动不居、年度余额大概率逆差的局面，连同经常账户，总体上依然维持着中国国际收支的"一顺一逆"格局。

三是储备资产存量小幅缩减。随着人民币汇率弹性的增加，中国央行已很少动用储备资产（外汇储备）在外汇市场进行干预，这决定了未来中国储备资产存量较为稳定的总体趋势。考虑到2022年中国可能出现小幅资本外流、人民币汇率呈现出一定的贬值压力，非储备性质金融账户较大概率将呈现年度逆差，这将导致中国的外汇储备数量小幅缩水，导致储备资产存量的小幅缩减。

四是净误差与遗漏项继续呈现持续净流出。中国国际收支中净误差与遗漏项多个季度呈现净流出，个别季度净误差与遗漏项余额远远超过经常账户的规模，这已经很难用统计误差来解释。考虑到新冠肺炎疫情的持续与反复，如果中国政府多次出台收紧流入端的资本管制措施，这将进一步加剧短期投机资本外流的动机，而通过净误差与遗漏项流出可能是资本外流最显著的渠道。值得一提的是，如果国际间旅行与交往有望在2022年显著恢复，净误差与遗漏项的流出规模可能将有所缓解。预计2022年中国净误差与遗漏项将出现年度逆差，绝大多数季度呈现显著的净流出趋势。

（资料来源：《中国金融》2022年第3期，作者：刘瑶、张明，有删改）

习题与训练

☞ **基础练习**

一、名词解释

1. 外汇
2. 国际收支
3. 二次收入
4. 自主性交易
5. 贸易差额
6. 综合差额
7. 国际储备

二、判断题

1. 在一国的国际收支平衡表中，最基本最重要的项目是经常账户。　　　　（　　）
2. 常驻中国的美国大使馆外交官员，因长期生活在中国，所以在国际收支统计中算作中国的居民。　　　　（　　）
3. 所有的外国货币都是外汇。　　　　（　　）
4. 一国由于遭受自然灾害，收到的国外赈灾捐款应记载在该国平衡表的初次收入账户上。　　　　（　　）
5. 在国际收支平衡表中，利润、利息和红利列入资本和金融账户。　　　　（　　）
6. 本国货币升值，会使以外币表示的出口商品价格上升，从而可能导致出口减少。　　　　（　　）
7. 国际收支平衡表中的储备项目属于调节性交易项目。　　　　（　　）
8. 如果一个国家在一定时期内国际收支出现逆差时，它必须通过官方储备的变动来调节。　　　　（　　）
9. 国际储备的最主要来源是经常项目顺差。　　　　（　　）
10. 外汇缓冲政策适用于长期、巨额的国际收支赤字调节。　　　　（　　）
11. 长期的顺差会带来本国货币升值压力，顺差过大，会造成通货膨胀。　　　　（　　）
12. SDR 既可以用于调节 BOP 逆差，也可用于一般贸易和非贸易的支付。　　　　（　　）
13. 一国央行提高法定存款准备金率和再贴现率，表明其实施扩张性货币政策。　　　　（　　）
14. 调节 BOP 逆差的措施之一是降低法定存款准备金率。　　　　（　　）
15. 一般来说，提高贴现率有利于本国投资、就业和经济的发展。　　　　（　　）

三、单项选择题

1. 证券投资在国际收支平衡表中属于(　　　　)。

A. 金融账户　　　B. 经常账户　　　C. 资本账户　　　D. 初次收入

2. 目前各国的国际储备构成中主体是(　　)。

A. 黄金储备　　B. 外汇储备　　　C. 特别提款权　　D. 在 IMF 中的储备头寸

3. 所有涉及本国居民向外国居民支付的交易都属于(　　)。

A. 贷方项目　　B. 借方项目　　　C. 经常账户　　　D. 资本账户

4. 一国国际收支所记载的经济交易必须是在该国的(　　)之间产生的。

A. 公民与非公民　B. 居民与公民　　C. 居民与非居民　D. 公民与非居民

5. 外商到我国投资设立企业,这部分资金的流入应记入我国国际收支平衡表的(　　)。

A. 经常账户　　B. 金融账户　　　C. 资本账户　　　D. 初次收入

6. 一般情况下,一国处于长期国际收支逆差,该国货币可能会(　　)。

A. 升值　　　　B. 贬值　　　　　C. 无法判断　　　D. 不变

7. 分配的特别提款权可直接用于(　　)。

A. 贸易与非贸易支出　　　　　　　B. 换回本币

C. 归还贷款　　　　　　　　　　　D. 政府之间的结算

8. 通常判断一国国际收支是否平衡,主要看其(　　)是否平衡。

A. 经常账户　　B. 资本和金融账户　C. 自主性交易　　D. 调节性交易

9. 国际收支平衡表中货物的价值根据 IMF 统计口径,均按货物的(　　)价格计价。

A. CIF　　　　　B. FCA　　　　　C. FOB　　　　　D. CFR

10. 在国际收支平衡表中,人为设立的项目是(　　)。

A. 官方储备　　　　　　　　　　　B. 分配的特别提款权

C. 初次收入　　　　　　　　　　　D. 净误差与遗漏

11. 一般认为,保险的储备量是指储备资产保持(　　)。

A. 相当于两个月的进口量　　　　　B. 相当于三个月的进口量

C. 相当于一个月的进口量　　　　　D. 相当于四个月的进口量

12. 下列各项目中不属于自主性交易的是(　　)。

A. 进口支出　　B. 出口收入　　　C. 投资所得　　　D. 外汇储备的支出

13. 若一国国际收支平衡表中,储备资产账户为 100 亿美元时,则表示该国(　　)。

A. 增加了 100 亿美元的储备　　　　B. 减少了 100 亿美元的储备

C. 人为账面调节平衡,不说明问题　D. 无法判断

14. 当经常账户与资本和金融账户形成的缺口数字为+150 亿美元时,假定官方储备实际变化数为+130 亿美元,则净误差与遗漏应计入(　　)。

A. 借方 280 亿美元　　　　　　　　B. 借方 20 亿美元

C. 贷方 280 亿美元　　　　　　　　D. 贷方 20 亿美元

四、多项选择题

1. 储备资产包括(　　)。

A. 特别提款权　　B. 黄金　　　　C. 外汇资产　　　D. 在基金组织的头寸

2. 其他条件不变，一国国际收支为顺差，则该国(　　)。
　　A. 外汇储备增加　　　　　　　　B. 外汇储备减少
　　C. 外汇汇率有上涨趋势　　　　　D. 外汇汇率有下跌趋势
3. 国际收支顺差时可采取的调节政策有(　　)。
　　A. 扩张性财政政策　　　　　　　B. 紧缩性货币政策
　　C. 鼓励出口的信用政策　　　　　D. 降低关税
4. 国际储备的来源有(　　)。
　　A. 国际收支顺差　　B. 国际收支逆差　　C. 购买黄金　　　D. 干预外汇市场
5. 下列各项中应该记入国际收支平衡表贷方的项目有(　　)。
　　A. 货物的进口　　　　　　　　　B. 服务输出
　　C. 私人汇出的侨汇　　　　　　　D. 接收的外国政府无偿援助
6. 调节一国国际收支逆差的手段有(　　)。
　　A. 提高利率　　　B. 货币法定贬值　　C. 货币法定升值　　D. 利用国际贷款
7. 下列属于我国居民的有(　　)。
　　A. 驻中国的美国使馆外交人员　　B. 在中国的外商独资企业
　　C. 在法国使馆工作的中国雇员　　D. 国家希望工程基金会
8. 下列各项中应该记入国际收支平衡表经常转移项目中的有(　　)。
　　A. 外国政府的无偿援助　　　　　B. 私人的侨汇
　　C. 支付给外国的工资　　　　　　D. 战争赔款
9. 专利收买或出卖的收支应计入国际收支平衡表中的(　　)。
　　A. 经常账户　　　　　　　　　　B. 服务收支
　　C. 资本和金融账户　　　　　　　D. 非生产、非金融资产收买或出卖
10. SDR 可以用于(　　)的支付。
　　A. 企业与企业间　　　　　　　　B. 会员国政府对外国企业
　　C. IMF 会员国政府间　　　　　　D. 会员国政府偿还 IMF 的贷款

五、简答题

1. 为什么在国际收支平衡表中加入"净误差与遗漏"这一项目？
2. 国际收支失衡的原因和失衡类型有哪些？
3. 一国持续大量的国际收支顺差或逆差将带来哪些不利影响？
4. 国际收支失衡的主要调整措施有哪些？如何运用？

☞ **技能训练**

一、计算题

1. 某国某年第四季度的国际收支状况如下：贸易差额为顺差 590 亿美元，服务账户差额为逆差 250 亿美元，二次收入账户为顺差 100 亿美元，资本账户差额为逆差 150 亿美元，金融账户为顺差 90 亿美元，请计算该国该季度国际收支的经常账户差额和总差额，分析该国国际收支状况及其对该国外汇市场的影响。

2. 假设某年某国国际收支平衡表（借贷法）有如下数据：

（单位：亿美元）

项　　目	金　　额
货物出口 FOB	60.93
货物进口 FOB	−61.54
服务输出	9.44
服务输入	−30.69
初次收入	0.11
二次收入	0.17
直接投资	27.56
证券投资	13.41
金融衍生工具	6.7
其他投资	0.03
外汇储备变化	−23.60
特别提款权的价值变动	—
净误差与遗漏	?

请分析：

（1）有形贸易收支差额是多少？

（2）无形贸易收支差额是多少？

（3）净误差与遗漏项目的数额是多少？

（4）某国该年国际收支差额是多少？是顺差还是逆差？

（5）表中是通过哪些措施取得平衡？

（6）外汇储备变化数为−23.60 亿美元，是指外汇储备增加了还是减少了？

（7）某国该年的国际收支状况对该国本币的汇率有何影响？

二、实践题

学生以小组为单位收集和查阅我国近 5 年来的国际收支平衡表数据，并比较分析其中的变化和原因，要求组内分工协作，最后形成统一的分析报告，制作 PPT 并进行讲解，其他组进行点评，教师总结。

学习情境二　外汇汇率与汇率制度

学习目标

◎ 知识目标：

★ 掌握汇率的概念、不同标价方法、汇率种类的划分。

★ 熟悉固定汇率制度与浮动汇率制度的主要优缺点及区别。

★ 了解汇率制度选择考虑的依据。

◎ 能力目标：

★ 看懂人民币外汇牌价表中的基本汇率信息，学会分析汇率波动变化走势。

★ 认识汇率与经济的关系，学会分析影响汇率变动的因素以及汇率对经济的影响。

★ 分析人民币升值的原因和影响，关注人民币国际化进程。

资料导入

涨！涨！涨！人民币升值为何这么猛？

5月29日人民币对美元汇率中间价为7.1316，9月2日则为6.8376。从7.1316到6.8376，如果换汇5万美元，当时需要35.658万元人民币，今天则只需34.188万元人民币，可以省下1.47万元人民币。可见，最近人民币涨得有多猛。数据显示，人民币对美元汇率中间价已经升到一年多来的高位。

中国人民银行授权中国外汇交易中心公布，2020年9月2日银行间外汇市场人民币汇率中间价为：1美元对人民币6.8376元，较上一交易日上调122个基点。人民币对美元汇率中间价已经连续7日调升，创下2019年5月14日（6.8365）以来新高。离岸、在岸人民币对美元汇率也是"涨声一片"。9月1日，离岸、在岸人民币双双升破6.82关口，其中，离岸人民币盘中一度刷新2019年5月以来的新高至6.8134，日内涨超400点。

一时间，人民币汇率为何走强，人民币升值趋势是否能够延续，成为市场关心和热议的话题。在受访专家看来，人民币走强的原因主要是3个方面：

一是美元指数走弱。

一般来说，美元指数强弱与人民币等非美元货币具有反向关系，你强我就弱，你弱我就强。数据显示，今年5月下旬以来，美元指数开启跌势，近期更是一度跌破92，创下2018年5月初以来的新低。

中国民生银行首席研究员温彬对中新网记者表示，由于美联储天量货币的投放，在市场对美元贬值的预期下，美元指数持续下跌，包括人民币在内的非美货币出现了升值的走势。在中信证券固收首席分析师明明看来，美联储自疫情以来推出了前所未有的大规模货币宽松政策，同时美联储针对货币政策框架进行了调整，推出"平均通胀制度"。7月，已经被压低的美国债券收益率进一步下行，同时美元指数也基本是从7月下旬开启了"美元荒"结束后的第二阶段显著下行。

二是中国经济基本面持续改善。

"中国疫情防控成效显著，中国经济也持续恢复改善，主要经济指标在逐渐向好，二季度中国是唯一实现正增长的主要经济体，这对于人民币是有力的支撑。"温彬说。

国家统计局的数据显示，7月中国经济继续稳定恢复，其中，7月商品零售增速年内首次由负转正，出口增速达到两位数。而最新公布的8月制造业采购经理指数、非制造业商务活动指数和综合PMI产出指数这三大指数均连续6个月保持在临界点以上。明明也认为，人民币汇率走强是对中国经济基本面的反映。从制造业PMI指数的表现来看，在经历了2月的断崖式下跌后，中国经济景气程度持续修复，世界银行以及国际货币基金组织均预测中国将是今年少数能够实现经济正增长的国家，因此疫情后国内基本面的表现给人民币汇率提供了重要支撑。

三是人民币资产吃香。

温彬指出，中国正在持续推动金融市场的开放，国际投资者看好中国经济的前景和人民币资产，国外资本持续流入中国的资本市场，有利于人民币的升值。国家外汇管理局近期发布的数据显示，7月，外资净增持境内上市股票和债券规模同比增加1.4倍，外汇储备余额连续4个月正增长。

明明称，在全球央行维持宽松的背景下，中国央行在疫情期间的货币政策保持谨慎、维持定力，中美利差维持高位，人民币资产的吸引力明显增强，这也推动了人民币汇率的走强。截至8月28日，具有代表性的中美10年期国债利差已超过230个基点，中美利差扩大、人民币资产较高的收益吸引外资不断流入，对人民币汇率升值起到助推作用。

人民币汇率未来走势如何？

一般来说，升值有利于进口、出国旅游消费和留学，但会对出口产生不利影响。所以，对于人民币汇率的走势，外界也十分关注。

对于人民币汇率下阶段的走势，温彬分析，从短期来看，因为中国经济持续回升，国际投资者看好资本市场，外资持续流入，这些因素预计会进一步推动人民币升值。不过，从中长期来看，随着人民币形成机制进一步市场化，人民币汇率会在合理均衡水平上保持双向波动。明明分析，人民币汇率的走强或仍将延续，但考虑到后续可能存在的风险，包括全球避险情绪、中美关系以及不对称的资本管制，人民币汇率或呈现为斜率放缓的升值走势，短期人民币汇率区间或为6.7—6.8。与此同时还应注意到，汇率的持续升值或对中国出口和制造业带来一定的冲击。

央行8月发布的《2020年第二季度中国货币政策执行报告》提出，深化汇率市场化改革，完善以市场供求为基础、参考一篮子货币进行调节、有管理的浮动汇率制度，保持人民币汇率弹性，发挥汇率调节宏观经济和国际收支的自动稳定器作用。稳定市场预期，保持人民币汇率在合理均衡水平上的基本稳定。

（资料来源：中国新闻网，2020 年 9 月 3 日，作者：李金磊，http://www.chinanews.com/cj/2020/09-03/9280996.shtml）

什么是汇率？汇率波动受到什么方面的影响？而波动又对经济和百姓生活带来哪些影响？促使本币升值的原因有哪些？如何应对本币升值带来的不利影响等？本学习情境将对这些问题一一阐述。

项目一　汇率与标价方法

一、外汇汇率的概念

由于国际间的贸易和非贸易往来，各国之间需要进行国际间的结算，一个国家的货币要经常折算成另一个国家的货币，因世界各国货币的名称不同，币值不一，所以一国货币对其他国家的货币要规定一个兑换率，即汇率。因此，汇率亦称"外汇这种特殊商品的价格"，又称外汇汇率（Exchange Rate），是以一种货币表示的另一种货币的价格。例如，某日在纽约外汇市场上 USD1＝CAD1.2683，即以 1.2683 加拿大元来表示 1 美元的价格。表2-1 为主要国家和地区的货币符号及代码。

表 2-1　　　　　　　　　　　主要国家和地区的货币符号及代码

国家和地区名称	货币名称	货币符号	货币代码
中国	人民币	¥	CNY
美国	美元	US $	USD
欧元区	欧元	€	EUR
英国	英镑	£	GBP
瑞士	瑞士法郎	SF	CHF
日本	日元	J¥	JPY
中国香港	香港元	HK $	HKD
加拿大	加拿大元	C $	CAD
新加坡	新加坡元	S $	SGD

趣味阅读

美国和墨西哥的边境住着一个精于算计的农民，别人都汗流浃背地干活来维持生计，而他却另辟蹊径，靠着 10 美元就能享受算得上小康的生活。早上起来，他在美国这边的餐馆花了 1 美元买了一杯啤酒和一份牛排，享用完后，他携带剩下的 9 美元来到墨西哥，在当地银行按照 1∶3 的汇率，将 9 美元换成 27 比索，然后拿着 3 比索中午在当地饭店继续点了一杯啤酒，吃了一份牛排。下午，他拿着剩下的 24 比索回到了美国，再按照美国的汇价（1∶2.4）换成 10 美元。如此一天下来，他等于白白享用了啤酒和牛排，第 2 天他又重复同样的行程和消费。

二、外汇汇率的标价方法

在计算和使用汇率时，首先要确定以哪一种货币作为标准来折算。目前，国内各银行均参照国际金融市场来确定汇率标价法，通常有直接标价法和间接标价法两种标价方法。

1. 直接标价法（Direct Quotation）

直接标价法是以本国货币来表示外国货币价格的标价方法。通常是以 1 个单位或 100 个单位的外币为标准折合多少本国货币的标价法。在直接标价法下，外币是不变的标准货币（单位货币），而本币是随行市变化的标价货币，人们可以直接看出外币的价格。如果标价货币数额变大，则表示外汇汇率上升，即外币升值而本币贬值；反之，标价货币数额变小，则表示外汇汇率下跌，即外币贬值而本币升值。因此，在直接标价法下，外汇汇率的涨跌与外汇牌价数额大小成正方向变化。

目前世界上大多数国家都采取直接标价法，我国也是采用直接标价法。例如，2020 年 8 月 3 日中国外汇交易中心公布，银行间外汇市场人民币汇率中间价为：

100 美元＝699.80 元人民币；100 欧元＝823.89 元人民币；100 日元＝6.6118 元人民币；100 港元＝90.294 元人民币；100 英镑＝915.99 元人民币。

2. 间接标价法（Indirect Quotation）

间接标价法是以外国货币来表示本国货币价格的标价方法。通常是以 1 个单位或 100 个单位的本币为标准折合多少外国货币的标价法。在间接标价法下，本币是不变的标准货币（单位货币），而外币是随行市变化的标价货币，人们可以直接看出本币的价格。如果标价货币数额变大，则表示外汇汇率下跌，即外币贬值而本币升值；反之，标价货币数额变小，则表示外汇汇率上升，即外币升值而本币贬值。因此，在间接标价法下，外汇汇率的涨跌与外汇牌价数额大小成反方向变化。

目前实行间接标价法的主要有英国、澳大利亚、新西兰等少数国家。市场上采取间接标价法的汇率主要有英镑兑美元、澳元兑美元等。例如，2020 年 9 月 4 日纽约外汇市场上：1 欧元＝1.1850 美元；1 英镑＝1.3278 美元；1 美元＝1.3129 加元；1 美元＝106.189 日元；1 美元＝0.9093 瑞士法郎。

课堂互动

小组讨论：如何区分直接标价法和间接标价法？

三、外汇汇率的种类

在国际汇总业务当中，经常涉及不同种类的汇率，以下介绍几种常见的汇率种类。

1. 从制定汇率的角度来分

（1）基础汇率（Basic Rate）。

基础汇率是指本国货币与国际上某一关键货币的比价，即基准汇率。

由于外国货币的种类很多，为了制定本国货币与其他各国货币之间的汇率，我们通常选择一种在国际经济交易中最常使用、在外汇储备中所占的比重最大的可自由兑换的货币作为关键货币，与本国货币对比，制定出汇率，这种汇率就是基准汇率。关键货币一般是指被广泛用于计价、结算、储备货币、可自由兑换、国际上可普遍接受的一种外国货币。目前作为关键货币的通常是美元，各国普遍把本国货币对美元的汇率作为基准汇率。

人民币基准汇率是由中国人民银行根据前一日银行间外汇市场上形成的美元对人民币的加权平均价，公布当日主要交易货币（美元、日元和港币）对人民币交易的基准汇率，即市场交易中间价。

（2）套算汇率（Cross Rate）。

套算汇率是指在基准汇率的基础上套算出的本币与非关键货币之间的汇率。在制定出基准汇率后，本币对其他外国货币的汇率就可以通过基准汇率加以套算，得出的汇率就是套算汇率，又叫做交叉汇率。例如，若在某一时点上人民币基准汇率为 1 美元＝6.3760 元人民币，而美元对英镑的基准汇率为 1 英镑＝1.6128 美元，则可套算出 1 英镑＝10.283 元人民币。目前各国外汇市场上每天公布的汇率都是各种货币与美元之间的汇率，而非美元货币之间的汇率均需通过该汇率自己套算出来。

边学边练

如果人民币与美元的基本汇率为 1 美元＝6.3760 元人民币，加拿大元与美元的基本汇率为 1 美元＝1.1130 加拿大元，则 1 加拿大元等于多少元人民币？

2. 从汇率制度的角度分

（1）固定汇率（Fixed Rate）。

固定汇率是指一国货币与另一国货币的汇率基本固定，汇率波动幅度限制在一定范围内。在金本位制度下，固定汇率决定于两国金铸币的含金量，波动的界限是引起黄金输出、输入的汇率水平，波动的幅度是在两国之间运送黄金的费用。在第二次世界大战后到

70 年代初的布雷顿森林货币制度下，国际货币基金组织成员国规定本币的含金量以及对美元的汇率，汇率的波动严格限制在官方汇率的上下百分之一的幅度内。在这种制度下，政府有义务干预市场，来维持汇率的基本稳定。

（2）浮动汇率（Floating Rate）。

浮动汇率是指一国货币当局不规定本国货币对其他货币的官方汇率，也不规定汇率波动的上下界限，汇率依据外汇市场的供求关系决定，自由涨落。当外币供过于求时，外币贬值，本币升值，外汇汇率下跌；相反，外汇汇率上涨。本国货币当局会在外汇市场上进行适当的干预，使本币汇率不致波动过大，以维护本国经济的稳定和发展。

3. 从银行买卖外汇的角度分

（1）买入汇率（Buying Rate）。

买入汇率又称买入价，是指银行向客户买进外汇时所使用的汇率。在我国，外币折合成本币数额较少的那个汇率就是买入汇率，它表示银行买入一定数额的外汇需要付出多少本币价格。因银行买入外汇的对象主要是出口商，因此其也被称作"出口汇率"。

（2）卖出汇率（Selling Rate）。

卖出汇率又称卖出价，是指银行向客户卖出外汇时所使用的汇率。在我国，外币折合成本币数额较多的那个汇率就是卖出汇率，它表示银行卖出一定数额的外汇需要收回多少本国货币。因银行卖出外汇的对象主要是进口商，因此其也被称作"进口汇率"。

买入、卖出价是根据外汇交易中所处的买方或卖方的地位而定的。买卖价之间的差额一般为 1‰~5‰，这是外汇银行买卖外汇的收益。买卖差价越小，说明外汇银行的经营越有竞争性或外汇市场越发达。例如，美元、英镑由于交易频繁，而且交易额较大，形成规模效益，所以在纽约和伦敦外汇市场上，这两种货币的买卖差价大约是 0.5‰。

（3）中间汇率（Middle Rate）。

中间汇率是买入价与卖出价的平均数。中间汇率经常用来预测和衡量某种货币汇率变动的趋势和幅度，各媒体报道汇率变动消息时常用中间汇率，一般商业银行或企业内部进行核算的时候也用中间汇率。

✎ 知识解答

"现钞买价" 与 "现汇买价"

现钞汇率（Bank Notes Rate）又称现钞价，是指银行买入或卖出外币现钞时所使用的汇率。前述的买入汇率与卖出汇率是指银行买入或卖出外币支付凭证的价格，即现汇价。从理论上讲，现钞买卖价同外币支付凭证、外币信用凭证等形式的现汇买卖价应该相同。但实际上，现钞买价低于现汇买价，因为银行买入的外币现钞不能如其他外汇凭证那样很快地存入国外银行开始生息，调拨使用，而是必须将买入的外币现钞积累到一定数额后，运送到发行国或能流通的地区去，由此给银行带来一定的利息损失，同时又产生了一定的运费和保险费，这些费用最后要转嫁给出售外汇的客户来承担。因此，银行在收兑外币现钞时使用的汇率，稍低于现汇买价；而银行现钞卖价一般与现汇卖价相同。如表2-2所示。

表2-2　　　　　　　　　　　　　**工商银行外汇牌价**

日期：2020年3月10日17:20:51

币种	交易单位	中间价	现汇买入价	现钞买入价	卖出价
美元（USD）	100	694.74	693.28	687.72	696.20
港币（HKD）	100	89.43	89.24	88.52	89.61
瑞士法郎（CHF）	100	747.66	744.89	723.59	750.43
英镑（GBP）	100	907.83	904.47	878.61	911.19
日元（JPY）	100	6.6722	6.6475	6.4573	6.6968

（资料来源：纸金网，http://www.zhijinwang.com/icbc/）

4. 从外汇交易的支付通知方式角度分

（1）电汇汇率（Telegraphic Transfer Rate，T/T Rate）。

电汇汇率是指银行卖出外汇后，以电报、电传为传递工具，通知其国外分行或代理行付款给收款人时所使用的一种汇率。电汇方式交易收款时间比较快捷，银行无法占用到客户的资金，因而电汇汇率最高。由于国际支付多采用电汇这种汇兑方式，因此电汇汇率也就是基本汇率，银行在公布外汇牌价时如果没有特殊说明，均指的是电汇汇率。

（2）信汇汇率（Mail Transfer Rate，M/T Rate）。

信汇汇率是指银行卖出外汇后，用信函方式通知其国外分行或代理行付款给收款人时所使用的一种汇率。由于邮程需要时间较长，银行可在邮程期内利用客户的资金，故信汇汇率较电汇汇率低。因信汇方式人工手续繁多，使用率日渐下降，目前欧洲银行已不再提供信汇业务。

（3）票汇汇率（Demand Draft Rate，D/D Rate）。

票汇汇率是指银行在卖出外汇时，开立一张由其国外分支机构或代理行付款的汇票交给汇款人，由其自带或寄往国外取款时所使用的汇率。由于票汇方式从卖出外汇到支付外汇有一段间隔时间，银行可以在这段时间内占用客户的资金，所以票汇汇率一般比电汇汇率低。因票据在期限上有即期和远期之分，故票汇汇率又分为即期票汇汇率和远期票汇汇率。

5. 从外汇交易交割的期限长短分

（1）即期汇率（Spot Exchange Rate）。

即期汇率是指即期外汇买卖使用的价格，即外汇买卖成交后，买卖双方在当天或在两个营业日内进行交割所使用的汇率。即期汇率就是现汇汇率。即期汇率是由当场交货时货币的供求关系情况决定的。一般在外汇市场上挂牌的汇率，除特别标明远期汇率以外，一般指即期汇率。

（2）远期汇率（Forward Exchange Rate）。

远期汇率又称期汇汇率，它是指在未来一定时期进行交割，而事先由买卖双方签订合同，达成协议的汇率。到了交割日期，由协议双方按预定的汇率、金额进行交割。远期汇率虽然是未来交割时所使用的汇率，但它与未来交割时市场的现汇汇率不同，前者是事先约定好的远期汇率，后者是将来的即期汇率。

远期汇率与即期汇率一般是有差异的，称为远期差价，又称"汇水"。如果远期汇率比即期汇率贵，高出的差价称作"升水"（Premium）；如果远期汇率比即期汇率便宜，低出的差价称作"贴水"（Discount）；如果远期汇率与即期汇率相等，称作"平价"（Par）。

6. 从外汇银行营业时间的角度分

（1）开盘汇率（Opening Rate）。

开盘汇率是指外汇银行在每个工作日开始营业时成交的第一笔外汇买卖所用的汇率，也叫开盘价。

（2）收盘汇率（Closing Rate）。

收盘汇率是指外汇银行在每个工作日结束前成交的最后一笔外汇买卖所用的汇率，也叫收盘价。

随着现代科技的发展、外汇交易设备的现代化，世界各地的外汇市场连为一体。由于各国大城市存在时差，而各大外汇市场汇率相互影响，所以一个外汇市场的开盘汇率往往受到上一时区外汇市场收盘汇率的影响。开盘汇率与收盘汇率只相隔几个小时，但在汇率动荡的今天，也往往会有较大的出入。

7. 从国家管制外汇的角度分

（1）官方汇率（Official Rate）。

官方汇率又称法定汇率，是由一个国家的外汇管理机构制定并公布的汇率。在实行严格外汇管制的国家，禁止外汇自由买卖，一切外汇交易均由外汇管理机构统一管理，没有市场汇率，一切交易都必须按照官方汇率进行。

（2）市场汇率（Market Rate）。

市场汇率是指在自由外汇市场上买卖外汇的实际汇率。它是由外汇市场上的供求关系决定的、随行就市的汇率。它一般存在于市场机制比较发达、外汇管制比较宽松的国家，在该国官方汇率往往只是形式上的，实际外汇交易均按市场汇率进行。

项目二　汇率的决定及其与经济的关系

一、汇率的决定基础

如前所述，汇率作为两种货币的兑换比价，反映的是两种货币之间的价值对比关系。为什么美元兑英镑的比价和美元兑日元的比价有所不同？不同货币之间的比价是如何确定的？要弄清这些问题，必须沿着货币制度的历史发展来分析，不同的货币制度，决定汇率的基础也不同。

1. 金本位制度下的汇率决定

金本位制（Gold Specie Standard）就是以黄金为本位币的货币制度，它是世界上最早出现的国际货币制度。在金本位制下，每单位的货币价值等同于若干重量的黄金（即货币含金量）。在历史上，曾出现过三种形式的金本位制：金币本位制、金块本位制、金汇兑本位制。其中金币本位制是最典型的形式，就狭义来说，金本位制即指该种货币制度。

（1）金本位制下的汇率决定基础：铸币平价。

金本位制度是 19 世纪初到 20 世纪初资本主义国家实行的货币制度，1816 年英国《金本位法》的颁布标志着金本位制度最早在英国诞生。此后，德国及其他欧洲国家、日本和美国等也陆续实行金本位制度。由此，国际金本位制度成为当时各国普遍采用的国际货币制度。典型的国际金本位制具有以下特点：①各国货币均以黄金铸成，金铸币有一定重量和成色，有法定的含金量；②金币可以自由流通，自由铸造，自由输出、输入；③金币具有无限法偿能力，辅币和银行券可以按其面值自由兑换为金币。

在金本位制度下，各国货币均以黄金作为统一的货币币材、统一的价值衡量标准，尽管它们在重量、成色等方面有不同的规定，但在国际结算和国际汇兑领域中都可以按各自的含金量多少加以对比，从而确定出不同货币之间的比价。因此，金本位制下两种货币的含金量之比，即铸币平价（mint par），就成为决定两国货币汇率的基础。这里以当时英国的本位币英镑和美国的本位币美元为典型例子来说明，在实行金本位制时期，1 英镑金币的纯金含量为 7.32238 克，而 1 美元金币的纯金含量为 1.50463 克。根据含金量计算，英镑和美元的铸币平价为 4.8665（7.32238÷1.50463），即 1 英镑＝4.8665 美元。由此可见，英镑和美元的汇率决定是以它们的铸币平价作为标准。

（2）金本位制下的汇率变动界限：黄金输送点。

铸币平价与外汇市场上的实际汇率是不相同的。铸币平价是法定的，而实际汇率要受外汇市场供求影响经常波动，并且是围绕着铸币平价上下波动。当外汇供不应求时，实际汇率就会超过铸币平价；当外汇供过于求时，实际汇率就会低于铸币平价。正像商品的价格围绕价值不断变化一样，实际汇率也围绕铸币平价不断涨落。但是，在金本位制下，汇率的波动不是漫无边际的，而是大致以黄金输送点（Gold Transport Point）为界限。这是因为，在金本位制下黄金可以不受限制地自由输出、输入，当汇率对商人有利时，他就会利用外汇办理国际结算；当汇率对他不利时，他就可以改为用输出、输入黄金的办法进行结算。由此，黄金输送点就构成了金本位制下汇率波动的上下界限。

黄金输送点包括黄金输出点和黄金输入点，它是金币本位制下汇率涨落引起黄金输出和输入国境的界限。它由铸币平价和运送黄金费用（包装费、运费、保险费、运送期的利息等）两部分构成。铸币平价是比较稳定的，运送费用是影响黄金输送点的主要因素。以直接标价法表示，黄金输出点等于铸币平价加运送黄金费用，黄金输入点等于铸币平价减运送黄金费用。以英美贸易为例，在第一次世界大战之前，在英国和美国之间运送 1 英镑黄金的各项费用和利息总共约为 0.03 美元，则 4.8665±0.03 就是英镑和美元汇率的黄金输送点，4.8965 为美国的黄金输出点，4.8365 为美国的黄金输入点。现分析如下：

如在美国外汇市场，假设人们对英镑的外汇需求增加，英镑价格上涨，高出其铸币平价 4.8665。当市场汇率进一步上涨，超过从美国向英国输出黄金的运输费用等成本时，即上涨超过 4.8665+0.03＝4.8965 美元这一点时，美国进口商便会采取直接向英国输出黄金的方法来支付进口货款，显然美国人用黄金支付比在外汇市场上用高价购买英镑更合算。因此，4.8965 便成为美国的黄金输出点，成了英镑汇率波动的上限。相反，英镑汇率下跌，跌至 4.8665-0.03＝4.8365 美元以下，美国出口商不会将贬值的英镑收入在市场上换成美元，而是将英镑在英国换成黄金运回美国。这样，4.8365 这一点便成为美国的黄金输入点，成了英镑下跌的下限。

由此可见，在金本位制下，由于黄金输送点的制约，外汇市场上的汇率以铸币平价为中心，以黄金输出点为上限、黄金输入点为下限上下波动。铸币平价成为汇率决定的基础，黄金输送点为汇率波动的界限。

2. 纸币制度下的汇率决定

在 1929—1933 年资本主义世界经济危机期间，国际金本位制彻底崩溃。从此以后，西方国家普遍实行了纸币制度。

纸币是作为金属货币的代表而出现的。由于纸币所代表的金属货币具有价值，所以纸币被称为价值符号。在实行纸币制度时，各国政府都参照过去流通金属货币的含金量，用法令规定纸币的金平价（Par Value），即纸币所代表的黄金含量。所以在纸币流通制度下，两国纸币的金平价应当是决定汇率的依据。但是，在纸币制度下各国货币已与黄金脱钩，发行货币可以不受黄金储备的限制，于是通货膨胀成为各国的经常现象。而通货膨胀后纸币普遍贬值，贬值的纸币的法定金平价与实际所代表的含金量严重脱节，在这种情况下，纸币的汇率不应由纸币的金平价来决定，而是由贬值了的纸币实际所代表的黄金含量为依据。

1973 年后，西方各国普遍实行浮动汇率制，各国货币之间的汇率波动频繁，并且不受限制。此时，各国纸币不再规定含金量，决定汇率的基础应取决于货币在国内的购买力高低。货币购买力是以表现通货膨胀程度的物价指数来计算的，当一国物价指数上涨，通货膨胀水平提高时，该国的货币购买力就相应下降，即该货币汇率下跌；反之，当一国物价指数上涨程度较其他国家慢，通货膨胀水平较低时，意味着该国的货币购买力提高，该货币汇率升值。可见，在纸币制度下，汇率的决定和变化规律受到通货膨胀影响，此外还会受到国际收支状况、利率水平等因素影响，这将在下面的内容继续介绍。

二、影响汇率变动的因素

影响汇率变动的因素是多方面的。一般来说，一国经济实力的变化与宏观经济政策的选择，是决定汇率长期发展趋势的根本原因。我们经常可以看到在外汇市场中，市场人士都十分关注各国的各种经济数据，如国民经济总产值、消费者物价指数、利率变化等。在外汇市场中，我们应该清楚地认识和了解各种数据、指标与汇率变动的关系和影响，才能进一步找寻汇率变动的规律，主动地在外汇市场中寻找投资投机时机和防范外汇风险。通常影响汇率变动的主要因素有：

1. 国际收支状况

由于市场汇率主要是随着外汇市场的供求变化而变，而国际收支状况决定了外汇的供给和需求，因此国际收支状况是引起汇率变动的最直接因素。当一国出现长期、大量的顺差时，外汇收入大于外汇支出，表明在该国国内市场上外汇供大于求，则外汇汇率下跌，外币贬值，本币升值；反之，国际收支逆差则引起外汇汇率上升，外币升值，本币贬值。值得注意的是，暂时、少量的国际收支差额可以较容易地被国际资本流动等因素抵消或调整，只有巨额的、长期存在的国际收支差额才会影响本国的汇率。

2. 国民收入

一般来说，国民收入增加，会促使消费水平提高，对本币的需求也相应增加。如果货币供给不变，对本币的额外需求将会提高本币价值，造成外汇贬值。当然，国民收入的变动引起汇率是降或升，要取决于造成国民收入变动的原因。如果国民收入是因增加商品供给而提高的，则在一个较长时间段内该国货币的购买力得以加强，外汇汇率就会下跌。如果国民收入是因扩大政府开支或扩大总需求而提高的，在供给不变的情况下，超额的需求必然要通过扩大进口来满足，这就使外汇需求增加，外汇汇率就会上涨。

3. 通货膨胀率

通货膨胀率的高低是影响汇率变化的基础。如果一国的货币发行过多，流通中的货币量超过了商品流通过程中的实际需求，就会造成通货膨胀。通货膨胀使一国的货币在国内购买力下降，使货币对内贬值，在其他条件不变的情况下，货币对内贬值，必然引起对外贬值。因为汇率是两国币值的对比，发行货币过多的国家，其单位货币所代表的价值量减少，其实际购买力也就下降，本币汇率就会下跌。相反，如果一国通货膨胀率降低，本币汇率会上升。

通货膨胀率的变动，将改变人们对货币的交易需求量以及对债券收益、外币价值的预期。通货膨胀造成国内物价上涨，在汇率不变的情况下，造成出口亏损，而对进口有利。

4. 利率

利率在一定条件下对汇率的短期影响很大，是影响汇率变动的一个重要因素。利率对汇率的影响是通过不同国家的利率差异引起资金特别是短期资金的流动而引起作用的。在一般情况下，如果两国利率差异大于两国远期汇率与即期汇率的差异时，资金便会由利率较低的国家流向利率较高的国家，从而使利率高的国家的外汇供给增加，促使外汇汇率下跌，本币升值。值得注意的是，利率水平对汇率虽有一定的影响，但从决定汇率升降趋势的基本因素看，其作用是有限的，它只是在一定的条件下，对汇率的变动起暂时的影响。

5. 货币供应量

货币供给是决定货币价值、货币购买力的首要因素。如果本国货币供给减少，则本币由于稀少而更有价值。通常货币供给减少与银根紧缩、信贷紧缩相伴而行，从而造成总需求、产量和就业率下降，商品价格也下降，本币价值提高，外汇汇率将相应地下跌。如果货币供给增加，超额货币则以通货膨胀形式表现出来，本国商品价格上涨，本币购买力下降，外汇汇率将上涨。

6. 财政收支

一国的财政收支状况对该国的国际收支有很大影响。财政赤字扩大，将增加总需求，增加进口，常常导致国际收支逆差及通货膨胀加剧，结果本币购买力下降，外汇需求增加，进而推动外汇汇率上涨。当然，如果财政赤字扩大时，在货币政策方面辅之以严格控制货币量、提高利率的举措，反而会吸引外资流入，使本币升值，外汇汇率下跌。

7. 各国汇率政策和对市场的干预

各国汇率政策和对市场的干预，在一定程度上影响汇率的变动。在浮动汇率制下，各国央行都尽力协调各国间的货币政策和汇率政策，力图通过影响外汇市场中的供求关系来达到支持本国货币稳定的目的。当外汇汇率波动异常且对本国经济影响不利时，货币当局会在外汇市场上大量买卖外汇，使汇率变动趋利于本国的经济。如外汇汇率过度下跌时，该国货币当局则大量买进外汇，增加外汇的需求，在供给不变的前提下，外汇必然回升。相反，当外汇汇率过度上涨时，货币当局则大量抛售外汇，增加市场上的外汇供给，在需求不变的前提下，外汇汇率必然下跌，从而通过政府的直接干预市场，达到稳定汇率水平的目的。当然，其影响汇率变动的能力取决于该国持有的外汇储备的多少。

8. 投机活动与市场心理预期

自 1973 年实行浮动汇率制以来，外汇市场上的投机活动愈演愈烈，投机者往往拥有雄厚的实力，可以在外汇市场上推波助澜，使汇率的变动远远偏离其均衡水平。投机者常常利用市场顺势对某一币种发动攻击，攻势之强，使各国央行甚至西方七国央行联手干预外汇市场也难以阻挡。过度的投机活动加剧了外汇市场的动荡，阻碍正常的外汇交易，歪曲外汇供求关系。因此，外汇投机行为是影响汇率波动的一个不容忽视的因素。

另外，外汇市场的参与者和研究者，包括经济学家、金融专家和技术分析员、资金交易员等每天致力于汇市走势的研究，他们对市场的判断及对市场交易人员心理的影响，以及交易者自身对市场走势的预测都是影响汇率短期波动的重要因素。当市场预计某种货币趋跌时，交易者会大量抛售该货币，造成该货币汇率下浮的事实；反之，当人们预计某种货币趋于坚挺时，又会大量买进该货币，使其汇率上扬。由于公众预期具有投机性和分散性的特点，因此加剧了汇率短期波动的振荡。

9. 政治与突发性因素

由于资本流动首先具有追求安全的特性，因此，政治与突发性因素对外汇市场和资本流动的影响是直接和迅速的，包括政局的稳定性、政策的连续性、政府的外交政策以及战争、经济制裁和自然灾害等；另外，西方国家大选也会对外汇市场产生影响。政治与突发事件（如世界公共卫生事件）因其突发性及临时性，使市场难以预测，故容易对市场造成冲击，一旦市场对消息做出反应并将其消化后，原有消息的影响力就大为削弱。

总之，影响汇率的因素是多种多样的，这些因素的关系错综复杂，有时这些因素同时起作用，有时个别因素起作用。在一段时期内，各因素相互助力，共同推动某种货币汇率上升或跌落；在一段时期内，各因素对汇率的作用又会相互抵消。但是从较长时间来看，国际收支状况和通货膨胀率是决定汇率变化的基本因素；利率因素和汇率政策只能起从属作用，即助长或削弱基本因素所起的作用；一国的财政、货币政策对汇率的变动起着决定性作用。

三、汇率变动对经济的影响

汇率作为国家宏观经济中一个重要的变量，与许多经济因素有着密切的关系。一方面，许多经济因素的变动会影响到汇率的变化；另一方面，汇率的变动又会对很多经济因素产生作用和影响。

1. 汇率变动对一国经济的影响

（1）对国内物价的影响。

一国货币汇率变动对国内经济最直接的作用就是影响物价。一般来说，一国货币汇率变动，会使该国进出口商品的国内价格相应涨落，进而影响该国普遍商品的物价水平。如果本币下跌，则国内以本币表示的进口商品价格将会上涨，从而带动国内同类商品价格上涨，可能会导致国内整体物价水平的提高而引发通货膨胀。对于原材料和生活必需品主要靠进口的国家而言，这种影响更明显。若本币升值，情况会刚好相反。

（2）对进出口贸易的影响。

如果一国货币汇率下跌，即本币贬值，该国以外币表示的出口商品价格将会下跌，从而提高该国商品在国际市场上的竞争力，一般情况下有利于扩大出口量，提高对国外市场的占有率。同时，本币贬值，以本币表示的进口商品价格将会上涨，一般情况下会抑制国外商品的进口量。因此，本币贬值一般会起到扩大出口、抑制进口的作用；相反，本币升值会起到阻碍出口、鼓励进口的作用。

（3）对国民收入和就业的影响。

一国货币汇率下跌使该国出口增加，从而刺激国内出口产品生产规模的扩大，进而带动国内其他行业的发展，增加国民收入，创造更多的就业岗位。同时，本币汇率下跌使进口减少，导致国内对进口产品的需求转向对国内同类产品上，即产生进口替代效应，促使生产进口替代品的部门和企业的收益增加，从而引起资源在国内各部门的重新配置，上述一系列的变化都会使国民收入总额和就业机会增加。反之，一国货币汇率上升，情况刚好相反。

（4）对旅游外汇收入的影响。

如果一国货币汇率下跌，外汇汇率上升，则外币购买力增强，对国外旅游者来说，到该国旅游的成本相对来说低廉，即该国的旅游等服务项目显得更加便宜，这样会吸引大量的国外旅游者到该国来旅游，从而促进该国的旅游业发展，并且增加更多的旅游外汇收入，同时也改善了该国的非贸易收支状况。本币升值带来的情况正好相反。

（5）对国际资本流动的影响。

汇率变动是影响国际资本流动的直接因素，特别是对短期资本影响非常明显。国际资本流动的目的主要是追求利润或避免损失。当一国货币下跌而尚未到位时，国内资本持有者和外国投资者为避免该国货币再次贬值而遭受损失，会将资本调出该国，直至货币贬值到位，投资者不再担心贬值受损，外逃的资本才会流回该国。货币升值的作用刚好与此相反，若一国货币升值而尚未到位时，国内资本持有者和外国投资者为获得利润会将资本调入该国，直至货币升值到位，投资者才停止调入，相反担心接下来货币跌落受损，而将资金抽出外逃。值得注意的是，汇率变动对资本流动的上述影响，是基于利率、物价水平不变的前提下起作用的，同时对外汇管制比较严格的国家而言，其影响则相对弱些。

（6）对外汇储备的影响。

本币汇率变动，通过影响进出口贸易和资本流动，进而影响本国外汇储备的增加或减少。一般而言，一国货币汇率稳定，有利于该国吸收外资，从而使其外汇储备增加；反之，则可能引起外汇储备减少。而当一国货币汇率变动使其出口额大于进口额时，其外汇收入会增加，储备状况也会随之改善；反之，储备状况将恶化。

对于充当储备货币的货币而言，该币值下降，持有该储备货币的国家的外汇储备实际资产价值会遭受损失；而拥有该货币作为债务的国家则减轻债务负担。如果该币值上升的话，情况刚好相反。

2. 汇率变动对世界经济的影响

（1）影响国际贸易的正常发展。

汇率的稳定有利于国际贸易的成本核算和预期利润的匡算，为进出口商降低汇率风险，从而促进国际贸易的发展。若汇率变动频繁且幅度较大时，会严重影响到国际贸易的正常开展。例如，有些国家为了改善贸易逆差，利用货币贬值，搞外汇倾销，来扩大出口，争夺市场，因此也引起了其他国家采取报复性措施，或实行货币贬值，或采取保护性贸易措施，从而引发贸易战和货币战，如美国与欧盟的"香蕉大战"、中美的贸易战、日元与美元的货币战等破坏了国际贸易的正常秩序，对世界经济的协调发展带来不利的影响。

📝 知识解答

外 汇 倾 销

所谓外汇倾销，是指在通货膨胀情况下，一国政府利用汇率上涨与物价上涨的不一致，有意提高外币的行市，使其上涨的幅度快于并大于国内物价上涨的幅度，以便以低于世界市场的价格输出商品和劳务，削弱竞争对手，夺取销售市场。汇率倾销其实是利用本国货币对外贬值达到扩大出口目的的一项措施。当一国货币贬值后，出口商品以外国货币表示的价格降低，提高了该商品的竞争能力，从而扩大了出口，抑制了进口。外汇倾销不能无条件地进行，只有具备以下两个条件才能起到扩大出口、抑制进口的作用：一是本币贬值的程度大于国内物价上涨的程度，二是其他的国家不同时实行同等程度的货币贬值和采取其他报复性措施。

（2）促进国际储备货币多元化的形成。

某些本币充当储备货币的国家的国际收支状况恶化，本币汇率不断下跌，通货膨胀加剧，由此削弱了其储备货币的地位和作用；相反，有些国家由于国际收支持续顺差，黄金外汇储备充裕，通货膨胀稳中趋升，因此其货币在国际结算领域中的地位和作用日益加强。例如，在第二次世界大战之前，英镑是国际上最主要的储备货币。但"二战"以后，由于英国的经济实力节节衰退，因此储备货币的地位不断地受到削弱。而美国在战争期间发了"横财"，"二战"结束后，美国经济走上"快车道"，经济总量与外贸总量领先世界水平，成为世界经济实力和金融实力雄厚的国家，美元走强，并逐渐取代英镑成为世界最主要的储备货币。进入20世纪80年代以及21世纪初，日本与欧元区国家的经济先后得到快速发展，日元和欧元逐渐成为主要储备货币。因此，各国的经济发展及其汇率的变化，促进了国际储备货币多元化的形成。2008年美国爆发华尔街金融风暴，美元币值不稳，更引发各国学者和专家研究国际储备货币多元化问题。

（3）加剧投机和国际金融市场的动荡，同时又促进国际金融业务的不断创新。

目前西方各国普遍实行浮动汇率制，在该制度下，汇率变动的可能性和幅度比较大，从而引起外汇投机盛行，造成国际金融市场的动荡与混乱，如1995年墨西哥比索的大幅度贬值和1997年泰国铢的大幅度贬值而掀起的东南亚金融风暴，都与外汇投机行为密切相关。与此同时，汇率剧烈变动加剧了国际贸易与金融的汇率风险，又进一步促进期货、期权、货币互换等金融衍生产品交易的出现，使国际金融业务形式与市场机制不断地创新，汇率剧烈波动引发金融创新，使得投机与风险防范共存，金融创新已经成为国际金融市场发展的必然产物。

项目三　汇率制度

汇率制度（Exchange Rate System）是指一国货币当局对本国货币汇率变动的基本方式所做的一系列安排或规定。传统上，汇率制度按照汇率变动的幅度可分为两类：固定汇率制和浮动汇率制。

一、固定汇率制（Fixed Exchange Rate System）

所谓固定汇率制是指两国货币比价基本固定，其波动的界限被限定在一定幅度之内的汇率制度。其汇率的制定以货币的含金量为基础，形成汇率之间的固定比值。这种制度下的汇率或是由黄金的输入输出予以调节，或是在货币当局调控之下，在法定幅度内进行波动，因而具有相对稳定性。当汇率波动超过上下限时，货币当局有义务进行干预。

固定汇率制主要经历了两个阶段，即金本位制下的固定汇率制（1816—1914年）和纸币流通条件下的固定汇率制（1944—1973年）。

1. 金本位制下的固定汇率制

在金本位制下，决定汇率的基础是两国货币的含金量，汇率的波动受到黄金输送点的自动调节，并且以黄金输送点为界限。因此汇率的变化幅度很小，一般为5‰~7‰，是典型的固定汇率制。19世纪后期至第一次世界大战之前，是该制度的全盛时期。随着金本位制的彻底崩溃，建立在金本位制基础上的固定汇率制也宣告结束。

金本位制下的固定汇率制有两个主要特征：

（1）汇率有着稳定的物质基础。以货币的黄金含量或铸币平价来规定货币的价值，黄金成了两种货币汇率的物质基础。

（2）汇率波动极小，具有较好的稳定性。即使由于供求关系变化而使汇率产生波动，也被自动地限制在黄金输送点以内。

2. 纸币流通条件下的固定汇率制

第一次世界大战期间以及20世纪30年代世界经济大危机后实行金块本位和金汇兑本位制度，各国对货币也都规定了含金量，货币兑换比率仍由货币所代表的含金量决定。

在这种货币制度下，原来在流通中的银行券，丧失了直接或间接与金币或金块自由兑换的条件，从而蜕化为不可兑换的纸币继续流通，这就是所谓的纸币制度。纸币本身没有价值，法律规定单位纸币的含金量只是一种名义上的含金量。这种以纸币的含金量的对比来确定的各国货币间的汇率，已不像先前那样稳定了。在这种货币制度下，由于各国货币发行量不再以本国的黄金储备量为基础，因此通货膨胀严重，外汇汇率不稳。

第二次世界大战以后，资本主义国家从1944年到1973年普遍实行的汇率制度是可调整的钉住汇率制度，通常被称为固定汇率制或布雷顿森林体系下的固定汇率制。这种汇率制度是属于纸币流通条件下的固定汇率制。

1944 年 7 月，美、英等 44 个国家在美国新罕布什尔州的布雷顿森林（Bretton Wood）召开了第一届联合国货币金融会议（简称"布雷顿森林会议"），会上所通过的《国际货币基金协定》，确定了以美元为中心的固定汇率制。其主要内容为：

（1）美元与黄金挂钩，规定 1 盎司黄金等于 35 美元的法定官价，各国中央银行持有的美元可按每盎司 35 美元的官价向美国兑换黄金。

（2）各国货币与美元挂钩，确定 1 美元含金量为 0.888671 克纯金，各国货币也规定本币的含金量，并据其确定与美元的固定比价。这样确定了美元直接与黄金挂钩、其他各国货币与美元挂钩的"双挂钩"制度，由此确定美元的国际储备货币的地位。

（3）规定市场汇率的波动上下限为货币平价的 ±1%，即只能在 2% 的幅度内波动（1971 年 12 月，曾一度放宽至货币平价的 ±2.5%）。若货币汇率波动超过上下限度，各国货币当局有义务进行干预，以维护汇率和金平价的稳定。

这一汇率制度，对美国来说是实行美元—黄金本位制。但对世界各国来讲，则是实行以美元为中心的金汇兑本位制。这一汇率制决定的基础仍然是金平价，汇率波动较小。由于是以美元为中心，黄金又在国际汇兑中发挥作用，因此称为以美元为中心的金汇兑本位制。

第二次世界大战以后实行的固定汇率制，与金本位制下的固定汇率制本质上的区别。相比之下，具有以下特点：

（1）制度产生的基础不同。

金本位制下的固定汇率制，是在各主要资本主义国家普遍实行金本位制的基础上自发形成的；而第二次世界大战后的固定汇率制，是在国际货币基金组织的框架中人为地建立起来的，并接受其监督。

（2）调节机制不同。

在典型的金本位制下，汇率的波动由黄金自由地输出、输入而进行自动调节，各国货币当局不参与外汇市场活动；而第二次世界大战后的固定汇率制，主要是靠各国货币当局利用外汇平准基金直接干预外汇市场来维持汇率的稳定。

（3）汇率的稳定程度不同。

金本位制下的汇率波动受制于黄金输送点，通过三大自由（自由铸造，自由兑换，自由输出、输入）使汇率稳定；在第二次世界大战后的固定汇率制下，当一国的国际收支出现根本性不平衡时，经国际货币基金组织事先同意或事后认可，可以变更其货币的含金量，即实行本币的法定贬值或升值。

3. 纸币流通条件下的固定汇率制的维持措施

实行纸币流通条件下的固定汇率制，各国货币当局为维持汇率波动的上下界限，需要采取一些手段。

（1）采用贴现政策。

贴现政策是各国政府调节汇率波动常用的手段。当外汇汇率上涨，有超过汇率波动的上限的趋势时，则该国货币当局提高贴现率，以吸引国外资金流入，增加本国外汇收入，从而减少本国的国际收支逆差，促使本币升值，外币回落，使汇率维持在既定的波动幅度之内。当外汇汇率下跌，有超过汇率波动的下限的趋势时，操作与之相反。

（2）动用外汇储备。

当外汇汇率上涨过高时，政府就从外汇储备中拿出一部分外汇，在市场上出售，以增加外汇的供应，平抑汇率上涨的幅度，使其不致超过波动上限；当外汇汇率下跌过低（低于规定的波动下限）时，操作与之相反。

（3）实施外汇管制。

逆差国为稳定汇率，可以用限制外汇支出的手段来达到目的。

（4）直接输出黄金或举借外债。

这也是逆差国稳定汇率的有效手段。顺差国则可采用输入黄金或向国外投资的做法来稳定汇率。

在纸币流通制度下，只有当一国政府规定了纸币的含金量时，才会出现纸值的法定贬值。而在金本位制或在1973年后的浮动汇率制下，由于铸币的实际含金量不变或纸币已与黄金脱钩，则不存在法定贬值问题。

在固定汇率制下，纸币的法定贬值可能出于多方面的考虑：一是国内滥发纸币，造成通货膨胀压力；二是出口受阻，国际收支持续逆差；三是国内失业严重，企业开工不足、倒闭或破产。在这些情况下，当事国就往往采取货币贬值方法，提高外汇汇率或进行外汇倾销，以奖出限进来改善国际收支。

当一国货币法定贬值后，获得扩大出口的利益，其他国家会立即效仿，也随之采取公开贬值的措施，在市场争夺战中进行反击。各国货币公开贬值的过程，也就是进行货币战的过程。应当指出，1973年发达国家实行浮动汇率制后，有意使本国货币汇率下浮，同样可起着法定贬值的作用。

当一国的国际收支持续顺差时，则外汇供过于求。当外汇汇率跌到官定下限时，顺差国货币当局就通过抛出本币、收购外币来进行干预，以把汇率控制在官定波动幅度之内。大量外币涌入，虽可增加外汇储备，但由于收购外币，使流通中的本币增加，从而加剧顺差国的通货膨胀。因此，顺差国在特定条件下宣布本币法定升值，可以抑制外币的大量流入，缓和本国的通货膨胀。

4. 固定汇率制的主要优缺点

（1）固定汇率制的主要优点。

在固定汇率制下，汇率波动被限定在一定范围内，汇率相对稳定，波动幅度不大，有利于国际贸易、国际信贷和国际投资的经济主体进行成本利润的核算，避免了汇率波动风险。同时，固定汇率制还可以促进物价水平和通货膨胀预期的稳定，有利于国民经济的稳定发展。

（2）固定汇率制的主要缺点。

一是汇率基本不能发挥调节国际收支的经济杠杆作用。汇率波动本身就具有调节国际收支的作用，但在固定汇率制下，由于人为地限定了汇率波动的幅度，所以很难反映市场的真实动态，汇率也失去了调节国际收支的经济杠杆作用。

二是为维护固定汇率制将破坏内部经济平衡。比如当发生国际收支逆差时，本币汇率将下跌，成为软币，为不使本币贬值，政府就需要采取紧缩性货币政策或财政政策，但这样会使国内经济增长受到抑制，失业人数增加。因此，在固定汇率制下，一国的货币政策与财政政策很难奏效。

三是引起国际汇率制度的动荡和混乱。货币当局干预汇率使其稳定，其结果要么是引起本国外汇储备大量流失，要么是本国货币供应量增加而导致国内通货膨胀加剧。因为当一国出现持续性巨额逆差、本币大幅下跌时，该国货币当局动用国际储备来稳定汇率，就可能导致黄金与外汇储备外流。若黄金与外汇储备外流后仍不能阻止本币币值下降，就只有公开宣布本币贬值，使本币购买力下降，将外汇危机向外转嫁。其结果会引起贸易伙伴国同时采取贬值策略，最终引起整个国际秩序的混乱。

二、浮动汇率制（Floating Exchange Rate System）

1973 年年初，美元连续发生危机，各主要金融市场大量抛售美元而抢购德国马克和日元，金价上涨，外汇市场关闭。2 月 12 日美国政府再次将美元贬值 10%，黄金官价从每盎司 38 美元上涨到 42.23 美元。美元第二次贬值后，以美元为中心的固定汇率制终于垮台了，西方各国不再承担维持对美元固定汇率的义务，开始普遍实行浮动汇率制。1976 年 1 月，国际货币基金组织正式承认浮动汇率制。1978 年 4 月，国际货币基金组织理事会通过《关于第二次修改协定条例》，正式废止以美元为中心的国际货币体系。由此，浮动汇率制在世界范围内取得了合法地位。

1. 浮动汇率制的概念

浮动汇率制是指对本国货币与外国货币的比价不加以固定，也不规定汇率波动的上下界限，汇率根据外汇市场的供求变化而自由浮动。当外汇供过于求时，其汇率就会下跌；当外汇供不应求时，其汇率就会上涨。外汇完全成为国际外汇市场上的一种特殊商品，汇率成为买卖这种商品的价格。在这种汇率制度下，货币当局不再承担维持汇率稳定的义务，表面上对外汇市场不加干涉。

2. 浮动汇率制的类型

（1）按照政府干预程度分类。

浮动汇率制按照政府干预程度可分为自由浮动和管理浮动两种。

自由浮动（Free Floating），又称"清洁浮动"，它是指政府对外汇市场不加任何干预，汇率完全根据外汇市场的供求变化而自由涨落，自发调节，政府不承担维持汇率稳定的义务。但在实际经济运行过程中，各国政府为了本国的经济利益，往往对外汇市场进行某种干预，完全不加干预的情况是很少见的。

管理浮动（Managed Floating），又称"肮脏浮动"，它是指政府对外汇市场进行或明或暗的干预，以使市场汇率朝有利于自己的方向浮动。凡实行浮动汇率制的国家均属于这种类型。

（2）按照汇率浮动的方式分类。

浮动汇率制按照汇率浮动的不同方式可分为单独浮动、联合浮动、钉住汇率制和联系汇率制四种。

单独浮动（Independently Floating），即一国货币不与其他国家货币发生固定联系，其汇率根据外汇市场的供求变化而自动调整，如英镑、美元、日元等货币均属单独浮动。

联合浮动（Joint Floating），又称共同浮动，指一些国家组成货币集团，集团成员国之间实行固定汇率制，对非成员国的货币实行一种共升共降的浮动汇率制。例如，1973年3月欧洲经济共同体为了建立稳定的货币区，在成员国（法、荷、比、丹麦、卢、西德）之间实行固定汇率，并规定上下浮动的界限为货币平价上下各1.125%，即所谓的"地洞中的蛇"，而对其他国家的货币则实行浮动汇率制。

钉住汇率制（Pegged Floating），是指一些国家使本币钉住某发达国家的货币或"一篮子货币"，使本币同钉住的货币保持相对固定比价，而对其他国家货币的汇率则是浮动的。例如，许多发展中国家使本国货币钉住美元、欧元等货币，与单独浮动与联合浮动相比，钉住汇率制的汇率相对稳定，但汇率调整易受所钉住的货币的控制，缺乏自主性。

联系汇率制（Linked Exchange Rate System），又称货币发行局制度，即将本币与某特定外币的汇率固定下来，并严格按照既定兑换比例，使货币发行量随外汇存储量联动的货币制度。它的主要特点是将汇率制度的确定与货币发行准备制度加以结合，利用市场机制，互相牵制。最具代表性的是港元联系汇率制，香港在1983年开始以1美元兑换7.8港元比价实行港元与美元的联系汇率制。在此制度下，香港存在两种汇率，一种是发钞银行与外汇基金以及发钞银行与其他银行之间的港元现钞发行汇率，即美元与港元1：7.8的联系汇率；另一种是发钞银行与其他银行间的非现钞交易以及银行同业交易、银行与客户之间的交易均按市场汇率进行。

3. 浮动汇率制的主要优缺点

（1）浮动汇率制的主要优点。

一是可发挥调节国际收支的经济杠杆作用。在浮动汇率制下，如果一国出现国际收支逆差，其货币会自动对外贬值，这种汇率变动有助于该国恢复国际收支平衡。

二是减少外汇储备的大量流失。浮动汇率制在一定程度上可保持西方国家货币制度的相对稳定性，当一国货币在国际市场上被大量抛售时，由于没有维持固定比价的义务，该国一般无须立即动用外汇储备大量收购本国货币，这样本国的外汇储备就不致急剧、大量流失。

三是可保证国内货币政策的独立性，不会发生以牺牲内部平衡来换取外部平衡的情况。与固定汇率制相比，在浮动汇率制下，一国无义务维持本币与外币之间的固定比价，因而可根据本国国情独立自主地采取各项经济政策，实现国内经济目标。

（2）浮动汇率制的主要缺点。

一是给涉外经济主体增加汇率风险，不利于贸易和投资的发展。在浮动汇率制下，汇率波动的不确定性给涉外经济主体带来很大的汇率风险，使相关交易的成本和利润难以核算，不利于国际贸易和投资的稳步发展。

二是助长了外汇投机活动，容易引起国际金融市场的动荡与混乱。在浮动汇率制下，汇率往往会频繁、大幅波动，这使得投机者有机可乘，国际投机活动加剧，更促使汇率暴涨暴跌，引起国际金融市场的动荡不安，容易引发金融危机。

三是加重全球通货膨胀的压力。在浮动汇率制下，各国货币、财政政策因受到约束力较小，容易盲目扩张，引发通货膨胀。再加上许多国家利用货币贬值来刺激出口，会带动国内物价上涨，加重全球通货膨胀的压力。

📖 课堂互动

小组讨论：比较分析固定汇率制和浮动汇率制两种制度的利弊。

三、汇率制度的选择

目前，固定汇率制和浮动汇率制孰优孰劣尚无定论。不同的汇率制度在面对国际资本流动对本国经济产生影响的时候表现不同。一般而言，选择浮动汇率，主要由市场力量来控制资本的跨国流动；而选择固定汇率，则需要政府来控制资本的跨国流动。

要在固定汇率制和浮动汇率制之间找到一个平衡点，一个比较好的选择就是有管理的浮动汇率制（Managed Floating）。实行这种汇率制度可以依靠三种工具：一是货币政策工具，二是中央银行对外汇市场的对冲性干预，三是一定程度的资本管制。这种制度既可以保持货币政策的独立性，又能使汇率具有一定的灵活性，以应对内部、外部的冲击，同时还可有选择地部分放开资本账户，使资本流动处于可控的状态。目前我国实行的就是有管理的浮动汇率制。

项目四　人民币汇率

一、人民币汇率概述

我国目前实行的是以市场供求为基础的、参考一篮子货币进行调节、有管理的浮动汇率制度。现阶段的人民币汇率政策，有以下三个特点：

第一，保持人民币汇率在合理、均衡水平上的基本稳定。过去十几年里，人民币汇率基本稳定，促进了中国经济发展和改革开放，同时也为维护亚洲乃至世界金融和经济的稳定做出了贡献。中国经济金融稳定发展，将为周边地区和世界各国提供更大的市场和更多的投资机会，为全球经济注入新的活力。事实证明，保持人民币汇率在合理、均衡水平上的基本稳定，既有利于中国经济的稳定和发展，又有利于亚洲地区和世界经济的稳定和发展。

第二，完善人民币汇率形成机制。以市场供求为基础的、有管理的浮动汇率制度，符合我国实际，应当长期坚持。我国将保持人民币汇率在合理、均衡水平上的基本稳定，在深化金融改革中进一步探索和完善人民币汇率形成机制，发挥市场配置资源的基础作用，增强汇率杠杆对经济的调节作用，促进国际收支平衡，略有节余。进一步完善人民币汇率形成机制应充分考虑以下因素：一是贸易放开经营比较充分，服务贸易比较开放；二是资本项目过度管制得到消除；三是中国国有商业银行的改革迈出重大步伐，国有商业银行的竞争能力和抗风险能力明显提高。

第三，采取多种措施促进国际收支平衡。保持国际收支平衡与促进经济增长、增加就业、稳定物价是国家四大宏观调控目标。我们的方针是充分利用国际国内两个市场、两种资源，实现国际收支基本平衡，略有节余。因此，必须认真落实"引进来"和"走出去"相结合的方针，在继续扩大内需、加快结构调整的同时，加大涉外经济政策的调整力度，改善国际收支平衡，促进国民经济持续、快速、协调、健康发展。

二、人民币汇率形成机制改革

1994 年，我国对外汇管理体制进行重大改革，实现人民币官方汇率与外汇调剂价格并轨。从 1994 年 1 月 1 日开始实行以市场供求为基础的、单一的、有管理的浮动汇率制度，改变了以行政决定调节汇率的做法，发挥了市场机制对汇率的调节作用。1993 年 12 月 31 日人民币官方汇率为 5.80 人民币/美元，调剂市场汇率为 8.70 人民币/美元，从 1994 年 1 月 1 日起将两种汇率合并，实行单一汇率，人民币兑美元的汇率定格为 1 美元兑 8.70 元人民币。并轨后取消了外汇留成和上缴，实行外汇的银行结汇制，取消国内企业的外汇调剂业务，建立统一的银行间外汇市场，并以银行间外汇市场所形成的汇率作为中国人民银行公布的人民币汇率的基础，此后，人民币汇率结束了长达 16 年的贬值过程，开始稳中趋升。

2005 年，新一轮人民币汇率形成机制改革启动，人民币汇率水平适当调整。自 2005 年 7 月 21 日起，我国开始实行以市场供求为基础、参考一篮子货币进行调节、有管理的浮动汇率制度。人民币汇率不再盯住单一美元，是按照我国对外经济发展的实际情况，选择若干种主要货币，赋予相应的权重，组成一个"货币篮子"，同时根据国内外经济金融形势，参考一篮子货币，计算人民币多边汇率指数变化，实行有管理的浮动汇率，形成更富弹性的人民币汇率机制。中国人民银行于每个工作日闭市后公布当日银行间外汇市场美元等交易货币对人民币汇率的收盘价，作为下一个工作日该货币对人民币交易的中间价。每日银行间外汇市场美元对人民币的交易价仍在人民银行公布的美元交易中间价上下千分之三的幅度内浮动，非美元货币对人民币的交易价在人民银行公布的该货币交易中间价上下一定幅度内浮动。

中国人民银行将根据市场发育状况和经济金融形势，适时调整汇率浮动区间。同时，中国人民银行负责根据国内外经济金融形势，以市场供求为基础，参考货币汇率变动，对人民币汇率进行管理和调节，维护人民币汇率的正常浮动，保持人民币汇率在合理、均衡水平上的基本稳定，促进国际收支基本平衡，维护宏观经济和金融市场的稳定。

人民币汇率形成机制的核心是：以外汇市场供求为基础，允许市场汇率在一定范围内围绕基准汇率上下浮动。从长远来看，我国汇率制度的改革方向是真正地重归1994年年初提出的以市场供求为基础的、单一的、有管理的浮动汇率制度，在此基础上再增加汇率的弹性，扩大汇率的浮动区间；最终实现人民币的完全可兑换，让市场来决定人民币汇率。市场的自动调节，要找到人民币汇率的均衡点，再加上中央银行的宏观调控，人民币汇率的"有管理的浮动"就可以真正地实现。但从短期来看，汇率制度的改革宜采取循序渐进的过渡办法，即在对资本项目依旧实行管制的条件下，逐步开放外汇市场，使人民币汇率完全市场化，使其真正反映市场的供求关系，体现广泛的市场参与者的真实意愿。当然，人民币汇率的完全市场化并非意味着放弃对其进行必要的管理，相反对其管理的方式和手段要多样化，既要有中央银行对外汇市场的直接干预，也应结合当时的宏观经济环境，通过调节本外币的供求量、调整利率水平等手段进行综合调节。这样人民币汇率的弹性自然会增强，在此基础上人民币汇率"有管理的浮动"可望得以初步实现，待时机成熟时再取消对资本项目的外汇管制，进而实现人民币汇率的完全市场化。

如何推进人民币汇率机制完善，改革涉及以下措施：

（1）放宽外汇市场的进入限制。除了资本项目，外汇买卖随人民币资本账户可兑换进程的变化进行调整以外，应尽量放宽经常项目人民币兑换在用途和数量上的限制，外汇市场进入限制的放松是减少外汇黑市交易的最有力手段。取消强制性的结售汇要求，实行意愿结售汇制，有利于发展外汇市场和分散汇率风险，有助于削减涉外企业因强制结售汇而增加的额外经营成本。

（2）增加市场交易主体。增加外汇市场的交易主体，让更多的企业和金融机构直接参与外汇的买卖，有助于避免大机构集中性的交易垄断市场价格水平，防止汇率的大起大落。

（3）推广大额代理交易。为增加银行间外汇市场参与主体的种类和活跃市场，可逐步推广银行代理企业在银行间外汇市场买卖外汇的大额代理交易。但在具体操作上要保证银行在代理企业办理外汇交易时，需严格按照现行外汇管理规定对企业有关交易凭证进行严格审核把关。

（4）增加外汇市场交易品种。外汇市场的发展和完善需要为企业和银行提供全方位的服务。目前中国外汇市场交易币种有限，与国际规范的外汇市场还相差很远。为更好地发挥外汇市场的服务作用，应逐步建立银行间外汇拆借市场，增加外币与外币之间的交易、外币期货和外币期权等交易方式。

（5）发展商业银行充当做市商的制度。改革目前银行间市场撮合交易的外汇买卖方式，使商业银行从目前的交易中介变为做市商，活跃外汇市场，并使汇率真正反映市场参与者的预期，强化汇率的价格信号作用。

（6）改进中央银行市场的调控方式。主要是要改变中央银行过去过于频繁干预外汇市场的模式，确定中央银行需要盯住的合理的人民币汇率目标波动区域，建立一套标准的干预模式，给市场一个比较明确的干预信号，减少干预成本。

✍ **知识解答**

做市商与撮合交易

我们在生活中常常有一些大宗商品，如车、房子等在短期内无法交易出去。所以，此时我们会有两种选择：降价或者等待。而做市商就是一个随时可以买房或者买车的角色，它能帮助我们拿到现金，只是它愿意支付的价格可能要低于我们期望的价格。做市商是金融市场的一个重要角色，它是具备一定实力、信誉的机构，在其意愿的水平上以自有资金或证券或其他金融产品不断向其他交易者报出某些特定产品的买入价和卖出价，并在报价价位上接受其他交易商的买卖要求，保证及时成交。做市商制度最大的优势在于：保持市场的流动性，维持价格的有效性，提高投资者的交易效率。

所谓撮合交易就是指卖方在交易市场中委托销售订单、买方在交易市场中委托购买订单，交易市场按价格优先、时间优先原则确定双方成交价格并生成电子交易合同，并按交割订单指定的交割仓库进行实物交割的交易方式。撮合交易达成的条件是必须要卖家出手合约，买家才能买进，同时也表示只有当有买家购买，卖家才能卖出去，必须要双方达成一致，才能完成交易。它的优点是交易公平，价格由市场决定，不易被操纵；价格相对连续，不会出现较大波动，减少风险，交易成本降低。缺点是排队交易，由此带来市场交易不活跃。

对于交易商来说，做市商交易容易满足投资需求，不用担心交易不成功，但相对来说成本较高，存在较高的平台风险；而撮合交易需要排队等待，买卖双方达成一致后才能进行交易，它只收取交易的手续费，平台风险较小。

2015 年 8 月 11 日，我国进一步完善人民币汇率市场化形成机制（俗称"811"汇改）。中国人民银行宣布调整人民币兑美元的中间价报价机制，做市商参考上日银行间外汇市场收盘汇率，向中国外汇交易中心提供中间价报价。这一举措增强了人民币兑美元汇率中间价的市场化程度和基准性。12 月 11 日，中国外汇交易中心发布"CFETS 人民币汇率指数"，人民币汇率形成机制开始转向参考一篮子货币，保持一篮子汇率基本稳定。至此，"收盘汇率+一篮子货币汇率变化"的人民币兑美元汇率中间价形成机制已经形成。这一机制更加公开、透明和具有规则性，市场化水平明显提高，较好地兼顾了市场供求变化、保持对一篮子货币基本稳定和稳定市场预期三者之间的关系。

受单边主义和贸易保护主义措施以及美国对中国加征关税预期等方面影响，2019 年 8 月 5 日人民币兑美元汇率在市场力量推动下贬值突破 7.0 元。中国央行综合施策，加强市场预期引导，使外汇市场有序运行，保持外汇供需基本自主平衡，人民币汇率实现了预期稳定情势下的有序调整。2020 年 CFETS 人民币汇率指数与上年末基本持平，人民币在实现双向浮动的同时，保持了基本稳定。在中美经贸摩擦、新冠肺炎疫情暴发并蔓延全球、世界经济衰退、国际金融市场动荡等多轮重大冲击中，人民币汇率形成机制经受住了多轮考验，人民币汇率能迅速调整，并在较短时间内恢复均衡，有效发挥了对冲冲击的作用；同时，人民币汇率弹性进一步增强，较好地充当了宏观经济和国际收支调节的自动稳定器。

三、人民币国际化进程

人民币国际化即人民币跨越国界，成为国际上普遍认可的计价货币、结算货币、储备货币及市场干预工具的过程。简单地理解是人民币由国内货币转变为国际货币的过程。国际货币是一个经济实力比较强大国家的货币在实现了可自由兑换后，被其他国家接受，成为国际支付手段的一种状态。人民币要成为国际货币，或许需要一个漫长的过程。

20 多年来的人民币汇率形成机制改革成效显著，同时人民币国际化的步伐也在稳步推进。随着我国经济快速发展，国际贸易份额比重扩大，人民币在国际货币体系中的地位也不断上升。

是哪些举措加速了人民币国际化前进的步伐？其推动力主要体现在以下几个方面。

1. 越来越多的国家与中国互换本币

随着"去美元化"的呼声越来越高，而人民币在国际上的地位逐渐提升，越来越多的国家与中国签署货币互换协议，进行本币互换。据不完全的统计，自 2009 年至 2019 年年底，我国已经与近 40 个国家和地区签署货币互换协议，互换总金额已经超过了 3.7 万亿元人民币。2009 年 3 月，我国先后与韩国、中国香港、马来西亚、白俄罗斯、印度尼西亚和阿根廷这些国家和地区的中央银行签订总额共计 6500 亿元人民币的双边货币互换协议。之后，中国人民银行先后与多个国家和地区签订一系列的货币互换协议。2013 年 10 月，欧洲央行与中国人民银行签订价值 3500 亿元人民币的互换协议，此举为欧元区人民币市场进一步发展提供流动性支持，促进人民币在境外市场的使用，有利于贸易和投资便利化，彰显了中国在欧洲贸易和金融交易中的重要地位。2017 年，中国人民银行先后与新西兰、蒙古国、阿根廷、瑞士、卡塔尔、加拿大、中国香港、俄罗斯、泰国等国家和地区的央行或货币当局续签双边本币互换协议，总金额达 14750 亿元人民币。所有这些协议为人民币跨境结算提供了资金支持，促进了人民币国际化进程，为人民币在全球更大范围内作为贸易结算的国际货币打下基础。

2. 跨境贸易人民币结算试点基本铺开

中国政府于 2009 年推行跨境贸易人民币结算试点，并于 2011 年逐步推广至全国。2009 年 7 月，国务院批准上海、广州、深圳、珠海、东莞 5 个城市的 365 个企业开展跨境贸易人民币结算试点。2010 年 6 月，试点地区扩大到 20 个省、自治区、市，境外区域则由中国香港、中国澳门以及东盟扩展到全球，全球有超过 25 万家的企业和 340 家银行开展了跨境人民币业务，195 个国家支持与我国开展跨境人民币支付业务。2009 年人民币跨境贸易结算金额仅为 35.8 亿元，2010 年攀升至 5063 亿元。之后，我国跨境贸易人民币结算金额逐年大幅增长，人民币跨境贸易结算规模又从 2010 年的 5063 亿元快速上升至 2015

年的 7.23 万亿元，增长了 13 倍。跨境人民币结算规模在 2016 年至 2017 年期间出现收缩，并于 2018 年起逐渐恢复。截至 2020 年，人民币在跨境贸易中的结算规模回升至 6.77 万亿元。人民币作为国际支付货币的地位大幅提升，据 SWIFT 数据显示，2011 年年底人民币在国际跨境结算中的市场份额仅占 0.29%，2015 年 8 月提高到 2.79%，国际排名也从 2010 年 10 月的第 35 位上升至第 4 位；目前人民币在全球支付的货币排名中稳定在第 4 至第 5 位。

3. 人民币作为储蓄货币功能逐渐显现

中国人民银行 2018 年 5 月 11 日发布的《2018 年第一季度中国货币政策执行报告》指出，人民币国际化取得新进展，支付货币功能不断增强，储备货币功能逐渐显现，已经有超过 60 个境外央行或货币当局将人民币纳入官方外汇储备。2005 年，菲律宾央行宣布人民币在菲律宾成为自由兑换的货币，实现了人民币作为外国官方储备货币零的突破；2010 年 9 月马来西亚央行买进人民币债券作为其外汇储备的一部分；2011 年 9 月尼日利亚将人民币纳入外汇储备，比重占据该国外汇储备的 5%~10%，以实现其外汇储备的多元化；同年 11 月泰国央行开始将人民币纳入其外汇储备。很快，新加坡、阿根廷、俄罗斯等多国也将人民币纳入外汇储备。根据国际货币基金组织的数据统计，截至 2017 年第四季度，人民币外汇储备规模达 1228 亿美元，在全球外汇储备中的占比上升到了 1.23%，人民币成为全球外汇储备的"新宠"。2018 年年初，欧元区两大经济体对人民币投下信任票，德国和法国宣布已经将人民币纳入外汇储备，人民币在国际舞台上的储备货币地位进一步上升。人民币在全球外汇储备中的地位提升，得益于中国经济快速发展、国力的强大，得益于人民币成功纳入特别提款权（SDR）货币篮子。

✎ 知识解答

人民币成功纳入特别提款权货币篮子

2016 年 9 月 30 日（华盛顿时间），国际货币基金组织（IMF）宣布纳入人民币的特别提款权（SDR）新货币篮子于 10 月 1 日正式生效。新的 SDR 货币篮子包含美元、欧元、人民币、日元和英镑 5 种货币，权重分别为 41.73%、30.93%、10.92%、8.33% 和 8.09%，对应的货币数量分别为 0.58252、0.38671、1.0174、11.900、0.085946。IMF 每周计算 SDR 利率，并将于 10 月 7 日公布首次使用人民币代表性利率，即 3 个月国债收益率计算的新 SDR 利率。

人民币纳入 SDR 货币篮子后，人民币国际化进程迎来加速发展的契机。之前的一系列改革既为人民币"入篮"奠定了基础，也为人民币国际化进一步提速指明了方向。国家沿着"去美化、参考篮子货币、增强汇率弹性的市场化、渐进式"改革路径，围绕参考货币的选择及安排、扩大汇率波幅、改革汇率中间价形成机制、增加直接挂牌交易币种等多项改革协调推进人民币汇率形成机制改革。最终有助于我国深化金融改革，扩大金融开放，促进我国经济增长，也维护全球金融稳定。

4. 离岸人民币市场快速发展，人民币资产逐渐备受欢迎

近年来，离岸人民币市场建设已经覆盖中国香港、中国台湾、新加坡、伦敦、欧洲及东南亚等地。其中，中国香港逐渐成为全球最大的离岸人民币中心。2004 年 2 月，香港银行试行办理个人人民币业务，包括存款、汇款、兑换及信用卡业务；2010 年 7 月人民币离岸市场正式成立。据 SWIFT 统计，2017 年以来中国香港的离岸清算业务占到全球市场份额的 75%左右。2015 年中国香港开展人民币业务的金融机构数量将近 150 家，除了开展存贷款业务之外，债券、基金等以人民币计价的离岸金融产品也逐渐丰富，其中离岸人民币债券市场发展较快；香港发行人民币债券的规模从 2011 年年底突破 1000 亿元，直至 2013 年年底快速增长至约 4000 亿元；截至 2020 年，境外机构累计持有中国人民币债券突破 2 万亿元大关。离岸人民币外汇市场主要在中国香港和新加坡，主要提供人民币兑美元期货和标准化人民币兑美元期权产品。目前，离岸场外交易市场人民币外汇市场产品包括即期、远期、掉期、期权等多种产品；离岸场内交易市场有多种人民币计价的投资产品，如人民币货币期货、人民币交易型开放式指数基金、人民币房地产投资信托等。离岸人民币市场产品体系已渐成熟，离岸市场对人民币信心增强，境外机构和个人持有人民币资产意愿提升。

5. 数字人民币试点和推广，未来有望助推人民币国际化

从 2014 年中国投入数字人民币相关技术研发直至试点，截至 2021 年 12 月 31 日，数字人民币试点场景已超过 808.51 万个，累计开立个人钱包 2.61 亿个，交易金额 875.65 亿元。2019 年年底数字人民币开始相继在深圳、苏州、雄安新区、成都及冬奥会场景中启动试点测试，2020 年 10 月增加了上海、海南、长沙、西安、青岛、大连 6 个试点测试地区。2021 年 4 月，数字人民币试点已经有序扩大至"10+1"，即"10 个城市+1 个冬奥会场景"。2021 年 6 月，北京、上海、长沙等地陆续通过向市民发红包的形式展开新一轮数字人民币试点活动，数字人民币消费覆盖食、住、行、游、购、娱、医等多个场景。2022 年 2 月北京冬奥会前夕，中国向运动员和观众推出数字人民币，成功实现这种虚拟货币对外国人吸引力的首次重大测试。北京冬奥会全面启动的数字人民币消费场景，被业内认为是数字人民币在我国境内全面使用前的一次全面试运行，成为后续向国际友人推广的绝佳窗口。在冬奥会消费场景下，各类群体可以根据需要进行数字人民币软、硬类钱包申领，不仅境外手机号可以操作，还可以通过使用现金或外币银行卡兑换数字人民币，体现了在寻求数字人民币的广泛使用路径上拓展其试验群体，为未来数字人民币在国际试水进行了初步的尝试；后续有望在数字人民币跨境使用方面做出一些探索，尝试通过数字人民币助推人民币国际化。

从 2009 年以来，在中国经济保持高质量发展、人民币汇改机制不断深入的背景下，中国政府开展多措并举推动人民币国际化，人民币国际化取得了突出的进展与成就，而人民币国际化道路依旧长路漫漫。2020 年，《中共中央关于制定十四五规划和 2035 年远景目标的建议》提出"稳慎推进人民币国际化，坚持市场驱动和企业自主选择，营造以人民币

自由使用为基础的新型互利合作关系"，预示着人民币国际化正在逐渐进入新的发展周期。

职业素养

中国互联网金融协会、中国银行业协会、中国支付清算协会
关于防范虚拟货币交易炒作风险的公告

近期，虚拟货币价格暴涨暴跌，虚拟货币交易炒作活动有所反弹，严重侵害人民群众财产安全，扰乱经济金融正常秩序。为进一步贯彻落实中国人民银行等部门发布的《关于防范比特币风险的通知》《关于防范代币发行融资风险的公告》等要求，防范虚拟货币交易炒作风险，中国互联网金融协会、中国银行业协会、中国支付清算协会联合就有关事项公告如下：

一、正确认识虚拟货币及相关业务活动的本质属性

虚拟货币是一种特定的虚拟商品，不由货币当局发行，不具有法偿性与强制性等货币属性，不是真正的货币，不应且不能作为货币在市场上流通使用。

开展法定货币与虚拟货币兑换及虚拟货币之间的兑换业务、作为中央对手方买卖虚拟货币、为虚拟货币交易提供信息中介和定价服务、代币发行融资以及虚拟货币衍生品交易等相关交易活动，违反有关法律法规，并涉嫌非法集资、非法发行证券、非法发售代币票券等犯罪活动。

二、有关机构不得开展与虚拟货币相关的业务

金融机构、支付机构等会员单位要切实增强社会责任，不得用虚拟货币为产品和服务定价，不得承保与虚拟货币相关的保险业务或将虚拟货币纳入保险责任范围，不得直接或间接为客户提供其他与虚拟货币相关的服务，包括但不限于：为客户提供虚拟货币登记、交易、清算、结算等服务，接受虚拟货币或将虚拟货币作为支付结算工具，开展虚拟货币与人民币及外币的兑换服务，开展虚拟货币的储存、托管、抵押等业务，发行与虚拟货币相关的金融产品，将虚拟货币作为信托、基金等投资的投资标的等。

金融机构、支付机构等会员单位应切实加强虚拟货币交易资金监测，依托行业自律机制，强化风险信息共享，提高行业风险联防联控水平；发现违法违规线索的，要及时按程序采取限制、暂停或终止相关交易、服务等措施，并向有关部门报告；同时积极运用多渠道、多元化的触达手段，加强客户宣传和警示教育，主动做好涉虚拟货币风险提示。

互联网平台企业会员单位不得为虚拟货币相关业务活动提供网络经营场所、商业展示、营销宣传、付费导流等服务，发现相关问题线索应及时向有关部门报告，并为相关调查、侦查工作提供技术支持和协助。

三、消费者要增强风险防范意识，谨防财产和权益损失

虚拟货币无真实价值支撑，价格极易被操纵，相关投机交易活动存在虚假资产风险、经营失败风险、投资炒作风险等多重风险。从我国现有司法实践看，虚拟货币交

易合同不受法律保护，投资交易造成的后果和引发的损失由相关方自行承担。

广大消费者要增强风险意识，树立正确的投资理念，不参与虚拟货币交易炒作活动，谨防个人财产及权益受损。要珍惜个人银行账户，不用于虚拟货币账户充值和提现、购买和销售相关交易充值码以及划转相关交易资金等活动，防止违法使用和个人信息泄露。

四、加强对会员单位的自律管理

各会员单位要严格落实国家有关监管要求，恪守行业自律承诺，坚决不开展、不参与任何与虚拟货币相关的业务活动。三家协会将加强对会员单位的自律监督，发现违反有关监管规定和行业自律管理要求的，将依照相关自律规范对其采取业内通报、暂停会员权利、取消会员资格等处分措施，并向金融管理部门报告，涉嫌违法犯罪的，将有关线索移送公安机关。

中国互联网金融协会

中国银行业协会

中国支付清算协会

2021 年 5 月 18 日

（资料来源：中国新闻网，2021 年 5 月 19 日，https://www.chinanews.com.cn/fortune/2021/05-19/9480895.shtml）

📨 **阅读拓展**

央行数字货币建设有助于人民币国际化

自 2009 年央行启动跨境贸易人民币结算试点以来，人民币国际化走过了十年进程，这十年也正是中国经济规模快速增长、全球贸易份额持续提升及金融市场开放持续深化的过程。随着货币国际化的经济、市场和价值基础的不断夯实，这十年以来人民币的国际化也取得了长足进展，人民币的支付结算功能不断增强，投融资功能不断深化，储备货币功能逐步显现。但随着中美贸易摩擦的出现、数字货币等新技术的兴起，在新时期人民币国际化也面临一些新的挑战。

展望未来，中国经济有望保持平稳增长，金融开放也将持续深入，而"一带一路"及自贸区建设不断推进，这些都将为人民币国际化带来新的发展机遇，人民币国际化将显现出新的趋势，国际化进程也将更加平稳、更可持续。

1. 人民币国际化十年成就

随着中国经济的稳定增长，金融领域改革开放的不断深化，以及人民币汇率市场化改革深入推进，人民币国际化也快速发展。具体说来：

一是跨境贸易支付结算快速增长。跨境贸易人民币结算业务金额从 2010 年的 5063 亿元增长到 2018 年的 51100 亿元，年均增速为 33.5%。

二是跨境投融资快速增长，境外主体持续增持人民币资产。2019年前10个月，人民币直接投资结算金额共计2.2万亿元，较2012年同期增长了10倍多。

三是人民币计价功能不断突破，国际储备功能逐步凸显。2016年10月，人民币被正式纳入特别提款权SDR的货币篮子，占比达到10.92%，仅次于美元和欧元。

四是跨境人民币业务基础设施逐步完善，金融市场开放成效显著。截至2019年年底，中国人民银行已在美国、德国、法国、南非、韩国、日本、俄罗斯等25个国家和地区建立了人民币清算安排。

此外，相关金融改革稳步推进。沪港通、深港通、债券通等管道式开放深入推进，境内外金融市场互联互通稳步推进。人民币汇率中间价定价机制不断完善，在合理均衡水平的基础上保持基本稳定。资本项目可兑换稳步推进，直接投资外汇管理率先实现基本可兑换，证券投资项下可兑换有序进展。

2. 人民币国际化将呈现新趋势

当前及未来一个时期，全球经济低增长，主要发达经济体逐步进入负利率时代，而中国经济增长相对稳定，资产收益率相对较高，金融领域改革开放持续深化，人民币国际化还将稳步前行，但可能会呈现一些新趋势和新特征。

一是人民币有望成为全球关键货币之一。

二是"一带一路"将进一步夯实人民币国际化的基础。

三是离岸市场将成为人民币国际化的重要支点。

四是自贸区和上海国际金融中心将成为人民币国际化的前沿平台。

五是大宗商品人民币计价将是人民币国际化的新动能。

六是人民币汇率市场化改革及金融改革开放将与人民币国际化相辅相成。

七是人民币国际化将更加注重平衡发展。

八是数字货币建设将有助于人民币国际化。

（资料来源：《证券日报》，2020年1月4日，作者：唐建伟、刘健，有删改）

习题与训练

☞ 基础练习

一、名词解释

1. 外汇

2. 买入汇率

3. 直接标价法

4. 即期汇率

5. 管理浮动汇率制

6. 升水

7. 贴水

二、判断题

1. 外汇就是外国货币。 （　　）
2. 一国货币对外贬值会导致国内物价水平上升。 （　　）
3. 一国货币如果采用直接标价法，汇率下降就意味着本币的升值。 （　　）
4. 信汇汇率低于电汇汇率，这是因为电汇方式的支付速度比信汇快，银行无法占用到客户的资金。 （　　）
5. 客户从银行买入外汇应当使用买入价，在卖出外汇的时候应当使用卖出价。

（　　）
6. 外汇汇率上升有利于本国商品出口。 （　　）
7. 在固定汇率制下，两种货币的汇率一经确定就不会发生任何改变。 （　　）
8. 在直接标价法下，如果一定单位的外国货币折成本币的数额增加，则说明本币币值上升，外汇汇率下降。 （　　）
9. 在间接标价法下，前面较小的价格是卖出价，后面较大的价格是买入价。 （　　）
10. 在金本位制下，决定汇率的基础是两国货币的含金量之比。 （　　）
11. 无论是直接标价法还是间接标价法，升水均表示远期外汇比即期外汇贵。 （　　）
12. 在直接标价法下，升水的远期汇率等于即期汇率加上升水数。 （　　）
13. 在间接标价法下，汇水点数前大后小表示远期外汇有贴水。 （　　）
14. 一国实行高利率政策，容易引起外汇汇率下跌。 （　　）
15. 未进入国际货币流通领域的外国货币都不称其为外汇。 （　　）

三、单项选择题

1. 一国货币升值对其进出口收支产生何种影响？（　　）。
   A. 出口增加，进口减少 　　　　　　B. 出口减少，进口增加
   C. 出口增加，进口增加 　　　　　　D. 出口减少，进口减少

2. 在采用直接标价法的前提下，如果需要比原来更少的本币就能兑换一定数量的外国货币，这表明（　　）。
   A. 本币币值上升，外币币值下降，通常称为外汇汇率上升
   B. 本币币值下降，外币币值上升，通常称为外汇汇率上升
   C. 本币币值上升，外币币值下降，通常称为外汇汇率下降
   D. 本币币值下降，外币币值上升，通常称为外汇汇率下降

3. 主要采用直接标价法的国家和地区有（　　）。
   A. 美国和英国　 B. 美国和香港　　 C. 英国和日本　　 D. 香港和日本

4. 银行购买外币现钞的价格要（　　）。
   A. 低于外汇买入价 　　　　　　　B. 高于外汇买入价
   C. 等于外汇买入价 　　　　　　　D. 等于中间价

5. 在一定时期内，对汇率的基本走势起着决定性主导作用的是（　　）。
   A. 财政经济状况　 B. 国际收支状况　　 C. 利率水平　　 D. 汇率政策

6. 各国外汇牌价上显示的汇率通常是(　　)，也是(　　)。

    A. 即期汇率　电汇汇率　　　　　　　B. 即期汇率　信汇汇率

    C. 远期汇率　电汇汇率

7. 持有美元债务时，如美元汇率上升，则债务负担(　　)。

    A. 加重　　　　　　B. 减轻　　　　　　C. 不变

8. 在金本位制下，市场汇率围绕(　　)上下波动。

    A. 含金量　　　　　B. 铸币平价　　　　C. 黄金输送点

9. 我国人民币汇率是从(　　)年开始实行以市场供求为基础的、单一的、有管理的浮动汇率制。

    A. 1992　　　　　　B. 1994　　　　　　C. 1996　　　　　　D. 2005

10. 汇率不稳有下浮趋势且在外汇市场上被人们抛售的货币是(　　)。

    A. 非自由兑换货币　　　　　　　　　B. 硬货币

    C. 软货币　　　　　　　　　　　　　D. 自由外汇

四、多项选择题

1. 狭义的外汇包括以外币表示的(　　)等。

    A. 支票　　　　　　B. 汇票　　　　　　C. 本票　　　　　　D. 有价证券

    E. 银行存款凭证

2. 广义的外汇包括(　　)。

    A. 外国货币　　　　B. 外币支付凭证　　C. 外币有价证券　　D. 其他外汇资金

    E. 特别提款权

3. 根据国际结算业务中的汇款方式，汇率可分为(　　)汇率。

    A. 买入　　　　　　B. 卖出　　　　　　C. 电汇　　　　　　D. 信汇

    E. 票汇

4. 金本位制具有的特点是(　　)。

    A. 具有无限法偿力　　　　　　　　　B. 有法定的保证金量

    C. 自由铸造和熔化　　　　　　　　　D. 自由买卖和输出、输入

5. 汇率制度有两种基本类型，它们是(　　)汇率制。

    A. 固定　　　　　　B. 浮动　　　　　　C. 钉住　　　　　　D. 一篮子

6. 一种货币能充当储备货币，必须具备的基本特征是(　　)。

    A. 必须是可兑换的货币　　　　　　　B. 必须是盈利水平高的货币

    C. 必须被各国所普遍接受　　　　　　D. 价值相对稳定

7. 外汇具有(　　)特征。

    A. 国际性　　　　　B. 可比性　　　　　C. 可偿性　　　　　D. 可兑换性

8. 影响汇率变动的主要因素有(　　)。

    A. 国际收支　　　　B. 外汇干预　　　　C. 通货膨胀　　　　D. 心理预期

E. 利率

9. 国际收支出现顺差会引起本国的(　　)。

A. 本币汇率下降　　B. 外汇储备增加　　　C. 国内经济萎缩　　　D. 国内通货膨胀

10. 如果一国货币贬值，则会引起(　　)。

A. 进口增加　　　　B. 国内物价上涨　　C. 货币供给减少　　D. 出口增加

五、简答题

1. 外汇有哪些作用？

2. 影响汇率变动的主要因素有哪些？

3. 汇率变动对经济产生什么影响？分析人民币升值给我国经济带来的影响。

4. 银行买入外币现钞的汇率为什么比买入外汇现汇的汇率要低？

5. 比较固定汇率制和浮动汇率制。

☞ 技能训练

一、实务题

1. 已知某外汇市场某日牌价：美元/欧元＝0.8769/80，请计算欧元/美元的价格。

2. 如果你以电话向中国银行询问英镑兑人民币的汇价，中国银行回答：9.9826/10.0628。请问：

（1）中国银行以什么汇价向你买进英镑？

（2）你以什么价格花费英镑从银行买进人民币？

（3）如果你卖人民币给银行，使用哪个价格？

3. 如果你是一家瑞士银行的外汇交易员，客户向你询问美元兑瑞士法郎的汇价，你的报价为 0.9774/85，请问：

（1）如果客户将瑞士法郎卖给你，用哪个汇率计算？

（2）你以什么汇价向客户卖出美元？

（3）如果客户要卖出美元，价格又是多少？

4. 如果你是中国香港某银行交易员，你向客户报出美元兑港币的汇价为 7.6238/50，客户要以港币向你买进 200 万美元，请问：

（1）你应给客户什么汇价？

（2）如果客户以你上述报价，向你购买 1000 万美元，你卖给他美元后想买回美元平仓，你向几家银行询价，他们分别报出：

A. 7.6238/48　　　B. 7.6240/51　　　　C. 7.6235/43　　　　D. 7.6233/45

请问你向哪家银行进行交易最有利？这两笔交易你赚了还是亏了？

二、综合题

某省一民营外贸公司经营针织品及服装出口，主销北美、欧洲市场。从 20 世纪 80 年代末期开始向日本市场出口，并与三井物产关西分社业务往来密切，一直以日元计价，从成交到收汇时间一般为 3 个月。20 世纪 90 年代，该公司一名新加入的股东担任业务经理。此人的汇率意识稍强，认为自 90 年代以来，日元趋软，对日贸易以日元计价吃亏较大。在 1997 年以前美元趋硬时，他通过艰苦谈判与价格斗争策略，从日本客户那里争取到以美元计价。之后公司发生人事变迁，继任经理接手后，沿袭旧例，在与日本其他公司的出口贸易中仍以美元计价。2003 年，一位具有多年外贸工作经验和管理才能的"海归"人士继任该公司经理。该经理通过上网了解到：从 2003 年 9 月开始，特别是到 10 月上旬，美国公布的先导指数连续 3 个月下跌，失业人数也连续 3 个月有增无减，而固定订单量也较 8—9 月下降较多；同期日本出口贸易增加，股市开始上扬，由于借贷资金较前活跃，利率水平呈现上升迹象；欧元区由于经济不振，欧洲中央银行近期内可能降低利率；加拿大经济好转，利率开始上涨；10 月 15 日东京与纽约外汇市场的美元与日元的牌价分别为：

东京市场：

	即期汇率	3 个月远期
美元/日元	110.05/110.15	105.10/105.20

纽约市场：

	即期汇率	3 个月远期
美元/日元	110.15/110.25	105.40/105.50

通过对以上信息的分析研究，新任经理意识到在目前一个阶段对日贸易采用美元计价对公司不利。

（资料来源：《国际金融》第三版，刘舒年、温晓芳编著，中国人民大学出版社 2011 年）

请根据以上案例回答下列问题，并将正确答案填在括号中（有单选和多选）。

1. 东京外汇市场( )。

    A. 是直接标价法   B. 是间接标价法

    C. 110.05 是卖出汇率   D. 110.05 是买入汇率

2. 纽约外汇市场( )。

    A. 是直接标价法   B. 是间接标价法

    C. 110.15 是卖出汇率   D. 110.15 是买入汇率

3. 其他条件不变，根据美国所公布的数据( )。

    A. 美元将上浮   B. 美元将下浮

    C. 日元将相对上浮   D. 日元将相对下浮

4. 其他条件不变，根据日本所公布的信息( )。

    A. 日元将上浮   B. 日元将下浮

    C. 美元将相对下浮   D. 美元将相对上浮

5. 根据所获取的信息与外汇市场远期汇率，该外贸公司在对日贸易中应( )计价货币。

A. 维持原价   B. 争取以日元作为

C. 争取以欧元作为   D. 争取以加元作为

6. 影响美元汇价走势的根本因素是(　　　　)。

 A. 经济数据的好坏   B. 利率水平的走势

 C. 宏观经济形势   D. 国内外重大政治事件

7. 外汇投机者根据上述数据,应在外汇市场上(　　　　)。

 A. 卖美元、买日元   B. 卖日元、买美元

 C. 卖美元、买加元   D. 卖美元、买欧元

学习情境三　外汇业务

学习目标

◎ 知识目标：

★ 掌握外汇头寸、即期汇率、远期汇率、套汇的概念及汇率折算的方法。

★ 熟悉各种基本外汇交易的做法。

★ 了解外汇期货和外汇期权的交易目的及方式。

◎ 能力目标：

★ 学会外汇交易中的基本运算方法，并通过计算结果对外汇市场行情做出相应的预期判断。

资料导入

离岸人民币市场发展

2021 年，离岸人民币市场持续健康有序发展。离岸、在岸人民币利差略有放宽，离岸、在岸汇率走势总体一致，保持基本稳定。境内外金融市场互联互通合作持续深化，离岸人民币产品更加丰富，跨境投资便利化、自由化水平提高。

一、离岸人民币利率和汇率变动

（一）利率变动情况

2021 年以来，离岸人民币利率总体稳定，各期限分化趋于明显，隔夜利率波动性进一步增大，长期限利率总体稳定。2021 年年末，HIBOR（香港银行）同业拆借利率隔夜和 7 天期拆借定盘利率分别为 6.93%、2.57%，较上年末分别上升 290 个基点、下降 39 个基点；3 个月、6 个月和 1 年期利率分别为 2.99%、3.07% 和 3.16%，较 2020 年年末分别上升 10、13 和 9 个基点（见图 3-1）。

2021 年，离岸市场利率水平整体高于在岸市场，HIBOR 比 SHIBOR（上海银行间同业拆放利率）平均高 0.45 个百分点。1 个月期和 3 个月期 HIBOR 与 SHIBOR 利差分别由上半年的 30 个和 31 个基点放宽至下半年的 70 个和 71 个基点（见图 3-2）。

（二）汇率变动情况

2021 年，离岸人民币汇率双向波动特征明显，与在岸人民币汇率走势基本一致，离岸、在岸汇差总体稳定。2021 年上半年，离岸人民币汇率整体走升，最高为 6.36；下半年离岸人民币汇率整体稳定，年末收于 6.36，较上年年末升值 2.2%。1 年期无

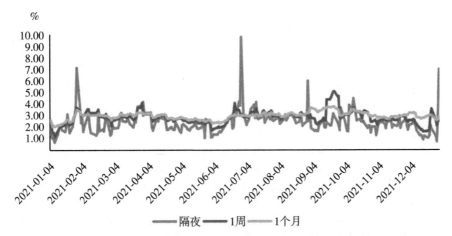

图 3-1 2021 年中国香港离岸人民币拆借利率走势（1）

（数据来源：香港银行公会）

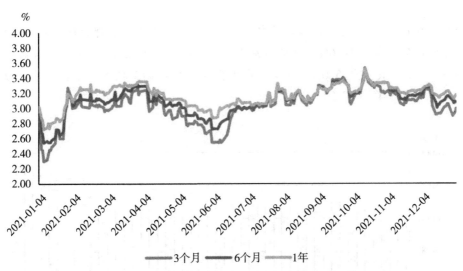

图 3-2 2021 年中国香港离岸人民币拆借利率走势（2）

（数据来源：香港银行公会）

本金交割远期（NDF）报价总体稳定，全年升值 2.2%，隐含贬值率年内呈双向波动，年末为 0.2%，较年初下降 111 个基点。离岸人民币汇率年内强于或弱于在岸人民币汇率的交易日天数大致相当。全年离岸在岸日均汇差为 64 个基点，较 2020 年缩小 50 个基点（见图 3-3）。

二、离岸人民币存款

2021 年，离岸人民币存款继续增长。2021 年年末，主要离岸市场人民币存款余额超过 1.54 万亿元，同比增长 21.3%。其中中国香港人民币存款同比上升 28.4%，

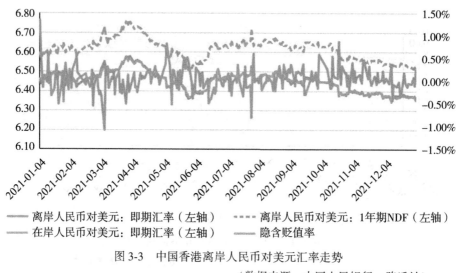

图 3-3 中国香港离岸人民币对美元汇率走势

（数据来源：中国人民银行、路透社）

余额为 9268 亿元，在各离岸市场中排第一位，占中国香港全部存款余额的 7.5%，占其外币存款余额的 14.6%。中国台湾人民币存款余额为 2319 亿元，在各离岸市场中排第二位，同比下降 5.0%。英国人民币存款余额为 813 亿元，在各离岸市场中排第三位（见图 3-4、图 3-5）。

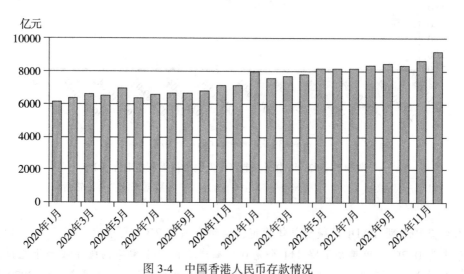

图 3-4 中国香港人民币存款情况

（数据来源：香港金管局）

三、离岸人民币融资

2021 年，离岸人民币贷款规模保持稳定，主要离岸市场人民币贷款余额为 5271

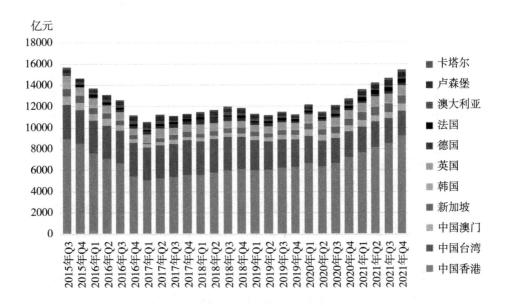

图 3-5　主要离岸人民币市场存款余额

（数据来源：中国人民银行）

亿元。其中，中国香港人民币贷款余额为 1636 亿元，在人民币离岸市场中位居第一。

2021 年，离岸人民币债券市场稳步发展。据不完全统计，2021 年有境外人民币清算安排的国家和地区共发行人民币债券 3531 亿元，同比增长 6.4%，其中中国香港人民币债券发行 2973 亿元，同比增长 9.8%。从发债主体看，2021 年，财政部在中国香港发行 200 亿元人民币国债，深圳市政府和广东省政府分别在中国香港和中国澳门发行 50 亿元和 22 亿元人民币地方政府债。截至 2021 年年末，有人民币清算安排的国家和地区人民币债券未偿付余额为 2713.51 亿元，同比增长 2.4%，人民币存单（CDs）发行余额为 1207.69 亿元，同比下降 1.1%。

四、在中国香港发行人民币央行票据情况

2021 年，中国人民银行以市场化方式定期发行香港人民币央行票据，全年共发行 12 期合计 1200 亿元央行票据。结合市场需求情况和前期发行经验，进一步优化央行票据期限结构，适当减少 3 个月期和 6 个月期央行票据发行量，同时增加 1 年期央行票据发行量。2021 年，3 个月期、6 个月期和 1 年期三个品种央行票据的发行量分别为 400 亿元、200 亿元和 600 亿元，更好地满足了离岸投资者的需求，也有利于完善离岸人民币短端收益率曲线。香港人民币央行票据受到离岸投资者的欢迎，2021 年每次发行的认购倍数均在 2.7 倍以上，最高达 5.5 倍，主要包括国际金融组织、央行类机构、商业银行、基金公司、保险公司等各类海外投资者，地域分布涵盖港澳台、亚太、欧洲和非洲等多个地区。

2021 年，中国人民银行积极推动香港人民币央行票据二级市场发展，提高市场活跃度。2021 年 1 月，中银香港推出香港人民币央行票据回购做市机制，提供人民币央行票据回购与逆回购业务报价，为投资者使用香港人民币央行票据进行流动性管理提供了便利。

五、全球人民币外汇交易

截至 2021 年年末，根据环球银行金融电信协会（SWIFT）发布的外汇即期交易使用排名，人民币排在第 6 位，居美元、欧元、英镑、日元、加元之后。以人民币进行外汇即期交易的主要境外国家和地区包括英国（35.8%）、美国（14.3%）、中国香港（9.4%）和法国（7.5%）。

六、离岸人民币清算

2021 全年，境外人民币清算行人民币清算量合计 468.03 万亿元，同比增长 26.7%，其中代客清算 49.96 万亿元，同比增长 32.8%；银行同业清算 418.07 万亿元，同比增长 26.0%。截至 2021 年年末，在境外清算行开立清算账户的参加行及其他机构数达到 950 个。2021 年，香港人民币实时支付结算系统（RTGS）处理的清算金额为 357.7 万亿元，同比增长 26.7%，保持较快增长。

外汇市场和外汇交易是国际金融知识中最丰富、更新较快、操作性较强的一部分内容。当今的国际外汇市场已是一个在时空上联成一体，呈现出无形化、网络化的特点，金融交易工具不断创新，外汇交易结构和交易内容日趋复杂的国际大市场；同时，今天的外汇交易也已不仅局限于国际贸易结算，而更多的是投资甚至金融投机的需要。因此，不仅外汇交易员和专业投资人士需要掌握这方面的知识，而且对于广大的涉外经贸工作者，甚至对普通的企业经营管理人员来说，学习和掌握这部分内容都是十分必要的。

项目一　外汇交易市场

一、外汇交易市场概述

（一）外汇交易市场的概念

简单来说，外汇交易市场就是外汇交易的场所。外汇交易市场由有形市场和无形市场构成，有形外汇市场指的是外汇交易者在一定时间内集中，按一定的规则进行外汇交易的固定场所。例如，在外汇交易所内进行外汇期货交易、外汇期权交易等即属此类。无形外汇市场是指没有固定交易场所的市场，交易主要是通过电话、电传及电脑网络等各类现代通信手段达成，随着全球经济的发展和科技的不断进步，现在绝大部分的外汇交易通过无形外汇市场进行。

（二）外汇交易市场的特点

由于时差的存在，由覆盖全球的多个国际金融中心支撑起来的全球外汇市场具有衔接性和连贯性，各外汇市场的开市与收市顺序交替，互相衔接，形成了一个 24 小时不停运转的全球外汇市场。从我国看，凌晨 5 时起，新西兰惠灵顿、澳大利亚悉尼相继开市；上午 8 时日本东京开市；九时中国香港、新加坡开市；下午 3 时起，亚洲市场尚未闭市，欧洲的巴黎、法兰克福、苏黎世、伦敦等又相继开市；到晚上 9 点半，北美的纽约、蒙特利尔开市；次日凌晨 5 时纽约收市时，澳洲市场又开市。一般情况下，上一个营业日纽约的收市价即次日悉尼的开市价。如此周而复始，全球外汇市场始终处于一种不停歇的状态。因此，任何人无论在世界的哪个角落，只要拥有一定的通信设备，都可以通过这个无形的巨大的网络，参与各类外汇交易活动。

二、外汇交易市场的类型和作用

（一）外汇交易市场的类型

为了适应日新月异的世界经济发展的需要，促进国际贸易的发展，外汇市场在原有传统业务类型的基础上，还不断拓展了许多新的外汇交易的方式。总体来说，根据外汇交易交割收付款期限的不同，外汇市场可以分为即期外汇市场、远期外汇市场、掉期外汇市场、外汇期货市场、外汇期权市场，这五种市场在交易方式上具有相对独立性，但在外汇的市场价格上，联系却非常紧密，一个市场的价格变动会同时影响另外四个市场的价格。

（二）外汇交易市场的作用

随着外汇市场规模的不断扩大，业务类型的不断推陈出新，外汇市场对活跃世界市场、推动全球经济发展起着不可估量的作用。

1. 清算结算作用

这是外汇市场的基本作用。由于各国货币制度不同，各国间的经济、政治和文化往来等都会产生国际间的货币支付行为，为了使不同货币间的清算结算得以顺利进行，就必须借助于外汇市场，解决各种货币之间的兑换问题。因此，外汇市场是发展世界经济、促进各国间交流不可或缺的渠道。

2. 套期保值作用

套期保值就是为使未来的外汇收入或支出不因汇率的变动而蒙受损失，通过外汇市场，利用远期外汇交易、外汇期货、外汇期权等方式来保值防险。

3. 投机作用

投机是指投机者为了获取利润，利用其对外汇价格波动的预期而进行的各种买卖活动。投机具有扰乱市场和稳定市场的两重性。

三、外汇交易市场的参与者

（一）外汇银行

从事外汇业务的银行，包括专营或兼营外汇业务的本国银行、外国银行或分支行以及其他金融机构。银行是外汇市场最重要的参与者，它既可以代表客户进行外汇交易，也可以自己进行买卖。银行同业间外汇交易占全部外汇交易总额的95%左右。银行在进行外汇买卖时，必然会在营业日内产生买卖差额，即外汇"头寸"（Position）。如果是买多于卖，称为"多头"（Long Position），反之则称为"空头（Short Position）。为避免汇率变动可能带来的外汇风险，银行一般需要在外汇市场上进行抛补、轧平头寸使买卖平衡。当然，银行也可以保留头寸，推迟平衡，通过承担风险而获得投机收益。

（二）外汇经纪人

外汇经纪人或中间商是外汇买卖的重要媒介。他们充当银行与银行之间、银行与客户之间的交易中介，收取佣金，但一般自己不买卖外汇。每个外汇交易中心都有许多外汇经纪人，他们是经中央银行批准经营外汇中介业务的经纪公司，他们有直线电话与各大银行联通，国际性的经纪人还可以直接与世界各大金融中心的银行做交易。外汇经纪人的出现和发展壮大，不仅为银行和客户提供了优质的专业服务，同时对外汇市场汇率的走势起到了推波助澜的作用。如今许多国际性的外汇交易中心，如伦敦、东京、巴黎、纽约等外汇市场的外汇买卖大多是通过外汇经纪人来进行的。

（三）顾客

对于银行来说，外汇交易的顾客主要包括个人和企业（公司）等。他们出于各自的目的——如贸易上的需要、投资上的需要、外币存放的需要、保值的需要、投机的需要等同外汇银行或通过外汇经纪人进行外汇买卖。

在我国，随着改革开放的不断深入，除了中国银行外，顾客还可以通过其他国有商业银行及一些外资银行从事外汇买卖业务。

（四）中央银行

中央银行既是外汇市场的管理者，也是市场的参与者。各国政府为了实现国家的财政货币政策，或为了防止国际短期资金大量移动对外汇市场的猛烈冲击，往往由中央银行对外汇市场进行干预，即在市场上买进或卖出外汇，以稳定本币汇率，防止本国金融市场的动荡。中央银行的外汇买卖活动主要是通过实力雄厚的外汇银行或外汇经纪人进行的，由于进行市场干预往往需要大量的外汇交易，因此对外汇市场的影响是相当大的。

四、世界主要外汇市场

目前，世界上交易量大且具有国际影响的外汇市场主要有英国的伦敦、美国的纽约、日本的东京、瑞士的苏黎世、中国的香港、德国的法兰克福、荷兰的阿姆斯特丹、意大利的米兰、加拿大的蒙特利尔，还有新加坡、巴林、卢森堡等。在这些外汇市场上交易的外汇主要有美元、英镑、欧元、瑞士法郎、日元、加拿大元等，其他货币虽然也有买卖，但因为数量极少，故不具备国际意义。

（一）伦敦外汇市场

伦敦作为历史悠久的国际金融中心，是日成交额最大的外汇市场，并以交易货币种类多、交易效率高、交易设施先进、专业技术人才丰富而闻名于世。它基本上是一个完全自由的市场，而且作为世界性的外汇交易中心，它并没有一个具体的外汇交易场所。在伦敦外汇市场，参加外汇买卖业务的银行及其他金融机构之间，有着十分完整的电信网络系统，迅捷灵活地处理着各种可兑换货币的现汇交易及远期交易。

伦敦外汇市场的优势，还在于它所占的时区正处于东亚与纽约之间，在一天的营业时间里能和这两个时差最大的市场同时进行交易。而且，英镑在战后国际货币体系中的地位虽被美元取代，但仍是世界流通的主要货币。

（二）纽约外汇市场

战后随着布雷顿森林体系的建立，美元成为国际货币体系的中心，纽约也日益成为世界主要金融中心，尤其是对于美元作为主要的国际储备货币及国际贸易、国际借贷、资本的输出和输入中的主要支付手段等诸方面来说，纽约成为世界美元交易清算中心。

美国政府对外汇市场基本上没有什么管制，几乎所有的银行和其他金融机构都可以经营外汇买卖。参与外汇业务的主要有美联储、商业银行、投资银行、人寿保险公司、外汇经纪商等，其中以商业银行间的交易为主。纽约外汇市场也没有固定的交易场所，交易者通过各种现代化的通信工具自由买卖世界各国的货币。

（三）东京外汇市场

东京外汇市场目前是亚洲第三大外汇市场。20世纪50年代后，经过不断的改革，日本的外汇管制逐步放松，如今所有银行都可在国内经营外汇业务，东京外汇市场成为仅次于新加坡和中国香港的东亚第三大外汇交易中心。在东京外汇市场进行交易的货币种类虽多，但其中95%以上却是美元与日元之间的交易。此外，由于日本是个以出口贸易为主的国家，外汇市场主要服务于对外贸易，汇率波动对其整个国民经济的影响十分巨大，因此日本政府为了稳定经济局势，防止汇率波动，不得不经常采取一定的干预措施，这对东京外汇市场国际影响力的扩大产生了一定程度的消极影响。

（四）苏黎世外汇市场

苏黎世外汇市场主要由瑞士的三大银行，即瑞士银行、瑞士信贷银行、瑞士联合银行以及瑞士经营国际金融业务的银行，外国银行在瑞士的分支机构，还有国际清算银行和瑞士国家银行构成。瑞士是一个永久中立的自由经济国家，经济发达，对资本的输出和输入基本没有限制；外汇市场体制完善，业务经验丰富，信誉卓著。同时，瑞士法郎还是世界上最稳定的货币之一，这些都奠定了苏黎世作为国际外汇交易中心的基础。

苏黎世外汇市场也是一个无形市场，与伦敦和纽约市场不同的是，它没有外汇经纪人或外汇中间商充当交易媒介。苏黎世外汇市场的外汇交易非常活跃，在此可进行即期和远期的外汇买卖业务。

（五）新加坡外汇市场

新加坡外汇市场目前是亚太地区最大的外汇市场。由于所处的时区优越，新加坡在同一个营业日内既可与日本、中国香港、澳洲的外汇市场交易，又可与中东、欧洲的外汇市场交易，以此根据国际外汇市场的行情，及时调整自己的收盘价格，减少外汇风险。此外，新加坡政局稳定，政策宽松，取消了全部外汇管制。1968年，新加坡成为亚洲美元的中心，对亚太地区的金融稳定和发展有着一定的影响力，大大促进了外汇市场的发展。新加坡外汇市场是一个无形市场，经纪商在外汇交易中起着非常重要的作用，大部分的交易都经他们办理。该市场对货币的交易品种不加以限制，但事实上仍以美元为主。

项目二 外汇业务

外汇是伴随着国际贸易产生的，外汇交易是国际间结算债权债务关系的工具。但是，近十几年来，外汇交易不仅在数量上成倍增长，而且在实质上也发生了重大的变化。外汇交易不仅是国际贸易的一种工具，而且已经成为国际上重要的金融商品。外汇交易的种类也随着外汇交易的性质变化而日趋多样化。

外汇交易主要可分为现钞、现汇、合约现汇、外汇期货、外汇期权、远期外汇交易等。具体来说，现钞交易是旅游者与由于其他各种目的需要外汇现钞者之间进行的买卖，包括现金、外汇旅行支票等；现汇交易是大银行之间，以及大银行代理大客户的交易，买卖约定成交后，最迟在两个营业日之内完成资金收付交割；合约现汇交易是投资人与金融公司签订合同来买卖外汇的方式，适合于大众的投资；外汇期货交易是按约定的时间，并按已确定汇率进行的交易，每个合同的金额是固定的；外汇期权交易是基于将来是否购买或者出售某种货币的选择权而预先进行的交易；远期外汇交易是根据合同规定在约定日期办理交割的交易，合同可大可小，交割期也较灵活。

从外汇交易的数量来看，由国际贸易而产生的外汇交易占整个外汇交易的比重不断减少，据统计，目前这一比重只有1%左右。那么，可以说现在外汇交易的主流是投资性的，是以在外汇汇价波动中赢利为目的的。因此，现货、合约现货以及期货交易在外汇交易中所占的比重较大。

一、即期外汇交易（Spot Exchange Transaction）

（一）即期外汇业务的概念与类型

1. 概念

即期外汇业务又称现汇交易，是指外汇买卖双方在达成交易的当天或两个工作日内完成交割的外汇买卖业务。即期外汇买卖的汇率称为即期汇率（Spot Rate）。

即期外汇业务是外汇交易中最基本的交易，市场规模也最大，占整个外汇市场的60%~70%，银行同业间的即期外汇交易又占了其中的95%。通过即期外汇业务，可以建立各种货币头寸，满足对不同货币的需要，也可以起到保值和投机的作用。

外汇市场的交割日（Delivery Day）即起息日（Value Day），意指外汇交易者于交割日收入所买入的全部外汇数额，并将所卖出的外汇全数交付对方，银行就以该日开始计算利息。即期外汇市场的起息日有三种：一是当日起息，二是次日起息，三是标准起息日。平常所指的起息日就是标准起息日。

（1）标准起息日（Value Spot）是指交易成交后的第二个营业日（T+2），如遇假日则顺延。比如，在伦敦或纽约外汇市场上，一笔即期交易在星期一成交，只要星期二不是法定假日，则这笔交易应在星期三（第二个营业日）办理交收，当然星期三必须是伦敦或纽约银行的营业日，如遇任何一方的假日都得顺延。如果是星期四成交的即期交易，只要星期五为银行的营业日，那么这笔交易的交割日就是下周的星期一（第二个营业日），因为星期六、星期日均为欧美银行的非营业日。

（2）当日交割（Value Today or VAL TOD）是指即期外汇交易在成交日当天就进行款项交割（T+0），如香港外汇市场上的美元交易采用当日交割制。

（3）次日交割（Value Tomorrow or VAL TOM）是指在成交后的第一个营业日办理款项交割（T+1），一般是成交的次日，如逢假日同样顺延，如北美外汇市场上美元对加拿大元和墨西哥比索的即期交易多采用这种交割制。当日交割和次日交割所采用的汇率并不是直接公布的即期汇率，而是以它为基础根据两种交易货币的隔夜利率差做出相应的调整。

从以上所述可以看出，即期外汇市场的成交日和交割日（起息日）是不同的。成交日是买卖双方达成交易协定（一般是口头协定），确定买卖币种、数量和价格的交易日。交割日（起息日）就是买卖双方执行成交日所达成的协定的日子，买卖双方在行使权利的同时履行其义务，即在收入所买入的外汇的同时交付所卖出的外汇。即期外汇市场既有进出口商为结算货款而参与，如跨国投资公司为进行或收回投资而参与，还有中央银为干预外汇市场而参与，并且还有大量投机者的参与，使得该市场瞬息万变，难以揣摩。因此，即期外汇市场是一个充满风险的市场，同时也是一个高度职业化的市场，由外汇银行和专业经纪商所构成，企业公司和个人只能作为银行的客户通过银行进行即期外汇交易，他们不能直接成为市场的参与者。

2. 类型

即期外汇业务分为电汇（Telegraphic Transfer，T/T）、信汇（Mail Transfer，M/T）和票汇（Demand Draft，D/D）。

（1）电汇。

电汇是以电信方式买卖外汇的业务，银行卖出外汇时用电报通知国外分行或代理行付款。电汇是当今的外汇交易中使用最普遍的一种方式，因为它调拨资金的速度快，在浮动汇率制下可以最大限度地避免外汇汇率波动所带来的风险，因此无论是银行同业间的外汇买卖或资金划拨，还是国际贸易中进出口商的交收货款，以及投机者进行外汇投机，都乐于采用电汇的方式。但由于电汇付款快，银行无法占用客户的资金头寸，所以电汇汇率高。目前，它已经成为外汇市场的基本汇率，计算其他各种汇率都以它为基准，即期汇率一般就是按电汇汇率报价。

（2）信汇。

信汇是银行开具付款委托书，用航邮方式通过邮局寄给付款地银行，办理外汇付出的方式。由于邮寄需要一定的时间，银行可以在这段时间内占用客户的资金头寸用以周转，故信汇汇率比电汇汇率低。

（3）票汇。

票汇是指汇出行在卖出外汇时，开立以国外汇入行为付款人的汇票，由汇款人自带或寄往国外取款的方式。与信汇类似，由于票汇从卖出外汇到支付外汇有一段间隔时间，银行在这段时间内可占用客户的资金头寸，因此票汇汇率也比电汇汇率低。

（二）即期外汇业务的报价与操作实例

一笔完整的即期外汇买卖应包括询价（Inquiry）、报价（Quotation）、成交（Done）及确认（Confirmation）四个步骤，其中含有买卖的金额、买卖的方向、买入价和卖出价、起息日及结算指示等。下面是一段即期外汇交易的对话：

询价方：Spot USD CHF, please?（请问即期美元兑瑞士法郎报什么价?）

报价方：20/75（0.9320/75）.

询价方：Mine USD 2.（我买进 200 万美元。）

报价方：OK, done, CFM at 0.9375 I sell USD 2 mio AG CHF VAL 15 Mar, 2021.（200 万美元成交，确认在 0.9375 我方卖出 200 万美元买入瑞士法郎，起息日为 2021 年 3 月 15 日。）CHF pls to A bank A/C No. ××××.（我方的瑞士法郎请划拨到 A 银行，账号为××××。）

询价方：USD to B bank A/C No. ××××.（我方的美元请划拨到 B 银行，账号为×

×××。)

即期外汇交易中的交易金额是单位化的，因此在上述交易中，Mine USD 2 指的是我方买入 200 万美元。另外，按国际惯例，银行在报价时，一般只报尾数，但在成交后的证实中则要以全价标明，以防交割时出现不必要的错误。

📝 课堂操作

即期外汇交易实例之一：

A：Hi, Bank of China Shanghai, calling for spot JPY for USD please.

B：MP, 111. 20/30.

A：Taking USD 10.

B：OK. Done, I sell USD 10 mio against JPY at111. 30 value July 20, JPY please to ABC Bank Tokyo for A/C No. 123456.

A：OK. All agree USD to XYZ Bank N. Y. for our A/C 654321 Chips UID 09458, thanks.

即期外汇交易实例之二：

A：GBP 6 mio.

B：1. 3548/53.

A：My risk.

A：Now please.

B：1. 3550 choice.

A：Sell please my USD to ABC N. Y..

B：OK. Done at 1. 3550. We buy GBP 6 mio ΛG USD val July 20 GBP to my London thanks for deal.

即期外汇交易实例之三：

A：SF/JPY 7 SF.

B：SF/JPY（120.）22/26.

B：UR risk off price.

A：now 5 SF please.

B：120. 23/25.

A：Sell SF 5 my JPY to my Tokyo.

B：Done at120. 23. We buy SF 5 mio AG JPY val July SF to my Frankfurt.

💬 课堂练习

假定询价者同时向三家报价行询价，报价行要对每一种汇率进行报价，如果该询价者要买进美元，哪一家报价行的报价最有竞争力？如果该询价者要卖出美元，哪一家报价行的报价最有竞争力（见表3-1）？

表3-1　　　　　　　　　　　　　　　三家报价行的报价

	Bank A	Bank B	Bank C
USD/CHF	0.9330/36	0.9328/33	0.9329/34
GBP/USD	1.3522/29	1.3522/30	1.3523/28
EUR/USD	1.1653/60	1.1652/58	1.1654/59
USD/NZD	1.4320/25	1.4319/26	1.4321/25
AUD/USD	0.7020/26	0.7022/26	0.7019/25

二、远期外汇交易（Forward Transaction）

（一）远期外汇业务的概念与作用

远期外汇业务又称期汇交易，是指外汇买卖成交时，双方将交割日预定在即期外汇买卖起息日后的一定时间的外汇交易。远期外汇交易的币种、价格、金额以及交割日都是事先在合约中确定下来的。通常，远期外汇交易的期限为一至十二个月不等，也有超过一年以上的交易，但为数较少。远期外汇市场是外汇市场中规模最小的，因为单独的远期交易很少，大多数都是与即期交易同时形成于掉期交易中。

远期外汇业务具有保值和投机两方面的作用。对于进口商、债务方、筹资者等未来将有外汇支出的人来说，利用远期外汇交易可以预先固定成本，防范未来外汇汇率上涨的风险；相反，对于出口商、债权方、投资者等未来有外汇收入的人来说，利用远期外汇交易则可以以现时约定好的汇率卖出远期外汇，以便预先确定未来的收益，防范外汇汇率下跌的风险。而投机者从事远期外汇交易则是一种纯粹的为了赚取买卖差价而进行的投机性交易，并没有商业或金融交易作为基础，他们通过承担市场汇率变动的风险，凭借预测汇率的走势来获取投机收益。

1. 远期汇率的标示方法

远期汇率就是买卖远期外汇时所使用的汇率，它是在买卖成交时即确定下来的一个预定性的价格。远期汇率以即期汇率为基础，但一般与即期汇率有一定的差异，称为远期差价或称为远期汇水（Forward Margin）。远期汇率如果比即期汇率高，则汇水表现为升水（Premium）；远期汇率若比即期汇率低，则汇水表现为贴水（Discount）；若远期汇率与即期汇率相等，则称为平价（At Par）。根据即期汇率和已知汇水，可以计算出相应的远期汇率，公式为：

（1）在直接标价法下：远期汇率＝即期汇率＋升水

远期汇率＝即期汇率－贴水

（2）在间接标价法下：远期汇率＝即期汇率－升水

远期汇率＝即期汇率＋贴水

例如，已知纽约外汇市场即期汇率 1 欧元＝0.8759 美元，3 个月欧元远期外汇升水 0.0032 美元，则 3 个月的远期汇率为 1 欧元＝0.8759＋0.0032＝0.8791 美元。又如，已知某日纽约外汇市场即期汇率 1 美元＝1.6668 瑞士法郎，3 个月远期外汇贴水 0.0120 瑞士法郎，则 3 个月的远期汇率为 1 美元＝1.6668＋0.0120＝1.6788 瑞士法郎。

在实际的远期外汇业务中，远期汇水往往以汇价点表示。汇价点又称为点数（Points），即汇率数字中小数点后的第四位数，每一个汇价点即万分之一。

如某日法兰克福外汇市场：

	即期汇率	3 个月远期
EUR/CHF	1.4601/43	30/58

又有某日巴黎外汇市场：

	即期汇率	3 个月远期
EUR/USD	0.8790/22	62/45

以汇价点表示远期汇水的规则如下：

在间接标价法下，点数排列前大后小，表示外汇远期升水，相反前小后大则表示外汇远期贴水；在直接标价法下，点数排列前大后小，表示外汇远期贴水，相反前小后大则表示外汇远期升水。

综合之前所述远期汇率的计算方法可知，无论在何种标价法下，如果点数排列为前大后小，则远期汇率等于即期汇率与汇水同边相减；如果点数排列为前小后大，则远期汇率等于即期汇率与汇水同边相加。

因此，上述两例 3 个月的远期汇率分别可求得为：

EUR/CHF＝（1.4601＋0.0030）/（1.4643＋0.0058）＝1.4631/01（即 1.4631/1.4701）

EUR/USD＝（0.8790－0.0062）/（0.8822－0.0045）＝0.8728/77

2. 远期汇率与利率的关系

造成远期汇率与即期汇率差额的原因很多，如国际经济、政治形势的变化，货币的法定升值或贬值，外汇市场的动荡等。但在正常的市场条件下，远期差额主要取决于两种货币的短期市场利率。一般来说，利率较高的货币远期汇率表现为贴水，而利率较低的货币远期汇率表现为升水。

这种现象可以从市场供求的角度解释：因为利率较高的货币能带来较多的利息收入，于是市场上对该种货币的现汇需求增大，而套利者为了避免未来汇率下跌带来的损失抵消利息的收益，便会在买入高利率货币现汇的同时，向银行卖出期限、金额相同的该种货币的期汇，令该货币的远期供给增多；银行同样为了规避风险，会以较低的价格买入该货币的期汇，结果，利率较高的货币远期出现贴水。同理可知利率较低的货币远期有升水。

由此可见，远期汇率是由两种货币的利差决定的，利率变动会直接影响到汇水的大小，具体计算公式为：

远期汇水具体数字=即期汇率×两种货币利率差×交易期限/12

例如：已知纽约外汇市场某日即期汇率为：USD1=HKD7.7974，美元3个月的短期年利率为5.5%，而同期港币年利率为7%，求3个月美元兑港币的远期汇率。

首先，要求出3个月的汇水，将已知条件代入上述公式可得3个月远期港币的升（贴）水具体数字为：

7.7974×（7%-5.5%）×3/12=0.0292港币

又因为美元3个月有升水，因此可得3个月的远期汇率为：

USD1=HKD（7.7974+0.0292）=HKD7.8266

3. 远期外汇业务的实例操作

由于远期外汇业务中起息日是在将来的某一时间，所以交易员在询价时须将此内容明确表示出来，这与即期外汇交易是有很大区别的。

下面是一笔英镑/港币的远期外汇买卖对话：

询价方：FW GBP HKD val 2 Apr, 2021.

（请报出英镑兑港币2021年4月2日起息的远期价格。）

报价方：SP 11.1097/85, 79/43.

（即期价格为11.1097/85，远期汇水为79/43。）

询价方：Mine GBP 1.（我方买入100万远期英镑。）

报价方：OK. Done. CFM at 11.1142 I sell GBP 1 mio AG HKD, val 2 Apr, 2021.

（成交。证实在11.1142我方卖出100万英镑买入港币，起息日为2021年4月2日。）

My HKD please to A Bank AC No. ×××.

（我的美元请划拨至A银行，账号为×××。）

询价方：My GBP please to B Bank AC No. ×××.

（我的英镑请划入B银行，账号为×××。）

4. 远期外汇交易的动机

人们从事远期外汇交易的目的是多种多样的，但其主要动机归纳起来无非是套期保值和投机获利。

（1）套期保值（Hedging）。是指预计将来某一时间要支付或收入一笔外汇时，买入或卖出同等金额的远期外汇，以避免因汇率波动而造成经济损失的交易行为。套期保值可分为买入套期保值和卖出套期保值。买入套期保值是指将来有一定债务者，先于外汇市场买入与该负债金额相等、期限相同的远期外汇，以避免因计价货币汇率上升、负债成本增加而造成实际损失的交易行为。卖出套期保值，是指将来有一定债权者，先于外汇市场卖出与该应收外汇资产金额相等、期限相同的远期外汇，以防止因债权的计价货币对本币贬值而蒙受损失的交易行为。不论是买入套期保值还是卖出套期保值，其目的都是用远期头寸抵补将来的现货头寸，将买卖外汇的汇率固定下来，以规避汇率波动对将来的收付款项所造成收益或成本方面的影响。

第一，买入套期保值的运用。在国际贸易中，进口商自国外进口商品，根据彼此签订的贸易合约，进口商在未来的某一时日，必须以本币购买外币以支付货款。由于自贸易合约签订到实际货款支付，存在一段时间间隔，为避免在这段时间内因汇率的波动造成进口成本增加，进口商应依据对未来汇率的预测而决定是否作远期外汇交易。进口商预期在未来付款时，若本国货币相对于计价货币升值，进口商当然没有必要作买入套期保值的交易；当进口商预期在未来付款时，若本国货币相对于计价货币贬值，进口商最好作买入套期保值的交易以规避外汇风险。

第二，卖出套期保值的运用。在国际贸易中，出口商向国外进口商报价并接受订单后，便会安排生产，而后出口商品至国外。通常，出口商从发出商品到收到货款存在一段时间间隔。为规避这段时间内因汇率波动而可能造成的非营业性损失，出口商可依据对未来汇率的预测而决定是否作远期外汇交易。出口商预期在未来收款时，若本国货币相对于计价货币升值，出口商最好作卖出套期保值的交易，以免因本币升值使一定数量的外币（计价货币）兑换成本币的金额减少，否则可能使所收货款不足以支付其生产成本或减少贸易利润。出口商预期在未来收款时，若本币相对计价货币贬值，出口商可以不做远期交易。因为本币贬值，一定数量的外币兑换成本币的金额会增加，出口商将获得汇兑上的利益。

在现代国际投资活动中，跨国公司经常利用套期保值的方式使风险资产与风险负债保持平衡。

（2）外汇投机（Exchange Speculation）。是指外汇市场参与者根据对汇率变动的预测，有意保留（或持有）外汇的空头或多头，希望利用汇率变动牟取利润的行为。外汇市场的"投机"绝不是完全意义上的贬义词，现代外汇投机是外汇交易的重要组成部分，没有适度的投机也不能使外汇市场日交易量达到1万亿美元以上。从某种意义上来说，投机活动在引起国际汇率不稳定的同时，也迫使一些国家健全金融市场机制。有的观点认为，20世纪70年代以来的金融工具创新使投机活动加剧，但在1997年亚洲金融危机中，国际投机家们并没有利用复杂的金融工具，而是采用最常规的交易——即期交易。这就说明，任何一项交易业务既可用于实际的需要，也可以用于投机。远期外汇交易也是如此。

当预测某种货币的汇率将上涨时，即在远期市场买进该种货币，等到合约期满再在即期市场卖出该种货币，这种交易行为称之为"买空"。相反，当预测某种货币的汇率将下跌时，即在远期市场卖出该种货币，等到合约期满再在即期市场买进该种货币，这种交易行为称之为"卖空"。"买空"和"卖空"交易是利用贱买贵卖的原理牟取远期市场与即期市场的汇差。当然，如果预测失误，会给交易者带来损失。

例如：东京外汇市场6个月的美元期汇汇价为：1美元＝132日元，某交易者预测6个月后美元汇率会上涨，于是按此汇率买进500万美元，到交割日即期市场美元汇率果真上涨到1美元＝142日元，则此客户支付66000万日元，收进500万美元，按现汇价卖出500

万美元，收进 71000 万日元，赚取利润 5000 万日元。如果到交割日，美元不仅没有上涨，反而下跌至 1 美元 = 122 日元，则投机者损失 5000 万日元。

三、套汇交易（Arbitrage）

全球各主要外汇市场每个营业日都在进行着不同货币之间的买卖，由于外汇供求的关系，各外汇市场上同种货币的汇率因信息交流不充分可能会发生短暂的不一致的情况，当这种差异在同一时间内达到一定程度时，投机者即可以利用贱买贵卖的原则，在汇率较低的市场买进，同时在汇率较高的市场卖出，从中获取差额利益，这就是套汇业务。

但由于目前各外汇市场的现代通信技术发达，外汇交易趋向于全球化、同步化，因此，同一时刻同种货币在不同外汇市场的汇价差异日趋缩小，套汇业务正在逐渐被其他业务取代。因此，在这里只就直接套汇和间接套汇做一个简单的介绍。

（一）直接套汇（Direct Arbitrage）

直接套汇又叫两角套汇（Two Points Arbitrage）或双边套汇（Bilateral Arbitrage），它是指利用两个不同外汇市场的两种货币在同一时刻出现的汇率差异，同时在这两个市场买卖以赚取汇率差额的交易。

例如，某日纽约外汇市场汇率 1 美元 = 132.20～133.10 日元，同时，东京外汇市场汇率 1 美元 = 130.50～131.30 日元。显然，美元在纽约外汇市场的汇率高于在东京外汇市场上的汇率。套汇者就可以利用这个机会，在纽约外汇市场以 1 美元 = 132.20 日元的价格卖出 100 万美元，买进 13220 万日元，同时在东京外汇市场以 1 美元 = 131.30 日元的价格买进 100 万美元，卖出 13130 万日元，忽略手续费，套汇者即可得到 90 万日元的套汇收益。

又如，纽约外汇市场和法兰克福外汇市场在某一时间内的汇率分别为：

纽约外汇市场：1 美元 = 1.1010/25 欧元

法兰克福外汇市场：1 美元 = 1.1030/45 欧元

从上述汇率可以看出，纽约外汇市场的美元汇率较低，套汇者选择在纽约外汇市场买入美元，同时在欧洲外汇市场卖出美元。具体操作如下：在纽约外汇市场套汇者买进 1 美元，支付 1.1025 欧元；同时在欧洲外汇市场卖出 1 美元，收进 1.1030 欧元。因此，做 1 美元的套汇业务可以赚取 0.0005 欧元。

套汇可促使不同外汇市场的汇率差异缩小。在上例中，套汇过程一方面会扩大纽约外汇市场美元（汇率较低）的需求，使其汇率上涨；另一方面会增加法兰克福外汇市场美元（汇率较高）的供应，使其汇率下跌。加上先进的通信与支付系统，各外汇市场存在的价格偏差很快会被纠正，这说明当今国际外汇市场上根据地点套汇的机会很小。尽管如此，由于不同外汇市场的汇率调整存在时滞，精明的套汇者仍可抓住短暂的机会获利。

（二）间接套汇（Indirect Arbitrage）

间接套汇又叫三角套汇（Three Points Arbitrage）和多角套汇（Multiple Points Arbitrage），它是指利用三个或多个不同外汇市场中三种或多种货币之间的汇率差异，同时在这三个或多个外汇市场进行套汇买卖,获取汇率差额的交易。例如,某日伦敦外汇市场1英镑=1.41美元,同时纽约外汇市场1美元=133.40日元,东京外汇市场1英镑=189.50日元。在这种情况下,假定套汇者在东京外汇市场卖出100万英镑,买进18950万日元,同时在纽约外汇市场卖出18950万日元,买进142.05万美元,又在伦敦外汇市场卖出142.05万美元,买进100.74万英镑,这样,套汇者便获得了0.74万英镑的收益。

四、套利交易 (Interest Arbitrage)

套利交易是指利用两个国家货币市场出现的利率差异,将资金从一个货币市场转移到另一个货币市场,以赚取利润的交易活动。套利活动将外汇市场与货币市场紧密联系在一起。根据是否对套利交易进行保值,套利可划分为抵补套利和不抵补套利。

(一) 抵补套利

抵补套利又称抛补套利(Covered Interest Arbitrage),是指在现汇市场买进一国货币向外投资时,同时在期汇市场出售与该国货币投资期限相同、金额相当的远期外汇,借以规避风险的套利活动。

例如,假设英国货币市场上3个月借款利率为8%,美国货币市场上3个月存款利率为12%。在这种情况下,英国的套利者可在英国以8%的年利率借入英镑,在即期市场兑换成美元,然后投放在美国货币市场,这样套利者可获得4%的年利差。套利者担心3个月套利完成后,将美元换回英镑时,美元汇率下跌,会减少套利利润或出现亏损。于是套利者在将英镑兑换成美元现汇时,卖出3个月的美元期汇,规避汇率风险,确保利差收益。

假如,某日市场行情如下:

伦敦外汇市场 英镑/美元

Spot   1.8400/20

3Month   10/20

伦敦货币市场英镑3个月利率为8%。

纽约货币市场美元3个月利率为12%。

套利者作抵补套利的过程如下:

(1) 在伦敦货币市场借入100万英镑,借款期为3个月。

$$到期应还本息 = 100 \times \left(1 + 8\% \times \frac{3}{12}\right) = 102 万英镑$$

(2) 将100万英镑按1英镑=1.8400美元兑换成美元184万,同时将投资本息

$$184 \times \left(1 + 12\% \times \frac{3}{12}\right) = 189.52 万美元$$

按远期汇率1英镑 = (1.8420 + 0.0020) = 1.8440 美元卖出。

这一交易过程称为抵补套利。

(3) 3个月以后,套利者的获利为:

$$189.52/1.8440-102=0.7766\text{万英镑}$$

从以上运算可以看出，套利者作了抵补套利之后，就不必担心汇率的波动对利差的影响，确保套利者获得两货币市场之利率差。

（二）非抵补套利

非抵补套利又称非抛补套利（Uncovered Interest Arbitrage），是指没有采取保值措施的套利交易。这种套利由于没有将兑换价格锁定，投资期满后，套利资金收回时，外汇市场汇率变化有两种情况：第一种情况是，汇率向套利者有利的方向发展。在上例中，3个月后，套利者在美国市场应收回本息189.52万美元，如果此时即期市场美元的汇率比3个月前上涨了，则套利者不仅可得两货币市场之利率差，还可得到汇率上的好处。第二种情况是，3个月后当套利者收回套利本息189.52万美元时，即期市场美元的汇率下跌，且低于1英镑=1.8440美元，则套利者的利润比作抵补套利减少，如果即期汇率跌至1英镑=1.8580美元以下时，套利利润不仅被美元汇率下跌抵消，而且还出现套利亏损。因此，非抵补套利具有极强的投机性。

五、择期外汇交易（Optional Forward Exchange）

择期外汇交易是远期外汇的购买者（或出卖者）在合约的有效期内任何一天，有权要求银行实行交割的一种外汇交易。与远期外汇交易相比，远期外汇交易只有在合约到期时才能交割，既不能提前，也不能推后，择期外汇交易在合约的有效期内的任何一天均可以要求交割，更具灵活性。

（一）择期外汇交易的报价原则

在择期交易中，询价方有权选择交割日，由于报价银行必须承担汇率波动的风险及资金调度的成本，故报价银行必须报出对自己有利的价格，即报价银行在买入基准货币时，报出较低的汇率；在卖出基准货币时，报出较高的汇率。报价银行对于择期交易的远期汇率报价遵循以下原则：

（1）报价银行买入基准货币，若基准货币升水，按选择期内第一天的汇率报价；若基准货币贴水，则按选择期内最后一天的汇率报价。

（2）报价银行卖出基准货币，若基准货币升水，按选择期内最后一天的汇率报价；若基准货币贴水，则按选择期内第一天的汇率报价。

例如，欧洲外汇市场某日美元/欧元汇率：

即期汇率 1.1010/20

2个月　　52/56

3个月　　120/126

客户根据业务需要：

第一，买入美元，择期从即期到2个月；第二，卖出美元，择期从2个月到3个月。

根据报价银行定价原则，汇率确定如下：

①择期从即期到 2 个月，客户买入美元，即报价银行卖出美元，汇率为 1 美元 = 1.1020+0.0056 欧元 = 1.1076 欧元。

②择期从 2 个月到 3 个月，客户卖出美元，即报价银行买入美元，汇率为 1 美元 = 1.1010+0.0052 欧元 = 1.1062 欧元。

从上例可以看出，择期交割的选择权在询价方，报价方为了补偿资金调度和价格变动的风险，要报出对自己有利的汇率；询价方得到选择交割日的权利是以放弃价格上的好处为代价的，所以询价方应根据业务需要确定合理的选择交割日期，应尽可能地缩短择期的天数，以减少择期成本。

（二）择期外汇交易的作用

在对外贸易中，如果进出口商不能确定收付外汇货款的具体日期，而只能估计在某一特定日期的前后，为防范汇率风险，进出口商就不能与银行签订买卖某种外汇的远期外汇合约，因为远期合约确定的交割日既不能提前也不能推后，签订择期合约就可绕过远期外汇合约交割期固定的约束。

六、外汇掉期交易

（一）外汇掉期交易的概念与类型

掉期交易（Swap Transaction）亦称"对冲交易"，是指将币种相同，但交易方向相反、交割日不同的两笔或两笔以上的外汇交易结合起来进行的交易。简言之，就是以 A 货币兑换成 B 货币，在未来某一特定时间，再以 B 货币换回 A 货币的交易。掉期交易的主要目的是轧平各货币因到期日不同所造成的资金缺口，对于某一货币而言，买入与卖出的金额是相同的，并不改变外汇的净头寸，但可规避汇率风险。例如，在进行抵补套利时，套利者按即期汇率将英镑兑换成美元，同时按远期汇率将美元换回英镑，使两种货币的净头寸等于零，达到避免汇率风险的目的。因此，掉期交易的主要功能是保值，适应于有返回性的外汇交易。例如，在国际金融市场借款或投资，都属于有返回性的外汇交易，通过掉期交易可避免因汇率变动导致借款成本增加或投资收益减少。

掉期交易按交割日期的不同，可划分为三种类型。

（1）即期对远期的掉期交易。这种掉期交易是最常见的形态。即指买进（或卖出）一种货币现汇时，卖出（或买进）该种货币的期汇，这是作抵补套利时使用的类型。这种形态可分为买入即期外汇/卖出远期外汇，卖出即期外汇/买入远期外汇。

在国际外汇市场上，常见的即期对远期的掉期交易有：

①Spot-Next，即在即期交割日买进（或卖出），至下一个营业日做相反交易，简记为 S/N。例如在星期三同时做两个合约：一个是即期合约，买入 100 万美元（星期五交割）；另一个是远期合约，卖出 100 万美元（下星期一交割）。这种掉期一般用于外汇银行间的资金调度。

②）Spot-Week，即在即期交割日买进（或卖出），过一星期后做相反交割，简记为

S/W。例如星期三做两个合约：一个是星期五交割的即期买入美元合约，另一是下星期五交割的卖出美元合约。

③Spot-n month（n＝1，2，3……12），即在即期交割日买进（或卖出），过几个月后做相反交割。

（2）即期对即期的掉期交易。我们知道即期交易的标准交割日之前有交易日和第一营业日，在外汇交割中，有的交易者要求将交割日提前，如客户要求在交易日的当日交割或次日交割。此类型的掉期交易常见的有：

①Over-Night（O/N），即在交易日做一笔当日交割的买入（或卖出）交易，同时做一笔第一个营业日交割的卖出（或买入）交易。

②Tom-Next（T/N），即在交易日后的第一个营业日做买入（或卖出）交割，第二个营业日做相反的交割。

（3）远期对远期的掉期交易。所谓远期对远期的掉期交易，是指在即期交割日后某一较近日期做买入（或卖出）交割，在另一较远的日期做相反交割的外汇交易。这类交易可以理解为两笔即期对远期的掉期交易。

（二）外汇掉期交易的作用

外汇掉期交易主要有以下两方面的用途：

1. 套期保值（Hedge）

即通过不同起息日的转换将远期汇价固定，从而避免因外汇市场波动所带来的风险。对于意欲进行国外直接投资、间接投资的投资者来说，利用掉期交易可以达到规避汇价波动风险、保证投资所得的目的。

例如，香港 A 公司打算在美国进行一项价值 100 万美元的投资，期限为 3 个月。现时香港市场上 USD/HKD 的即期汇率为 7.7500，美元 3 个月远期贴水为 0.0080 港元，那么，A 公司用 775.00 万港元买入 100 万美元现汇用于投资，同时卖出 100 万美元的 3 个月远期外汇。这样，A 公司在 3 个月后可以保证收回 775.00 万港元的投资本金（未计算利息），今后无论美元汇率如何变化，均不会受到影响。

2. 货币转换

运用掉期交易可以满足客户对不同货币资金的需求。例如，某银行因某种原因需要筹措新西兰元，但当时市场上很难借到新西兰元。于是，银行采用掉期交易的方法，先借入英镑，然后出售该笔即期英镑，购入新西兰元。为防止还款时英镑汇率上涨的风险，银行同时买入远期英镑，卖出新西兰元。这样，银行便通过掉期业务既完成了货币转换，又防范了外汇风险。

又如，某年 5 月 10 日，A、B 两银行成交一笔 T/N USD/AUD 的掉期交易。A 银行在 5 月 10 日以 1.7020 的汇价买入 100 万美元，卖出 170.20 万澳元，起息日为 5 月 11 日；同时 A 银行以 1.7022 的汇价卖出 100 万美元，买入 170.22 万澳元，起息日为 5 月 12 日。

相应地，B 银行作为 A 银行的交易对手，以 1.7020 的汇价卖出 100 万美元，买入 170.20 万澳元，起息日为 5 月 11 日；同时以 1.7022 的汇价买入 100 万美元，卖出 170.22 万澳元。经过此项交易，A 银行赚取了一定的掉期收益（0.02 万澳元），而 B 银行也达到调整头寸结构的目的。

在当前全球经贸增长乏力、外汇市场波动加剧、贸易融资萎缩的情况下，货币互换协议的签署，可在一定程度上规避美元波动的风险。

七、期货交易（Future）

（一）外汇期货业务的概念

1972 年 5 月 16 日，在美国芝加哥商品交易所设立了一个专门交易金融期货的部门，称为国际货币市场，并率先开办了外币对美元的期货契约，创立了世界上第一个能够转移汇率风险的集中交易市场。所谓外汇期货是指买卖双方通过固定的交易所，按照标准化合约的规定，在未来某一指定时间以约定价格买进或卖出某种外汇的交易。

外汇期货业务是在传统的商品期货的基础之上发展起来的。由于布雷顿森林体系的崩溃，汇率波动频繁剧烈，随着交易商避免外汇风险的愿望增强及投机的日趋活跃，外汇期货交易获得了迅速的发展，现在全球的几十个交易所都有外汇期货交易。

（二）外汇期货交易的特点

1. 标准化合约

交易对象是合约，而且是标准化的。

2. 保证金制度

（1）初始保证金。订立合同时必须缴纳初始保证金，数量根据每份合同的金额以及该种货币的易变程度而定，一般为交易数额的 3% ~ 10%。

（2）维持保证金。订立合同后如果发生亏损使保证金的数额下降，客户必须补足保证金至最低限额。

（3）每日清算制度。每个营业日终了时，清算所都需对每笔交易进行清算，盈利的一方可提取超过维持保证金的那部分利润，亏损的要补足头寸。

（三）外汇期货业务的运用

从事外汇期货交易，主要是为了达到两方面的目的：一是避险，二是投机。以避险为目的的外汇期货交易最常用的手段是套期保值（Hedge），即在现汇市场交易的基础上同时在期货市场上做方向相反、期限相同的买进或卖出，以避免汇率波动带来的风险。以投机为目的外汇期货交易一般没有现汇交易的基础，而是利用对市场价格的预测，通过承担市场风险，以贱买贵卖的方式赚取买卖中的差价，获取利润。

外汇期货套期保值分为多头套期保值（Long Hedge）和空头套期保值（Short Hedge）。

多头套期保值又叫买入套期保值，即在外汇期货市场上，先买入某种外币期货，然后再卖出同种期货轧平头寸。进口商、筹款者等未来有外汇支出的人为避免外汇对本币升值，都可以采用多头套期保值。例如，美国某公司借入6个月的瑞士法郎100万，在外汇市场上按1.6575的即期汇率兑换成美元使用，该公司为防止6个月后偿还贷款时瑞士法郎升值，便提前买进瑞士法郎期货合同，6个月后再卖掉等量的合同，以固定成本，防范风险（见表3-2）。

表3-2　　　　　　　　　　　　　　　　　多头套期保值示例

日期	现汇市场	期货市场
3月1日	借入100万瑞士法郎，当日即期汇率1美元＝1.6575瑞士法郎，卖出现汇瑞士法郎，兑换成603318美元使用	买进8份瑞士法郎9月期货合同（CHF125000/份），成交价1美元＝1.6520瑞士法郎，支付605327美元
9月1日	买进100万瑞士法郎以偿还借款，当日即期汇率1美元＝1.6450瑞士法郎，支付607903美元	卖出8份同类瑞士法郎合同，成交价1美元＝1.6390瑞士法郎，收入610128美元

通过上述交易，在现汇市场，该公司亏损4585美元（607903美元－603318美元），但在期货市场却获利4801美元（610128美元－605327美元），不仅足以弥补现汇市场的损失，还获得了一定的投资收益。

空头套期保值又叫卖出套期保值，即在外汇期货市场上先卖出后买进。对于出口商、投资者等未来有外汇收入的人，为防范外汇对本币贬值的风险，可以采用空头套期保值。

例如，一美国商人向英国某公司出口汽车，双方约定3个月后支付100万英镑。为了防止英镑贬值带来的不利影响，他进行了卖出套期保值操作（见表3-3）。

表3-3　　　　　　　　　　　　　　　　　空头套期保值示例

日期	现汇市场	期货市场
4月1日	即期汇率1英镑＝1.4230美元，出售100万英镑理论上可获得1423000美元	卖出40份英镑合约（25000英镑/份），期货成交价为1英镑＝1.4190美元，收入1419000美元
7月1日	即期汇率1英镑＝1.4100美元，实际卖出100万英镑，收入1410000美元	买入40份同类英镑合约，期货成交价1英镑＝1.4120美元，支出1412000美元

在现货市场上该商人理论上亏损13000美元，在期货市场上盈利7000美元，虽然期货市场的盈利不能完全弥补现汇市场的理论亏损，但仍起到了减少损失的保值作用。

📋 案例操作

3 月 20 日，美国某进口商与英国某出口商签订合同，将从英国进口价值 125 万英镑的货物，约定 4 个月后以英镑付款提货（见表 3-4）。

表 3-4 外汇期货业务案例

	时间	现货市场	期货市场
汇率	3 月 20 日	GBP1 = USD1.6200	GBP1 = USD1.6300
	7 月 20 日	GBP1 = USD1.6325	GBP1 = USD1.6425
交易过程	3 月 20 日	不做任何交易	买进 50 张英镑期货合约
	7 月 20 日	买进 125 万英镑	卖出 50 张英镑期货合约
结果	在现货市场上，比预期损失 1.6325×125 − 1.6200×125 = 1.5625 万美元；在期货市场上，通过对冲获利 1.6425×125 − 1.6300×125 = 1.5625 万美元。亏损和盈利相互抵消，汇率风险得以转移。		

（四）外汇期货业务与远期外汇业务的异同

外汇期货业务最大的特点是"见钱不见物"，即交易的对象是期货合约。但从本质上看，外汇期货业务是一种特殊的远期外汇业务，它们的相同点是：①交割时的价格都是事先约定的汇率；②交易目的都是为了保值或投机；③本质都属于远期外汇交易。

但在交易的形式和方法上，两者又有很大的区别，主要表现在以下几个方面：

1. 交易方式不同

外汇期货交易有固定交易场所，并通过特定的交易规则进行交易，确定成交价格。远期外汇交易是在无形市场上，交易双方以电话等通信工具达成交易。

2. 合同形式不同

外汇期货合约是标准化合约，其中每份合约的交易金额、币种、交割时间、地点是固定的，交易者只能购买整数倍的合约，不能出现零头。例如，芝加哥国际货币市场规定，每份英镑合约金额为 GBP25000，而每份瑞士法郎合约金额为 CHF125000。远期外汇合同的金额则没有限制，由交易双方随意约定。

3. 交割方式不同

绝大部分外汇期货交易都是在合约到期前利用一笔相反的交易"对冲"掉，只有 1%~2% 的外汇期货合约实现到期交割。而且，外汇期货合约的交割日每年也只有几次，如芝加哥国际货币市场规定每年交割日只有 8 次，即 1、3、4、6、7、9、10、12 这 8 个月中每月的第三个星期三。远期外汇交易则可以选定在交易双方约定的任何一个营业日交割，而且，在通常情况下，除不履行合约外，远期外汇交易都实行实际的交割。

4. 对保证金的要求不同

参与外汇期货交易需要缴纳约占合约金额 10% 的履行保证金，如果违约则没收保证金。远期外汇交易一般不需要缴纳保证金，完全依靠双方的信誉履约，因此远期外汇交易的双方对对方的信誉需要有一定的了解和评估，并控制交易总量。

5. 结算方式不同

外汇期货交易由清算所执行"每日清算制"，以保证合约的正常履行，而远期外汇交易则是直接与交易对方结算。

八、外汇期权交易（Option）

（一）外汇期权交易的概念与特点

外汇期权，又叫外币期权（Foreign Currency Option），也称选择权，是指期权合约的购买者享有在合约期满日或此之前按照事先约定的价格（执行价格或称敲定价格）购买或出售约定数额某种外汇资产的权利。

外汇期权交易中期权合约的购买者拥有买入或卖出某种外汇资产的权利，但不承担必须买进或卖出的义务。当行市对其有利时，他可以选择行使权利；当行市不利时，他可以放弃行使权利。为了获得这种选择权，他须向合约的卖方支付一笔期权费，而后者由于收取了期权费，则有义务在买方要求履约时卖出或买进该种外汇资产。

外汇期权交易与期货交易一样，也是在交易所内以公开竞价的方式进行的，也采用标准化合约的形式。一项期权合约实际上就是一种权利的买卖，它主要包括以下要点：

1. 汇率表示方法

为了方便交易，所有的汇率均以美元表示，如 1 英镑等于多少美元，1 瑞士法郎等于多少美元等。

2. 期权费

期权费又称权利金（Premium）、期权价格（Option's Price）等，它是期权合约的买方为了获得购买或出售的权利而向合约卖方支付的费用，是在交易所内以公开竞价的方式达成的。对合约卖方来说，这笔费用就是他承担义务、出售权利所取得的收益。

3. 协定价格

协定价格又称敲定价格（Striking Price）、执行价格（Exercise Price）等，是交易双方达成的买方未来行使权利的价格。一旦确定，无论市场价是涨是跌，协定价格不变，并以此价最后交割。

4. 到期月份（Expiration Months）

对合约到期月份的规定一般与期货合约相同，由交易所固定下来，是期权合约实际执行的月份。

5. 到期日（Expiration Date）

到期日指期权合约的买方有权履约的最后一天，各交易所对此有固定规定。在此交易日后，期权合约即自行失效。

6. 交易数额

因为是标准化合约，所以每份期权合约的金额是固定的。通常每份英镑合约为GBP12500，每份瑞士法郎合约为CHF62500，每份日元合约为JPY6250000等。

（二）外汇期权交易的种类与运用

外汇期权的种类，按不同的标准可以划分为许多种，这里主要介绍其中的两种：

1. 按期权买方行使权利的时间划分，可以分为美式期权（American Option）和欧式期权（European Option）

美式期权的买方可以在从签约日至到期日的任何一个交易日行使期权，而欧式期权仅允许在到期日时才能行使期权。对于期权买方来说，美式期权更为灵活，因此所付的期权费也相应要高些。

2. 按期权买卖的性质划分，可以分为看涨期权、看跌期权和双向期权

（1）买入看涨期权（Buy Call 或 Long Call），指期权买方获得了在到期日或到期日之前按协定价格购买期权合约规定的某种外汇资产的权利。期权买方通常是预测该种外汇资产的市价将上涨。当市价朝着预测方向变动时，合约买方的收益是无限的；但当市价与预测背道而驰时，合约买方的损失则是有限的，最大损失即是支付的期权费。当市价变化到协议价格与期权费之和的水平时，合约买方则不盈不亏，此时的市价称为盈亏平衡点（Break-Even Point）。

例如，假定某投资者买入加拿大元看涨期权的协定价格为 USD0.6318，期权费为 USD0.0200/CAD，购买一份标准合约的加拿大元是50000，可知对于合约买方而言：

最大风险：$0.02 \times 50000 = USD1000$

最大利润：无限

盈亏平衡点：$0.02 + 0.6318 = USD0.6518$

①当市价<USD0.6318 时，买入看涨期权者放弃行使权利，因为他可以直接在现汇市场以低于协定价格的市价购买，降低了成本，其损失是已支付的期权费每加元0.02美元。

②当市价＝USD0.6318时，买入看涨期权者无论行使权利与否，都净损失期权费1000美元。

③当USD0.6318＜市价＜USD0.6518时，买入看涨期权者按协定价格行使权利，但加上支付的期权费，从总体上仍有亏损。

④当市价＝USD0.6518时，买入看涨期权者行使权利，此时不盈不亏。

⑤当市价＞USD0.6518时，买入看涨期权者行使权利，且可获得盈利。

（2）买入看跌期权（Sell Call或Short Call），指期权买方获得了在到期日或到期日之前按协定价格出售合约规定的某种外汇资产的权利。在这种情况下，期权买方往往是预测该种外汇资产的市价将下跌。如果预测准确，则行使权利；如果预测错误，则放弃权利，损失期权费。

例如，某美国出口商向英国出口一批货物，3个月后收入100万英镑，假定即期汇率为GBP1＝USD1.4200，为防止英镑贬值造成汇价损失，该出口商决定买入一份3个月期英镑看跌期权，协定价为GBP1＝USD1.4000，期权费为每英镑0.015美元，共计15000美元。3个月后，可能出现三种情况：英镑升值、英镑贬值、英镑汇率不变。如果英镑升值，则该出口商放弃行使权利，直接按市价出售英镑，获得汇价上涨的好处，损失仅止于期权费；如果英镑贬值，该出口商行使权利保值；如果英镑汇率不变，则无论该出口商行使权利与否，都仅损失期权费15000美元。

（3）双向期权，又称双重期权（Double Option），指期权买方同时既买入看涨期权，又买入了看跌期权，这样无论市价如何变化，期权买方都可以行使权利。显然，购买双向期权的期权费相对单向期权要高，但获利机会也大，一般是在市场行情混乱或难以预测其未来走势的情况下购买此种期权，以期左右逢源，两头获利。

（三）外汇期权、外汇期货与远期外汇业务的比较

外汇期权、外汇期货与远期外汇交易各有特点，比较如表3-5所示。

表3-5　　　　　　　　　　　外汇期权、外汇期货与远期外汇交易的比较

内容	外汇期权市场	外汇期货市场	外汇远期市场
交易性质	买者有交割权利，卖者有完成合约的义务	买卖双方都有履约的义务	买卖双方都有履约的义务
合同规模	标准化	标准化	决定于具体交易
交割日期	在到期或到期前任何时间交割	标准化	决定于具体市场
交易方式	在注册的证券交易所以公开拍卖方式进行	在注册的证券交易所以公开拍卖方式进行	买卖双方通过电话、电传方式直接联系
发行人和保证人	期权清算公司	交易所的清算所	无
参加者	被批准进行期权交易的证券交易所的参加者及其一般客户	注册的交易所会员及其一般客户	主要是银行和公司

内容	外汇期权市场	外汇期货市场	外汇远期市场
保证金或存款	买者只付期权费，卖者按每日市场行情支付保证金	有固定数目的原始保证金及按每日市场行情支付保证金	无，但银行对交易另一方保留一定的信用限额

项目三　汇率折算和进出口报价

一、汇率的折算与套算

即期汇率下的外币折算与报价规则如下：

（一）外币/本币折算本币/外币

所谓外币与本币的判别标准要参考外汇市场所在的国家（或地区）。例如，某日纽约外汇市场即期汇率为：1 英镑 = 1.4270 美元，此时，英镑即为外汇，美元则是本币。从已知汇率可以直接看出以美元表示的英镑价格，却没有直接显示出以英镑表示的美元价格。在国际货物贸易中，出口商经常需要按进口商的要求既报出本币价格，又报出外币价格，这时就需要进行两种货币的价格折算。以上述汇率为例，某英国出口商如以美元报价，则按换算后的结果报价为 0.7008 英镑/美元（1/1.4270 = 0.7008）。

（二）外币/本币的买入价-卖出价折算本币/外币的买入价-卖出价

上例中的已知汇率是中间汇率，但在实际的外汇业务中，更多的情况是包括买入价与卖出价在内的汇率关系。这时，就需要先对已知汇率中的两个价格求倒数，再颠倒前后位置，即为所求。

例如，纽约外汇市场某日即期汇率：

GBP1 = USD/1.4199 - 1.4270

求 USD1 = GBP（　　　）-（　　　）

首先求出美元的买入价，即 1/1.4270 = 0.7008

再求出美元的卖出价，即 1/1.4199 = 0.7043

由此，得到所求 USD1 = GBP0.7008 - 0.7043

（三）未挂牌外币/本币与本币/未挂牌外币的折算

假设某年香港某出口商应俄罗斯进口商的要求向其以俄罗斯卢布（RUB）报价，而香港外汇市场不公布港币与卢布的牌价。在这种情况下，该出口商可以先查出港币对已挂牌的某一货币的中间汇率，如 1 港元 = 0.7996 人民币；再查出当天或最近一天中国银行的人民币对卢布的中间汇率 1 卢布 = 0.1989 人民币；然后即可求出港元/卢布的比价为 0.7996/0.1989 = 4.02，即 1 港元 = 4.02 卢布。根据以上结果，该出口商就可以将出口商品的港元成本换算成卢布，并对俄罗斯进口商报价了。

（四）不同外币之间的折算

如果已知 A 币兑 B 币的买入价与卖出价，A 币兑 C 币的买入价与卖出价，则如何计算 B 币兑 C 币的买入价与卖出价及 C 币兑 B 币的买入价与卖出价呢？这实际上是一个汇率套算的问题，所得的汇率称为套汇汇率（Cross Rate）。A 币分别出现在两个已知汇率中，而所求的是另外两种货币之间的汇率，其中的计算规律是：

（1）如果两个已知即期汇率都是以 A 币作为单位货币（或计价货币），则套汇汇率为交叉相除；

（2）如果两个已知即期汇率中一个是以 A 币为单位货币，另一个是以 A 币为计价货币，则套汇汇率为同边相乘。

例如：已知某日即期汇率 USD/JPY = 110.30/90

$$USD/CNY = 6.2651/99$$

求①JPY/CNY；

②CNY/JPY。

解：因为两个已知即期汇率都是以 USD 作为单位货币，所以应为交叉相除。

①JPY/CNY = USD/CNY÷USD/JPY

则日元买入价 = USD/CNY÷USD/JPY = 6.2651÷110.90 = 0.0565

（即人民币卖出价）

（相当于银行卖出美元，买入日元；同时买入等量美元，卖出人民币）

日元卖出价 = USD/CNY÷USD/JPY = 6.2699÷110.30 = 0.0568

（即人民币买入价）

（相当于银行买入美元，卖出日元；同时卖出等量美元，买入人民币）

所以得 JPY/CNY = 0.0565/68。

②同理可求得 CNY/JPY = 17.6056/17.6991。

又如：已知某日即期汇率 USD/CHF = 1.6487/594

$$EUR/USD = 0.8792/817$$

求①EUR/CHF；

②CHF/EUR。

解：因为两个已知即期汇率，一个以 USD 作为单位货币，另一个以 USD 作为计价货币，所以应为同边相乘。

①EUR/CHF = USD/CHF×EUR/USD

则欧元买入价 = USD/CHF×EUR/USD = 1.6487×0.8792 = 1.4495

（即瑞士法郎卖出价）

欧元卖出价 = USD/CHF×EUR/USD = 1.6594×0.8817 = 1.4631

（即瑞士法郎买入价）

所以得 EUR/CHF＝1.4495/631。

②同理可得 CHF/EUR＝0.6835/99。

课堂练习

请计算：如果已知 USD/SGD＝1.7120/30，求下列各货币兑换 SGD 的交叉汇率。

USD/CHF	1.4430/40	SGD/CHF ?
GBP/USD	1.7310/20	SGD/GBP ?
AUD/USD	0.6980/90	SGD/AUD ?
USD/JPY	120.60/70	SGD/ JPY ?
USD/CAD	0.9880/90	SGD/ CAD ?

课堂操作

1. 假定某日几种主要货币汇率如下：

$$USD/CHF＝1.2555/59$$
$$EUR/USD＝1.3281/86$$

根据这组数据，我们分别从银行和客户（即询价行）的角度出发，计算即期汇率。

【问题1】 银行根据顾客的要求卖出瑞士法郎、买入美元，应使用哪个汇率？

【问题2】 顾客以瑞士法郎向银行购买美元，应使用哪个汇率？

【问题3】 银行应客户的要求卖出美元、买入欧元应使用哪个汇率？

【问题4】 某客户要求将100万美元兑换成欧元，按现有的即期汇率，客户可以得到多少欧元？

2. 在即期外汇买卖交易中，经常会碰到客户委托银行，按照规定的汇率成交。这种订单称为限价订单。在这种情况下，银行要根据市场汇率的变化，根据客户的限定汇率，不断进行测算，以便在市场汇率达到客户要求时成交。

例如：某客户委托银行将100万加元兑换成港元，并要求要以每加元高于6.2952港元的价格成交。

在外汇市场开盘时：

USD/CAD＝1.2362/72

USD/HKD＝7.7755/65

【问题1】 根据开盘时的汇率，这个订单能否执行？

【问题2】 如果美元兑加元的汇率保持不变，那么，美元兑港元的汇率变动到哪一点时，银行可以执行这个订单？

【问题 3】如果美元兑港元的汇率保持不变，那么，美元兑加元的汇率变动到哪一点时，银行可以执行订单？

【问题 4】如果客户要求在 6. 2952 这个价格条件下执行订单，每港元能兑换多少加元？即单位货币是港元，计价货币是加元，汇率又如何计算？

二、汇率在进出口报价中的应用

(一) 合理运用汇率的买入价与卖出价

汇率的买入价与卖出价之间存在一个差价，一般为 1‰ ~ 5‰，进出口商在对外报价时，应充分考虑到运用两个价格报价带来的货价差异。以下是报价的一般规则：

(1) 将本币折算成外币时，用买入价。出口商对外报价时，原以本币报价，现改报外币，则需以所收取的外币向银行兑换本币，即银行买入外币，付给出口商本币，所以按买入价折算。

例如，某美国出口商出口一批机械设备，原报价为 50 万美元，现法国进口商要求改报欧元，则该美国出口商可根据当日纽约外汇市场欧元对美元的汇率 0. 8809—0. 8869 将货价改报为 500000÷0. 8809 = 567601. 3 欧元。

(2) 将外币折算成本币时，用卖出价。出口商原以外币对外报价，现改报本币，则需以收取的本币向银行换回外币，即银行买入本币，卖出外币，故以卖出价折算。

例如，某日商向英国进口商出口一批货物，原报价 10 万英镑，现应对方要求改报日元，当日东京外汇市场英镑对日元的汇率为 183. 55—185. 86，该日商改报后的价格为 100000×185. 86 = 18586000 日元。

(3) 如果报价时所采用的两种货币都是外币，则将外汇市场所在国的货币视为本币，报价方法同前。而且，上述买入价、卖出价在进出口报价中的运用原则，不仅适用于即期汇率，同样也适用于远期汇率。

(二) 远期汇率与进出口报价

如果在进出口贸易中，进口商延期付款，并同时要求出口商在原报价的基础上改报另一种货币，则出口商首先应了解两种货币的即期汇率及相应的远期汇水状况，然后根据求出的远期汇率运用买入价、卖出价折算原则，得到应改报的价格。现举例如下：

我国某公司向法国出口服装，如即期付款总货款报价为 60 万美元，现法国进口商要求我方以英镑报价，并于货物发运后 3 个月付款，则我方应改报为多少英镑？已知当日伦敦外汇市场英镑对美元的即期汇率为 1. 4213—1. 4241，3 个月远期汇水为 100—120。

由已知条件，可知 3 个月美元是贴水，3 个月远期汇率为 (1. 4213 + 0. 0100) — (1. 4241 + 0. 0120)，即 1. 4313—1. 4361；由于是参考伦敦外汇市场汇价表折算，故英镑应被视作本币，美元为外币，根据外币折算本币按卖出价的原则，应改报为 600000÷1. 4313 = 419199. 3 英镑。

职业素养

近十年我国外汇市场韧性明显增强

党的十八大以来，外汇局认真学习贯彻习近平新时代中国特色社会主义思想，稳步推进外汇领域改革开放，积极防范化解跨境资金流动风险，维护外汇市场平稳运行。历经十年发展，我国外汇市场广度和深度进一步扩展，成功经受住多轮外部冲击考验，保持总体稳定的发展格局，呈现更加成熟的发展特征，有效服务市场主体跨境贸易和投融资活动，有力支持实体经济稳健运行。

一、我国外汇市场韧性和稳定性持续提升

近年来外部环境错综复杂，全球经济和国际金融市场波动加大。2008 年国际金融危机后，发达经济体推出量化宽松货币政策，导致全球流动性泛滥；2015 年发达经济体宽松货币政策转向，新兴经济体普遍受到外溢冲击；2020 年以来，世纪疫情与百年变局相互交织，全球经济受到疫情严重影响，发达经济体再次实施极度宽松货币政策，随后因高通胀压力又于 2021 年下半年启动货币政策紧缩，全球汇市、股市、债市随之波动调整。2022 年以来，乌克兰危机加剧国际政治局势的复杂性，进一步增加大宗商品和国际金融市场波动风险。

我国外汇市场成功应对多轮外部冲击，稳定性逐步增强。2015 年年底至 2017 年年初，受内外部环境多重因素作用影响，我国跨境资金由持续净流入转为阶段性净流出。按照党中央、国务院决策部署，外汇管理部门多措并举，在复杂严峻的形势下成功地稳定了外汇市场。2017 年以来，外汇市场运行更趋平稳，境内外汇供求总体保持基本平衡，人民币汇率在合理均衡水平上保持基本稳定。2020 年以来，面对疫情和国内外环境超预期变化，我国外汇市场总体稳定的特征更加凸显。人民币汇率双向浮动、弹性增强，在全球货币中表现相对稳健，汇率预期基本平稳；我国跨境资金流动和外汇市场交易保持活跃与理性，境内外汇市场供求维持基本平衡格局。

二、我国经济发展取得重大成就，为外汇市场平稳运行提供基础保障

国内经济高质量发展和高水平开放，夯实了涉外交易平稳发展的基础。党的十八大以来，我国加快转变发展方式、优化经济结构、转换增长动力，经济发展平衡性、协调性和可持续性明显增强。2021 年，国内生产总值（GDP）达到 114 万亿元人民币，是 2012 年的 2.1 倍；人均 GDP 达到 1.25 万美元，较 2012 年翻了一番；2021 年年末我国经济体量在全球占比为 18%，较 2012 年占比提升 7 个百分点，国家经济实力、科技实力、综合国力跃上新台阶。同时，我国加快构建新发展格局，坚持高水平开放，营商环境不断优化，消费市场潜力巨大，高端制造业和新兴服务业对外资的吸引力增强，对外投资稳步推进，跨境双向投资更趋活跃，进一步夯实外汇市场平稳发展的基础。

国际收支结构更加稳健，增强了抵御外部冲击的能力。随着我国经济转向高质量发展，国内需求对经济增长的贡献上升，经常账户顺差同国内生产总值的比率总体保持在2%左右，始终处于合理均衡区间。内外部经济平衡基础稳固，充分体现了我国产业链供应链稳定、工业门类齐全、制造业转型升级的支撑作用。另外，我国对外资产负债结构进一步优化。截至2022年6月月末，我国对外资产总量9.2万亿美元，连续十年稳居世界前八位，规模较2012年年末增长76%，其中银行、企业等私人部门持有的对外资产在对外资产总量中的占比较2012年年末上升29个百分点，抵御外部冲击的资源总体充足。我国对外负债总量7.1万亿美元，规模较2012年年末增长1倍，其中外债增长主要来自境外央行等长期资金配置我国债券，外债结构不断优化、风险总体可控。对外净资产2.1万亿美元，持续处于较高水平。

三、我国外汇市场日臻成熟，外汇交易更加平稳有序

外汇市场深度和广度持续拓展。党的十八大以来，我国外汇市场建设不断深化。2021年，我国外汇市场交易量达36.9万亿美元，较2012年增长3倍，已成为全球第八大外汇交易市场，可交易货币超40种，涵盖国际主流外汇交易产品。同时，"沪港通""深港通""债券通"以及银行间债券市场直接投资等政策相继实施，合格投资者制度不断完善，境内股票和债券逐步纳入国际主流指数，拓宽了我国跨境资金流动渠道，丰富了国内外参与主体。截至2022年8月月末，境外主体持有境内债券和股票合计1.03万亿美元，是2014年年末的4.7倍。

汇率市场化形成机制进一步完善。我国实行以市场供求为基础、参考一篮子货币进行调节、有管理的浮动汇率制度。党的十八大以来，我国持续推进人民币汇率市场化形成机制改革，更大程度发挥市场供求在汇率形成中的决定性作用，人民币汇率双向浮动、弹性增强，能够及时有效释放升贬值压力，有利于稳定市场预期。

外汇市场参与者更加理性。银行、企业等外汇市场主要参与者逐步适应汇率双向波动，总体保持理性交易模式。企业汇率风险中性意识增强，更多企业以财务状况稳健性和可持续性为导向，审慎安排资产负债的货币结构，合理管理汇率风险。2021年，企业利用远期、期权等外汇衍生产品管理汇率风险的规模合计超1.4万亿美元，较2012年增长2倍；企业套保比率达22%，较2012年提升9个百分点，2022年1—8月套保比率进一步提升至25%以上。

外汇市场管理机制日趋完善。外汇管理部门探索建立并在实践中不断完善外汇市场"宏观审慎+微观监管"两位一体管理框架。一方面，跨境资本流动监测、预警和响应机制不断健全，宏观审慎政策工具箱更加充实，能够有效应对跨境资金波动风险。另一方面，外汇市场微观监管执法标准坚持跨周期性、稳定性和可预期性，"零容忍"打击外汇违法违规活动，维护我国外汇市场健康良性秩序。

当前，全球经济下行和通胀上升压力并存，主要发达经济体货币政策持续收紧，国际局势深刻复杂演变，外部环境依然复杂严峻。但我国经济韧性强、潜力足、回旋余地广、长期向好的基本面不会改变，坚定不移实施对外开放，外汇市场成熟度和稳定性将继续提升，更有基础、更有条件继续保持平稳运行。外汇局将坚持统筹发展和

安全，积极推出、扎实落实有利于稳定经济大盘、服务实体经济的政策措施，持续深化外汇领域改革开放，促进跨境贸易和投融资便利化，同时加强跨境资金流动监测，完善外汇市场"宏观审慎+微观监管"两位一体管理框架，维护外汇市场稳定和国家经济金融安全，以实际行动迎接党的二十大胜利召开。

（资料来源：国际收支司，2022 年 9 月 30 日）

📝 阅读拓展

2021 年人民币国际使用情况

2021 年，人民币跨境使用延续稳步增长态势，人民币在本外币跨境收付中的占比创出新高，收支总体平衡，整体呈净流入格局。

2021 年，人民币跨境收付金额合计为 36.61 万亿元，同比增长 29.0%。其中，实收 18.51 万亿元，同比增长 31.3%；实付 18.10 万亿元，同比增长 26.7%，收付比为 1∶0.98，净流入 4044.70 亿元，上年同期为净流出 1857.86 亿元。人民币跨境收付占同期本外币跨境收付总额的 47.4%，较 2020 年全年提高 1.2 个百分点。2022 年上半年，人民币跨境收付金额为 20.32 万亿元，同比增长 15.7%，在同期本外币跨境收付总额中占比上升至 49.1%。

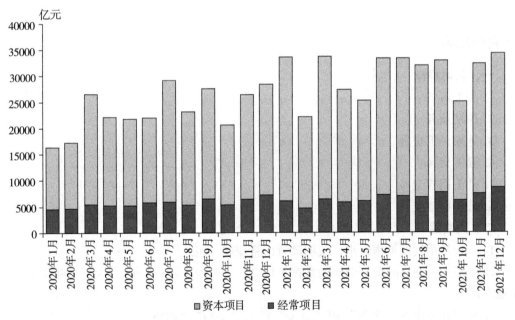

数据来源：中国人民银行，有删改

图 3-6　2020—2021 年月度人民币跨境收付情况

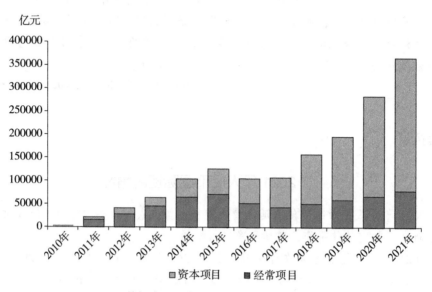

数据来源：中国人民银行，有删改

图 3-7　2010—2021 年年度人民币跨境收付情况

习题与训练

☞ 基础练习

一、名词解释

1. 外汇市场

2. 掉期业务

3. 远期外汇交易

4. 套汇交易

5. 外汇期权交易

6. 外汇期货交易

二、判断题

1. 一种货币远期汇率升水，说明该货币将变硬一些。　　　　　　　　（　　）

2. 远期外汇交易的交割期限通常按年计算，一般为 1 年、2 年、5 年、7 年，其中，1年最为常见。　　　　　　　　　　　　　　　　　　　　　　　　（　　）

3. 外汇业务中的"多头"和"空头"即为"买空""卖空"。　　　　　（　　）

4. 买空是在价格看涨时投机者在商品交易所买进期货合同。　　　　　（　　）

5. 我国的外汇牌价的标价方法为直接标价。　　　　　　　　　　　　（　　）

6. 在一般情况下，当本国货币升值时，其汇价就会上升，从而使其出口商品以外国货

币表示的价格就上涨，这就有利于该国扩大出口。 （ ）

7. 远期外汇交易由于买卖双方不仅要交保证金，而且要交佣金，所以其交易成本比外汇期货交易成本高。 （ ）

8. 国家干预外汇市场，当本币对外币的汇价偏高时，则买进外汇；当本币对外币的汇价偏低时，则卖出外汇。 （ ）

9. 外汇无形市场由于没有开盘与收盘时间，无须面对面交易，各主体之间应有较好的信任关系，所以这一市场难以成为当今外汇市场的主导形式。 （ ）

10. 无论是直接标价法还是间接标价法，升水均表示远期外汇比即期外汇贵，贴水均表示远期外汇比即期外汇贱。 （ ）

11. 在其他条件不变的情况下，如某国的货币贬值，对该国的出口贸易会起限制作用。 （ ）

12. 在一般情况下，远期汇率升（贴）水年率总是与两国通货膨胀的年率相一致。 （ ）

13. 直接标价法是指以一定单位的本国货币作为标准来表示外国货币的汇率。 （ ）

14. 如果一种货币的远期汇率低于即期汇率，称之为贴水。 （ ）

15. 所谓多头保值就是在期货市场上先卖出某种外币期货，然后买入期货轧平头寸。 （ ）

16. 人民币升值不会影响我国国民收入与就业。 （ ）

17. 外汇期权价格与期权的期限成反比关系。即期权的期限越长，其价格越低。 （ ）

18. 由于远期外汇交易的时间长、风险大，一般要收取保证金。 （ ）

19. 套汇是指套汇者利用不同时间汇价上的差异，进行贱买或贵卖，并从中牟利的外汇交易。 （ ）

20. 在外汇市场上，如果投机者预测日元将会贬值，美元将会升值，即进行卖出美元买入日元的即期外汇交易。 （ ）

21. 外汇经纪人是外汇市场的重要参与者之一。 （ ）

22. 在我国境内，外国货币是不允许自由流通的。 （ ）

23. 绝大多数期货合同都是在到期日以实际交割兑现。 （ ）

24. 当美元利率高于日元利率时，市场上 USD/JPY 的远期差价将以"前大后小"排列。 （ ）

25. 外汇期权的持有人不管是否履行期权合同，保险费均不能收回。 （ ）

三、单项选择题

1. 纽约外汇市场某日报价为：1 美元 = 1.6510/1.6530 瑞士法郎，一个月远期报价为：150/140，它表明一个月远期汇率出现（ ）。

    A. 升水　　　　B. 贴水　　　　　C. 平价

2. 根据利息平价学说，利率高的货币其远期汇率一般会呈现（ ）。

    A. 升水　　　　B. 贴水　　　　C. 平价

3. 在合约有效期内，客户可以履行，亦可以放弃合同交割的外汇业务是(　　)。

  A. 外币期权　　　　B. 外汇期货　　　　C. 择期

4. Hedging 业务是商人利用商品期货交易所(　　)。

  A. 进行买空卖空的投机行为　　　　　　B. 进行实物交易的行为

  C. 转移价格风险的一种手段

5. 一般情况下，即期交易的起息日定为(　　)。

  A. 成交当天　　　　　　　　　　　B. 成交后第一个营业日

  C. 成交后第二个营业日　　　　　　D. 成交后一星期内

6. 世界上国际金融中心有几十个，而最大的三个金融中心是(　　)。

  A. 伦敦、法兰克福和纽约　　　　　B. 伦敦、东京和纽约

  C. 伦敦、纽约和新加坡　　　　　　D. 伦敦、纽约和香港

7. 外汇远期交易的特点是(　　)。

  A. 它是一个有组织的市场，在交易所以公开叫价方式进行

  B. 业务范围广泛，银行、公司和一般平民均可参加

  C. 合约规格标准化

  D. 交易只限于交易所会员之间

8. 商业银行在经营外汇业务中，如果卖出多于买进，则称为(　　)。

  A. 多头　　　　　　B. 空头　　　　　　C. 升水　　　　　　D. 贴水

9. 当远期外汇比即期外汇贵时，两者之间的差额称为(　　)。

  A. 升水　　　　　　B. 贴水　　　　　　C. 平价　　　　　　D. 中间价

10. 预期将来汇率的变化，为赚取汇率涨落的利润而进行的外汇买卖，称为(　　)交易。

  A. 外汇投资　　　B. 外汇投机　　　　C. 掉期业务　　　　D. 择期业务

11. 根据利率平价理论，当远期外汇汇率为贴水时，说明本国利率(　　)。

  A. 高于外国利率　B. 等于外国利率　C. 低于外国利率　D. 无法确定

12. 进口商与银行订立远期外汇合同，是为了(　　)。

  A. 防止因外汇汇率上涨而造成的损失

  B. 防止因外汇汇率下跌而造成的损失

  C. 获得因外汇汇率上涨而带来的收益

  D. 获得因外汇汇率下跌而带来的收益

13. 某银行报出即期汇率美元/瑞士法郎 1.6030—1.6040，3 个月远期差价 120—130，则远期汇率为(　　)。

  A. 1.7230—1.7340　　　　　　　　B. 1.6150—1.6170

  C. 1.5910—1.5910　　　　　　　　D. 1.4830—1.4740

14. 外汇市场上挂牌的汇率，通常是(　　)。

  A. 电汇汇率　　　B. 信汇汇率　　　　C. 票汇汇率

15. 外汇市场参与者中(　　)处于外汇市场的中心地位。

A. 顾客　　　　　B. 外汇银行　　　　C. 外汇经纪人　　　D. 中央银行

16. 由于建立了(　　)，从而可确保期货契约的履行。

A. 保证金制度　B. 佣金制度　　　　C. 限价制度　　　D. 日清算制度

17. 外汇业务中 (　　) 业务具有保险费不能收回、保险费率不固定和执行合约或不执行合约的选择权的特点。

A. 择期业务　　B. 货币期货　　　　C. 掉期业务　　　D. 外币期权

四、多项选择题

1. 同时在两个外汇市场上一边买进一边卖出同一种外币的套汇行为称为(　　)。

A. 直接套汇　　B. 间接套汇　　　　C. 两角套汇　　　D. 三角套汇

2. 在其他条件不变的情况下，一国货币汇率下跌，将(　　)。

A. 有利于该国的出口　　　　　　　B. 有利于该国增加进口

C. 有利于该国增加旅游收入　　　　D. 有利于该国增加侨汇收入

E. 有利于该国减少进口

3. 在外汇市场上，远期外汇的卖出者主要有(　　)。

A. 进口商　　　　　　　　　　　　B. 出口商

C. 对外进行短期贷款的债权人　　　D. 对远期汇率看涨的投机商

E. 对远期汇率看跌的投机商

4. 与其他种类的汇率相比，电汇汇率的特点是(　　)。

A. 汇率最高　　　　　　　　　　　B. 银行在一定时间内可以占用顾客资金

C. 充当银行外汇交易的买卖价　　　D. 汇率最低

E. 交付时间最快

5. 掉期交易的主要特点是(　　)。

A. 交易期限相同　　　　　　　　　B. 货币买卖数额相同

C. 买卖同时进行

6. 套汇交易的主要特点是(　　)。

A. 数量大　　　B. 盈利高　　　　　C. 交易方法简便　　D. 风险大

E. 必须用电汇进行

7. 商业性即期外汇交易，一般在银行与客户之间通过(　　)等方式进行。

A. 支票　　　　B. 电汇　　　　　　C. 期汇　　　　　D. 信汇

E. 票汇

8. 在外汇市场上，买入远期外汇的交易者主要有(　　)。

A. 进口商　　　B. 出口商　　　　　C. 借款人　　　　D. 贷款人

9. 外汇期货业务与远期外汇业务极其相似，都具有 (　　) 的特点。

A. 保险费的费率都不固定

B. 都是通过合同形式把购买或出卖外汇的汇率固定下来

C. 都是一定时期以后交割而不是即时交割

D. 买卖双方的合同与责任关系都是相同的

E. 购买与出卖外汇所追求的目的一样

10. 在外币期权交易中，看涨期权又称为（　　　）。

　　A. 卖出期权　　　B. 多头期权　　　　C. 买入期权　　　　D. 空头期权

11. 企业为防范风险而同银行进行一笔美式期权交易，该交易的特点是（　　　）。

　　A. 在合同到期日前，企业有权要求银行进行交割

　　B. 在合同到期日前，企业无权要求银行进行交割

　　C. 在合同到期日前，企业有权放弃合同的执行

　　D. 只有在合同到期日，企业才有权要求银行交割

☞ **技能训练**

1. 已知巴黎外汇市场，某日汇率牌价表为：

即期汇率 EUR1 = USD1.1324—1.1327

远期汇率 1 个月贴水 60—20

2 个月 升水 90—40

3 个月 升水 110—70

6 个月 升水 120—80

12 个月 贴水 110—170

请分别计算 6 个月和 12 个月的远期汇率。

2. 某日苏黎士外汇市场美元/瑞士法郎即期汇率为：1.6000—1.6035，3 个月远期点数为 130—115，某公司从瑞士进口机械零件，3 个月后付款，每个零件瑞士出口商报价 100 瑞士法郎，如要求以美元报价，应报多少美元？（列出算式，步骤清楚）

3. 我国某公司出口机床，原报价为 20 万美元。现国外进口商要求改报欧元价格。已知纽约外汇市场当日报价为：

1 欧元＝1.1150/1.1250 美元。问某公司应报多少欧元？

4. 我国某出口公司对外报某商品每吨 100 英镑 CFR 伦敦，客户回电要求改报美元。问出口公司应报多少美元？（设当日我国中行的外汇牌价每 100 美元＝619.46/619.94 元人民币，每 100 英镑＝987.80/992.00 元人民币）

5. 某年 1 月 2 日我国某公司从德国进口小仪表，以欧元报价每个为 100 欧元；另以美元报价，每个为 120 美元。当天人民币对欧元及美元的即期汇率分别为：

欧元　　　　8.0500 元　　　　8.0600 元

美元　　　　6.1800 元　　　　6.1900 元

试比较这两种报价哪种低廉？

6. 我国某出口商品原报价为 USD800/case CFR 汉堡，客户要求改报欧元。问：按所附汇率，要保证出口公司美元收入不变，我方应改报多少欧元？（设当日我国中行的外汇牌价为：每 100 美元＝618.58/620.53 人民币，每 100 欧元＝803.93/805.05 人民币）

7. 已知某日英镑对加元和对美元的两对汇率为 £1 = C＄1.7855－1.7865，£1 = USD1.4320—1.4330。我国某出口商品原报单价 CIF 温哥华为 500 美元，现客户要求改报

加元，请问：

（1）美元等于多少加元的买卖价？

（2）以上出口商品若以加元计价，则应报多少？

8. 已知伦敦市场的年利息率为 9.5%，纽约市场的年利息率为 7%，在伦敦市场上美元的即期汇率为 1 英镑 = 1.2600 美元。试计算伦敦市场上三个月期美元的升水数并折算为年率。

9. 我国某进出口公司向外商出口商品一批，原报价 USD300000 FOB 上海，现外商要求改报英镑，试分别根据下列牌价折算，各应报多少英镑？

（中国银行某日牌价：USD100 = CNY619.16/619.28，£100 = CNY960.27/962.16，伦敦外汇市场某日牌价：GBP1 = USD1.2125/1.2145）

学习情境四　外汇风险管理

学习目标

◎ 知识目标：
★　掌握外汇风险构成的基本要素、外汇风险的类型、规避外汇风险的基本方法。
★　熟悉防范外汇风险的几种主要做法。
★　了解利用金融衍生工具消除外汇风险的方法。

◎ 能力目标：
★　学会根据市场状况和政策变化预测外汇风险，并能够分析产生风险的原因，提出解决外汇风险的方法，并熟悉相关操作流程。

资料导入

涉外企业要采取适当措施规避汇率风险

近年来人民币汇率有升有贬、双向波动，弹性不断增强，对各类市场主体汇率风险管理提出更高要求。今年以来，人民币对美元在经历震荡走贬后，在 4 月由月初小幅调贬再次回归小幅升值区间，尤其是进入 5 月后，离岸人民币累计涨幅超 200 个基点，双向区间波动或继续加大。国家外汇管理局前不久也召开会议，部署提升企业汇率风险管理水平相关工作。

对于参与外汇市场的企业来说，要增强汇率风险意识，运用适当的汇率避险产品，避免外汇风险敞口过大而产生不可承受的损失。对于有大规模外汇收支的企业来说，汇率波动会对其本币收益产生重要影响，如果收付汇规模较大，即使是汇率的较小波动，换算成本币之后，损益都会非常明显。国家外汇管理局多次呼吁中国企业要加强汇率避险意识，善于利用套期保值的工具，企业在外汇市场的"裸奔"行为不仅在微观上使企业面临较大的汇率风险敞口，而且在宏观上也容易引起市场的共振。

我国很多企业，甚至包括一些大型企业，都没有建立完善的汇率避险机制，部分企业抱着赌博的心态，根据对汇率走势的猜测来决定结售汇时机。但汇率走势是很难预测的，当汇率与猜测的走势相悖时，很容易出现损失。偶尔猜对了汇率走势并获益，则会强化这种赌博心态。

但这种做法和心态是不正确的，无论是企业还是个人，都应该认识到一个事实，就是汇率本质上很难预测。即使是专业的汇率市场参与者，也对汇率走势抱有敬畏的心态。与其他商品市场不同的是，汇率作为货币之间的兑换价格，其变化是波动不定的，除了真实的需求之外，在外汇市场中，投机是影响汇率走势的一个重要因素。正因如此，基本因素对价格（汇率）趋势的决定性作用比股票市场更为模糊。

我国很多企业并没有适当的汇率风险对冲机制，是由多方面原因造成的。首先，部分企业的管理人员对于汇率风险的认识不到位，自然不会采取适当的措施来规避汇率风险。其次，运用汇率避险产品是需要付出一定成本的，例如，企业进行远期锁汇，银行就需要到外汇市场平盘，为了避免企业违约，就会要求企业缴纳一定的锁汇费用，甚至会要求企业交付一定的保证金。再次，企业财务考核机制不合理会影响对汇率避险产品的应用。如果企业因为运用汇率避险产品不当而对相关人员进行处罚，那么具体负责企业外汇业务的人员就不会积极运用避险产品，而是更多地参与即期结售汇市场，因为即期汇率变化是市场风险，外汇业务人员不用承担责任。另外，汇率波动产生的盈亏补偿可能会降低企业运用汇率避险产品的积极性。汇率是上下波动的，即使不运用汇率避险产品，有些时候产生一定亏损，有些时候则会有一定的汇兑收益。当然，可能还有一些特殊因素阻碍企业采取汇率避险措施。

在汇率波动逐渐扩大的背景下，运用汇率避险产品对于很多企业来说都是必要的，也是必需的。企业应该树立理性的汇率避险观念，秉持财务中性原则，不谋求在汇率波动中获得超额收益，而是要提前锁定财务成本，力求降低汇率风险对企业的影响。

从我国政策层面来讲，应该提高涉外经济主体对于汇率问题的关注度，并帮助其树立正确的汇率避险理念；从经济主体本身来说，则要客观理性地认识汇率问题，采取积极措施规避汇率风险。

（资料来源：经济参考报，2021年5月11日，作者：孙树海）

在主要发达国家普遍实行浮动汇率制度后，汇率的波动幅度没有了限制。而作为一种国际储备货币，其汇率的大幅度波动必然会给持有者带来风险。建立外汇风险的概念，了解外汇风险防范的基本方法，对国际贸易及国际经济活动的参与者是十分重要的。

项目一　外汇风险概述

一、外汇风险的概述

当今世界各国间的经济、贸易联系日益密切。一个国家不可能闭关锁国而独立于世界之外，一个企业也无法闭门造车而称雄于国际市场。国际经济和国内经济通过货币这一特殊的纽带紧密地联系起来。一国货币相对于另一国货币的汇率变动必然会影响有关的国家、企业和个人。特别是自1973年以来，各国中央银行相继开始实行浮动汇率制度，一国货币对他国货币的汇率不再局限于一定的范围，而是随着外汇市场供求状况的变化而变化。汇率的频繁、剧烈波动，增添了国际贸易、国际融资和国际投资等以外币计价的涉外企业的经营风险。

一个组织、经济实体或个人的以外币计价的资产（债权、权益）与负债（债务、义务），因外汇汇率波动而引起其价值上涨或下降的可能性称为外汇风险（Foreign Exchange Exposure），也称为汇率风险。对具有外币资产与负债的关系人来讲，外汇风险可能具有两个结果：或是获得利益，或是遭受损失。

外汇风险有广义和狭义之分，广义的外汇风险是指由于汇率、利率变化以及交易者到期违约或外国政府实行外汇管制给外汇交易者可能带来的任何经济损失或经济收益，狭义的外汇风险仅指因两国货币汇率的变动给交易双方中任何一方可能带来的损失或收益。本节所讨论的外汇风险主要是指狭义的外汇风险。

通常我们将承受外汇风险的外汇金额称为"受险部分"或"暴露"（Exposure），也就是说，如果做定量分析的话，可通过分析外汇的暴露程度来判断外汇风险的大小。例如，如果某跨国公司资金部的一位负责人称他们在欧元方面有 100 万美元的正暴露，那就是说，欧元若升值 10%，该公司将受益 10 万美元；欧元若贬值 10%，该公司将会损失 10 万美元，因此，暴露的这部分外汇，就处于风险状态。从这里我们也可以看出外汇交易之所以会产生风险是因为有一部分外汇头寸处于暴露状态，即因为有外汇暴露才会导致外汇风险，同时，外汇暴露程度是确定的，而外汇风险程度是不确定的。

需要注意的是，在我们日常的实际活动中，对外汇风险的理解习惯于从风险的主体出发，也就是说从主体损失的可能性进行分析和研究，因此当我们在表述外汇风险时，主要是指在一定时期内，在持有或运用外汇的场合，因汇率变动而给有关主体带来损失的可能性。

外汇风险的构成要素有三：一是本币，因为本币是衡量一笔国际经济交易效果的共同指标，外币的收付均以本币进行结算，并考核其经营成果。二是外币，因为任何一笔国际经济交易必然涉及外币的收付。三是时间，这是因为，在国际经济交易中，应收款的实际收进，应付款的实际付出，借贷本息的最后偿付，都有期限即时间因素。在确定的期限内，外币与本币的折算汇率可能会发生变化，从而产生外汇风险。

二、外汇风险的种类

一个国际企业组织的全部活动中，即在它的经营活动过程、结果、预期经营收益中，都存在着由于外汇汇率变化而引起的外汇风险。在经营活动中的风险为交易风险，在经营活动结果中的风险为会计风险，预期经营收益的风险为经济风险。

（一）交易风险（Transaction Exposure）

交易风险也叫结算风险或交易结算风险，是指一般企业以货币计价进行贸易及非贸易交易时因将来结算时所适用的外汇汇率没有确定而产生的外汇风险。

例如，美国某公司赊销 1300000 日元的商品给日本某一家买主，60 天后支付，汇率是 US＄1＝J￥130，美国卖主在收到货款时，希望用 1300000 日元兑换 10000 美元，但由于汇率变动为 US＄1＝J￥140，美国公司就只能收到 9286 美元（1300000÷140），比预期少收

715 美元（10000-9286）。反之，若这时汇率变动为 US $1 = J ¥ 120，美国公司就可收到 10833 美元，比预期增加 833 美元。可见，汇率的变动使美国公司承担着收到的日元兑美元后不是 10000 美元的风险，要么少，要么多。交易的汇率风险也就这样产生了。

如果出口企业在经营出口业务时，与外商签订合同以特定的人民币对外币的汇率为前提来估计销售成本，而在实际结算时，计价外币相对于人民币贬值，即外汇汇率下跌，则出口企业就不能达到预期的利润，甚至亏损。反之，在进口结算中，实际交割时的计价货币相对于人民币升值，外汇汇率上升，同样增加企业成本。因此，自国际贸易中的商品或劳务交易开始时，外汇结算风险就已经存在，直至贸易结算最终完成为止。

一般而言，交易风险的主要表现在以下几个方面：

第一，以信用为基础的，即以延期付款为支付条件的商品或劳务的进出口中的风险。进口商承受付汇汇率上升风险，出口商承受收汇汇率下跌风险。

第二，以外币计价的国际借贷和投资活动，在债权债务关系未清偿前存在的风险。债权人承受到期收汇贬值的风险，债务人承受到期偿还货币升值的风险。

第三，将要履约的远期合同的一方，合同到期后可能需要用一种货币去换取另一种货币的风险。对于买入外汇的企业而言，面临到期支付更多本币的风险；卖出外汇的企业则面临到期外汇升值，本币贬值的风险。

第四，其他用外币表示的所获资产或负债，由于汇率变动而引起实际价值波动的风险。

在我国外贸实践中，外汇的交易风险具体表现在以下方面：

第一，外币与外币之间的结算风险。由于我国企业目前对外贸易与非贸易结算大多是以美元为基本的计算货币和统计货币，从而使其他外币的风险表现在与美元之间的汇率变化上。例如，我国企业从日本进口技术设备时，大多应以日元为计价货币，但国家安排给企业外汇指标以及在经常项目下可以自由支配外汇的企业也大多留有美元货币，因而在实际结算时，日元与美元汇价的较大波动，将会使企业承受较大的外汇结算风险。

第二，人民币与外汇之间的结算风险。我国人民币现行的是有管理、单一的浮动汇率制，人民币汇率随着所计货币汇率的变动而变动，并且还要受宏观政策制约而进行调整。这样进行国际收付的企业就要承受人民币汇率变动风险。例如，某进出口公司签约从美国进口一批价值 100 万美元的机构设备，6 个月远期付款。签约时 1 美元 = 7.76 元人民币，若半年后实际汇率变为 1 美元 = 7.86 元人民币，那么，该公司要承受人民币贬值带来的多支付 100000 元人民币的损失。

第三，先是外币与外币，后是外币与人民币之间的结算风险。由于人民币目前尚不是自由外汇，使企业面临双重汇率风险。

例如，银行贷款主要是美元贷款，进口设备以日元计价，则企业只有以美元为保证金才能开出日元信用证，这样企业面临美元与日元汇率变动的第一重风险；在债务到期时，需要以美元归还贷款本息，即以人民币购买美元，企业又要承担第二重汇率风险，即人民币与美元汇率变动的风险。

课堂练习

我国某公司与银行签订购买 3 个月远期 100 万美元，用于支付进口货款，协定汇率为：USDl＝CNY6.2760，3 个月后，该公司需支付 627.60 万元人民币买入 100 万美元，以支付进口所需要的货款。但 3 个月后汇率已变为：USDl＝CNY6.2820。

问题 1：在这一交易过程中，外汇风险是否存在？如果存在，存在于哪一方？

问题 2：在此情况下，属于哪一种类型的外汇风险？

问题 3：蒙受损失的一方，损失的金额是多少？

分析：从案例中，我们不难看出，美元汇率较三个月前上涨了。由于该公司事先与银行签订了 3 个月远期外汇买卖合同，所以应按合同中的汇率交割，该公司支付 627.6 万元，可获 100 万美元。而此时的汇率为：USDl＝CNY6.2820，作为银行来说，少收人民币 0.6 万元，银行遭受了外汇买卖的风险。

（二）会计风险（Accounting Exposure）

会计风险又叫转移风险、折算风险或评价风险。是指企业在进行会计处理和进行外币债权、债务决算时，对于必须换算成本币的各种外币计价项目进行评估时所产生的风险。会计风险产生的原因是企业决算日的资产负债表和损益计算表因汇率的变动处于不稳定状态，而企业在编制资产负债时不能同时用几种货币编制，只能用本国货币计价，这样，企业会计报表就需要将不同科目的外币余额折算成以本币计价的余额，在评价时就会因特定的汇率变化使报表产生异常波动，进而导致评价过大或过小。

例如，假设美国某一公司在英国银行持有银行往来账户余额 100000 英镑。开始时，每英镑值 1.60 美元，美国母公司在英国银行的往来账户余额是 160000 美元，后来美元升值，英镑贬值，每英镑只值 1.40 美元，使美国公司的英国银行往来账户余额变为 140000 美元。在两个折算日期，英镑余额价值降低了 20000 美元（160000－140000）。根据美国的会计规定，这笔损失可记为母公司收益的损失，或通过一个备抵账户直接冲销股东收益。

从上例还可看出，在账户里用来记账的货币和在账户里用来计算的货币之间有着很明显的区别。一般来说，用单一货币记账的货币性资产或负债，可以用记账货币计算，也可以用所有其他货币计算，而固定资产不用任何货币记账，但它们可以用任何一种货币来计算。

一般来讲，国内涉外公司、在国外注册的公司、跨国公司的海外子公司、其他涉外机构都会不同程度地面临会计风险。会计风险的受险部分为企业进行的外币计价交易所产生的外币债权债务中凡需转换成本币计价的项目。

例如，我国某公司在美国子公司年初有美元存款 100 万元。当市场汇率为 1 美元＝6.2264 元人民币时，折合成人民币为 622.64 万元。假若年底合并财务报表时，1 美元＝6.1964 元人民币，则该公司只能折合成人民币 619.64 万元，这样账面价值就少了 3 万元人民币。

折算风险的大小涉及折算方式，历史上西方各国曾先后出现过四种折算方法：

（1）流动/非流动折算法。该方法将跨国公司的海外分支机构的资产负债划分为流动资产、流动负债和非流动资产、非流动负债。根据该方法，在编制资产负债表时，流动资产和流动负债按编表时的现行汇率折算，面临折算风险；非流动资产和非流动负债则按资产负债发生时的原始汇率折算，没有折算风险。

（2）货币/非货币折算法。该方法将跨国公司的海外分支机构的资产负债划分为货币性资产负债和非货币性资产负债。货币性资产负债包括所有金融资产和一切负债，按现行汇率折算，面临折算风险；非货币性资产负债则只包括真实资产，按原始汇率折算，没有折算风险。

（3）时态法。该方法是货币/非货币折算法的变形，只是对真实资产作了更细致的处理：如果真实资产以现行市场价格表示，则按现行汇率折算，面临折算风险；如果真实资产按原始成本表示，则按原始汇率折算，没有折算风险。当全部真实资产均按原始成本表示时，时态法与货币/非货币折算法就完全一致。

（4）现行汇率法。该方法将跨国公司的海外分支机构的全部资产和全部负债均按现行汇率来折算，这样一来，海外分支机构的所有资产负债项目，都将面临折算风险。目前，该方法已成为美国公认的会计习惯做法，并逐渐为西方其他国家所采纳。

会计风险的影响主要表现在：其一，如果企业是根据会计账款纳税，则影响该企业纳税额度；其二，若企业子公司所在国的货币贬值，而又需要以母公司所在国的货币衡量资产，会导致资产的减少；其三，会计风险将直接以财务报表形式反映在公司业绩报告的损益报表中，进而会影响该公司股票的市场价格。所以会计风险虽然不是资金的实际转移，但对企业的影响还是相当大的。

（三）经济风险（Economic Exposure）

经济风险也叫外汇预测风险，是指企业在预测外汇汇率的过程中由于意料不到的汇率变动，外汇在未来一定时间内收益发生变化的潜在性风险。风险的大小取决于汇率变化对企业产品的未来价格、销售量以及成本的影响程度。一般而言，企业未来的纯收益由未来税后现金流量的现值来衡量，这样，经济风险的受险部分就是长期现金流量，其实际国内货币值受汇率变动的影响而具有不确定性。比如，当一国货币贬值时，可能因出口商品的外币价格下降而刺激出口，从而使出口额增加而让出口商受益。但是，如果出口商在生产中所使用的主要原材料是进口品，因本国货币贬值会提高以本币表示的进口品的价格，出口品的生产成本又会增加，其结果有可能使出口商在将来的纯收益下降，这种未来纯收益受损的潜在风险即属于经济风险。

预测未来外汇汇率变动的趋势，是每一个企业在从事外汇业务中所必须认真对待而且要做好的一项工作。但是由于影响汇率变动的因素有很多，企业不可能完全准确地对汇率变动作出正确判断，因此这种判断就有可能与实际结果产生差异，而企业又只能根据有限的判断去作出决策，企业外汇预测风险的大小取决于企业预测未来汇率变化的能力，预测是否准确将直接影响企业的生产、销售和融资等方面的战略决策。由此可见，对企业而言，经济风险比交易风险、会计风险更重要。

经济风险的分析是一种概率分析，是企业从整体上进行预测、规划和进行经济分析的一个具体过程，其中必然带有主观成分。因此，经济风险不是出自会计程序，而是来源于经济分析。

值得注意的是，经济风险中所说的汇率变动，仅指意料之外的汇率变动，不包括意料之中的汇率变动。因为企业在预测未来的获利状况而进行经营决策时，已经将意料到的汇率变动对未来产品成本和获利状况的影响考虑进去了，因而排除在风险之外。对于企业来说，相较交易风险和会计风险，经济风险的影响更大，因为交易风险和会计风险的影响是一次性的，而经济风险的影响则是长期的，它不仅影响企业在国内的经济行为和效益，而且还直接影响企业在海外的经营效果和投资收益。经济风险可分为真实资产风险、金融资产风险和营业收入风险三方面。

此外，企业面临的风险，还有税收风险（Tax Exposure）。它是指因汇率的变动而引起的应税收益或减税损失，它是一种范围较小的风险，因国家不同而不同，但亦不可忽视。

知识解答

表 4-1　　　　　　　　　　　　　汇率波动的直接经济风险

影响公司本币流入的交易	本币升值	本币贬值
国内销售（相对于国内市场上的外国竞争）	减少	增加
以本币计价结算的出口	减少	增加
以外币计价结算的出口	减少	增加
对外投资的利息收入	减少	增加
影响公司本币流出的交易	本币升值	本币贬值
以本币计价结算的进口	无影响	无影响
以外币计价结算的进口	减少	增加
对国外借入资金的利息支付	减少	增加

表 4-2　　　　　　　　　　　　汇率变动对企业市场战略的影响

	对国际市场的影响		市场选择调整策略	
	出口企业	进口企业	出口企业	进口企业
本币升值	本国产品在贬值国市场因价格上涨而缺乏竞争力，国内市场受到国外同类产品的竞争，市场份额下降	外国商品的进口成本因本币升值而下降，外国商品的市场竞争力上升	退出无利可图的贬值国市场，努力巩固本国以及其他非贬值国家市场	扩大中间产品或者替代品的进口力度，将中间产品的采购尽可能地转向货币贬值国

续表

	对国际市场的影响		市场选择调整策略	
	出口企业	进口企业	出口企业	进口企业
本币贬值	本国产品在升值国市场因价格下降而增强竞争力，在盯住升值货币的国家以及国内市场同样具有价格竞争优势	外国商品的进口成本上升，在国内市场的竞争力下降，国内进口替代品具有竞争优势	大力拓展货币升值国市场，迅速提高市场份额，努力扩展本国和盯住升值货币的国家的市场	放弃或减少进口品，转而采购本国的产品，或者与本国货币保持汇率稳定国家的产品

三、外汇风险的构成要素和影响

外汇风险的要素有本币、外币和时间。时间长短和外汇风险的大小有直接关系，从而形成时间风险和价值风险。时间结构的改变只能消除时间风险，只有采取特定的措施才能同时消除价值风险。

外汇风险的构成要素之间有着一定的关系。只要缺少一个因素，企业就不会面临外汇风险。

一个企业外汇资金流入为多头，流出为空头；以本币收付无外汇风险；流入外币和流出外币金额相同，时间相同，无外汇风险；不同时间的相同外币，以相同金额流出、流入，只有时间风险；一种外币流出，另一种外币流入，具有双重风险。

企业在国际经济活动中，一方面经常要使用外币来进行收付，因而会发生外币与本币（或 A 外币与 B 外币）之间的实际兑换。由于从交易的达成到账款的实际收付，以及借贷本息的最后偿付均有一段期限，兑换时如果汇率在这一期限内发生不利于企业的变化，则企业将单位外币兑换成本币（或将单位 A 外币兑换成 B 外币）的收入就会减少，或以本币兑换单位外币（或将 B 外币兑换成单位 A 外币）的成本就会增加，于是就产生了交易风险和经济风险；另一方面由于本币是衡量企业经济效益的共同指标，因此即使企业的外币收付不与本币或另一外币发生实际兑换，也需要在账面上将外币折算成本币，以考核企业的经营成果，而随着时间的推移，汇率发生波动，单位外币折算成本币的账面余额也会发生变化，于是也就产生了会计风险。

例如，企业从国外进口或进行对外投资，需要对外支付外汇，这就需要用本币向银行购买外汇；或者，企业向国外出口或引进外资，需要将收进的外汇向银行结汇，换成本币，在这段时间里，外汇汇率的变动是不可避免的，因而就会有外汇风险。当然，如果一个企业在交易中，如果不涉及外币的支付和计价，不涉及外币与本币的折算，就不会存在外汇风险。只要企业在经营活动中以外币计价结算，且存在时间间隔，就会产生外汇风险。

一般来说，未清偿的外币债权债务金额越大，间隔的时间越长，外汇风险也就越大。在浮动汇率制度下，由于汇率的波动更频繁、更剧烈，又没有波动幅度的限制，因此企业所面临的外汇风险比在固定汇率制度下更经常、更明显、更难以预料。

由于外汇风险由本币、外币和时间三个要素构成，且缺一不可，因此防范外汇风险的基本思路有二：一是防范由外币因素所引起的风险，其方法或不以外币计价结算，彻底消除外汇风险；或使同一种外币所表示的流向相反的资金数额相等；或通过选择计价结算的外币种类，消除或减少外汇风险。二是防范由时间因素所引起的外汇风险，其方法或把将来外币与另一货币之间的兑换提前到现在进行，以彻底消除外汇风险；或根据对汇率走势的预测，适当调整将来外币收付的时间，以减少外汇风险。

（一）外汇风险能对国际贸易产生影响

一国的货币汇率下跌（本币贬值），有利于出口，不利于进口，这是因为当其他条件不变时，等值本币的出口商品在国际市场上会折合成比贬值前更少的外币，使国外销售价格下降，竞争力增强，出口扩大；若出口商品在国际市场上的外币价格保持不变，则本币贬值会使等值的外币兑换成比贬值前更多的本币，国内出口商品的出口利润增加，从而促使国内出口商的积极性提高，出口数量增加。而以外币计价的进口商品在国内销售时折合的本币价格比贬值前提高，进口商成本增加，利润减少，进口数量相应减少；如果维持原有的国内销售价，则需要压低进口品的外币价格，这又会招致外国卖方的反对，因此，本币贬值会自动地抑制外国商品的进口。与上述情况相反，一国的货币汇率上浮（本币升值），不利于出口，但可以增加进口。

（二）外汇风险对非贸易收支的影响

一般来讲，一国货币汇率下跌，会增加该国的非贸易收入；汇率上浮，会减少非贸易收入。在其他条件不变的情况下，一国货币汇率下跌，以本币所表示的外币价格上涨，而国内物价水平不变，外国货币的购买力相对增强，贬值国的商品、劳务、交通、旅游和住宿等费用就变得相对便宜，这对外国游客便增加了吸引力，促进本国旅游和其他非贸易收入的增加。相反，本币贬值后，国外的旅游和其他劳务开支对本国居民来说相对提高，进而抑制了本国的对外劳务支出。当一国货币汇率上浮，以本币表示的外币价格下降，而国内物价水平不变，外国货币的购买力减弱，从而减少本国旅游等其他非贸易项目的收入。相反，本币升值则促进本国的对外劳务支出。

（三）外汇风险对国际资本流动的影响

外汇市场汇率变动对国际资本流动特别是短期资本流动有很大的影响。当一国货币汇率下跌时，国内资金持有者为了规避因汇率变动而带来的损失，就要把本国货币在外汇市场上兑换成外币进行资本逃避，导致资本外流；同时，将使外国在本国的投资者调走在该国的资金，这不仅使该国国内投资规模缩减，影响其国民经济的发展，而且由于对外支出增加，将恶化本国的国际收支。反之，若本国货币汇率上升，则对资本流动的影响，与上述情况相反。

（四）外汇风险对国内物价的影响

如果一国货币汇率下跌，一方面引起进口商品以本币表示的价格上涨，其中进口消费品的价格上升引起国内消费品价格某种程度的上升，进口原材料、中间品和机器设备等的价格上升还会造成国内生产使用这些进口投入品的非贸易品的生产成本上升，也推动了非贸易品的价格上升；另一方面汇率下跌引起出口扩大，进口缩减，加剧国内供需矛盾，使国内整个物价水平提高，加剧通货膨胀，导致经济恶化。相反，如果一国货币汇率上升，则会降低国内物价水平，减缓本国的通货膨胀。

（五）外汇风险对涉外企业的影响

涉外企业由于在日常经营活动中涉及两种或两种以上的货币，因此不可避免地处于各种外汇风险之中。这里我们仅讨论外汇风险对涉外企业经济活动的影响。

1. 对涉外企业经营效益的影响

在汇率频繁波动的今天，企业预期的本币现金流量和以外币计价的各种资产、负债的价值常因汇率变动而发生变化，可能使企业遭受损失，也可能给企业带来收益。事实上，收益与损失是并存的一对互为消长的矛盾，避免了损失便意味着收益，放弃或丧失了可能获取的收益，便是一种损失。涉外企业只有了解和预测外汇风险，提高对外汇风险的管理水平，才有可能承受巨大的外汇风险所带来的收益或损失。

2. 对涉外企业长远经营战略的影响

企业经营战略是指企业人力、物力和财力的合理配置及产供销活动的总体安排。如果汇率变动有利于涉外企业的资金营运，企业就会采取大胆的、开拓性的、冒险的经营战略，如扩张海外投资，扩大生产规模，开辟新产品、新市场。相反，如果汇率变动不利于涉外企业的资金营运，企业就会采取保守的、稳妥的、谨慎的经营策略，尽量避免使用多种外汇，把海外市场、海外融资缩小在一定范围。因此，这一影响在某种程度上关系到企业的兴衰成败。

3. 对涉外企业税收的影响

一般来说，对涉外企业已经发生的外汇损失可享受所得税减免，已经实现的外汇盈利才能构成应纳税收入。因交易风险造成的外汇亏损，往往会降低当年的应纳税收入；会计风险由于不是实际的亏损，因此不能减免税收。涉外企业应设法将外汇风险所造成的税后损失降到最低，使税后收益达到最大。税收政策是由企业所在国决定的，作为一个跨国经营企业，应从全局着眼制定其外汇风险管理战略。

项目二　外汇风险管理的一般方法

一、货币选择与货币组合

随着中国加入世界贸易组织，我国对外开放领域的不断拓展，国际经济交流将更加频繁。对外贸易、资本的输入和输出、国际资金融通等，无论从规模上还是水平上，都必将跃上一个新台阶。然而，在浮动汇率制度条件下，汇率波动具有经常性和不确定性，在对外经济活动中难免会遇到汇率变动而产生的风险。如何正确地认识外汇风险及较好地防范和化解外汇风险，是一个亟待探讨和解决的问题。选择好计价、结算货币是涉外企业避免外汇风险的一种最普遍最基本的方法。

做好计价货币的选择：出口以硬币计价，进口或融资以软币计价，进出口货值、软币、硬币混合使用。提前收付或延期收付：即根据有关货币对其他货币汇率的变动情况，更改货币收付日期的一种防止外汇风险的方法。平衡法：即在同一时期内，创造一个与存在风险相同货币、相同金额、相同期限的资金反方向流动。组对法：某公司具有某种货币的外汇风险，它可创造一个与该货币相联系的另一种货币的反方向流动来消除某种货币的外汇风险。多种货币组合法：即在进出口合同中使用两种以上货币来计价以消除外汇汇率波动风险。此外还有本币计价法、调整价格法。

（一）选择本币计价

在国际经济交易中，如果用本币计价结算，进出口商不需要买卖外汇，也就不承担汇率变动的风险。在签订合同时，尽量选择本币作为计价货币，不涉及货币的兑换，进出口商则可以避免外汇风险。目前主要工业国家尤其是一些储备货币发行国的出口贸易，很大部分是以本币计价结算的，当然，并不是任何国家的货币都可以用于国际支付，即使可以，对方也不一定能接受。这种方法给贸易谈判带来一定困难，因为这实际上是将汇率风险转嫁给了对方，所以只能在价格或期限上做出让步，作为给对方的风险补偿，交易才能达成。由于人民币还未成为自由兑换货币，所以总的来说在国际贸易中使用有限。我国很多进出口企业在对外贸易和引进技术设备时不得不采用其他外汇。用外汇计价时应注意借、用、还一致的原则，以减少货币兑换风险。对于某些商品，如石油、森林产品和某些原材料贸易，按惯例一律用美元计价、支付，没有货币选择余地。

（二）选择自由兑换货币计价

选择自由兑换货币作为计价结算货币，便于外汇资金的调拨和运用，一旦出现外汇风险可以立即兑换成另一种有利的货币。可以使企业在预测到汇率变动对自己不利时，能通过外汇交易将外汇风险转嫁出去。

（三）选择有利的外币计价

遵循"收硬付软"的原则，这是一种根本性的防范措施。即在出口贸易中，力争选择硬货币来计价结算；在进口贸易中，力争选择软货币来计价结算。软硬货币此降彼升，具有负相关性质。进行合理搭配，能够减少汇率风险。在实行单一货币计价的情况下，付款使用软货币，收款使用硬货币。交易双方在选择计价货币方面难以达成共识时，可采用这种折中的方法。对于机械设备的进出口贸易，由于时间长、金额大，也可以采用这种方法，这样可以缓冲不同货币的急升急降，避免使用单一货币计价时因汇率的骤变使买卖双方遭受损失。由于一种结算货币的选择，与货币汇率走势、与他国的协商程度及贸易条件等有关，因此在实际操作中，必须全面考虑，灵活掌握，真正选好有利币种。

但是在实际业务中，货币选择并不是一厢情愿的事，因为交易双方都希望选择对自己有利的货币，从而将汇率风险转嫁给对方。因此交易双方在计价货币的选择上往往产生争论，甚至出现僵局。为打开僵局，促成交易，使用"收硬付款"原则要灵活多样。比如，通过调整商品价格，把汇率变动的风险计入商品价格中，同时还可采取软硬对半策略等，使买卖双方互不吃亏，平等互利。

（四）综合考虑汇率和利率变动趋势

企业在国际市场上筹集资金时要特别注意，低利率的债务不一定就是低成本的债务，高利率的债务也不一定就是高成本的债务，必须把利率和汇率变动趋势综合起来考虑。一般来讲，硬币利率低，软币利率高。例如，在国际信贷中有某甲和某乙两笔债务，甲债务以日元计价，年利率10%；乙债务以港币计价，年利率6%，而日元将贬值3%，港币将升值3%。这样，甲债务的实际利率是7%，乙债务的实际利率是9%。因此，实际上甲债务的成本比乙债务的成本低。在企业对汇率预测把握不大的情况下，从稳妥着眼，在市场允许的情况下，借入多种货币共同构成一笔借款比较合适，可以分散风险。

（五）选用"一篮子"货币

通过使用两种以上的货币计价可消除外汇汇率变动带来的风险，比较典型的"一篮子"货币是特别提款权（SDR）。

在签订贸易、信贷或投资等协定时，若确定以某种货币作为计价支付手段，则按当时的市场汇率将该货币折算成相应的"一篮子货币"额，到结汇时再按结汇时的市场汇价将"一篮子货币"额折算成相应数额的计价货币进行偿付。"一篮子货币"是多种货币的组合货币，它实际上是利用多种货币之间的负相关效应，来综合抵消风险。目前"一篮子货币"中使用较多的是特别提款权，它是一种以美元、英镑、欧元和日元四种主要货币的加权平均值构成的货币篮子，币值较稳定，是理想的保值工具。

例如，德国进口商从美国进口设备，价值1000万美元，1年后以美元支付货款。又知签合同时的两种即期汇率分别为1美元折合0.8510欧元，1特别提款权折合1.2280美元。1年以后，美元升值，欧元与特别提款权相对贬值，汇率变为：1美元折合1.0510欧元，1

特别提款权折合 1.1000 美元，则：

（1）若以美元计价：

1000 万美元×（l.0510-0.8510）= 200 万欧元，即 1 年后多支付 200 万欧元。

（2）而若以特别提款权计价：

则在美元升值前货款为 1 000 万美元÷1.2280 = 814 万特别提款权

当美元升值后货款为 1000 万美元÷1.1000 = 909 万特别提款权

多付为（909-814）÷1.1000÷1.0150 = 85.09 万欧元，即 1 年后仅多支付 85.09 万欧元。

（3）采用特别提款权计价减少损失为

200 万欧元-85.09 万欧元 = 114.91 万欧元

二、外汇业务与借贷投资措施

（一）开展外汇业务

1. 即期合同法（Spot Contract）

即期合同法指具有近期外汇债权或债务的公司与外汇银行签订出卖或购买外汇的即期合同，以消除外汇风险的方法。即期交易防范外汇风险需要实现资金的反向流动。企业若在近期的预定时间内有出口收汇，就应卖出手中相应的外汇头寸；企业若在近期预定的时间内有进口付汇，则应买入相应的即期外汇。

例如，某甲公司在两天内要向英国某公司支付一笔金额为 100000 英镑的应付货款，该公司可以直接和银行签订购买 100000 英镑的即期外汇交易合同。两天后，该公司可以用即期外汇交易交割后所得到的欧元向英国公司支付货款。

在采用即期合同法时，应当注意的是，利用即期合同法消除外汇风险，支付结算的日期与外汇交易的交割日必须在同一时点，并且即期合同只是将第三天交割的外汇汇率固定下来，其避险的作用是十分有限的。如果企业有远期负债的话，必须同时再利用借贷市场进行投资活动，才能消除外汇风险。

2. 远期合同法（Forward Contract）

远期合同法指具有外汇债权或债务的公司与银行签订卖出或买进远期外汇的合同，以消除外汇风险的方法。

具体做法是：出口商在签订贸易合同后，按当时的远期汇率预先卖出合同金额和币别的远期合约，在收到货款时再按原定汇率进行交割。进口商则预先买进所需外汇的远期合约，到支付货款时按原定汇率进行交割。

例如，假设英商与银行签订的是 3 个月的远期外汇买卖合同，银行卖出 100 万美元，最初即期汇率为 1 英镑 = 1.5 美元，远期汇率为 1 英镑 = 1.55 美元，到时英商只需支付 64.52 万英镑便能获得 100 万美元，而不管交割日的汇率大小。如交割日汇率为 1 英镑=1.54 美元，则该公司因签订了远期合同，而减少了 0.42 万英镑的损失，从而避免了部分风险。

通过远期外汇合同，企业可以将不确定的实际远期汇率固定下来，使汇率变动的时间结构由未来提前到了现在，并且还创造了与风险头寸相对应、流向相反的外汇资金流动，因而可以全部消除外汇风险，并且还能预先计算贸易成本和实际收益。

这种方法优点在于：能在规定的时间内实现两种货币的风险冲销，能同时消除时间风险和价值风险。一方面将防范外汇风险的成本固定在一定的范围内；另一方面，将不确定的汇率变动因素转化为可计算的因素，有利于成本核算。

3. 期货交易合同法（Future Contract）

期货交易合同法指具有远期外汇债务或债券的公司，委托银行或经纪人购买或出售相应的外汇期货，借以消除外汇风险的方法。这种方法可分为多头套期保值和空头套期保值。利用货币期货交易，企业可以灵活地买入或卖出货币期货来实现"对冲"现货外汇空头或多头头寸，以避免将来汇率变动对外汇债务造成的多付本币或者对外债权造成的少收本币的损失。

例如，某日本公司 3 月 1 日从美国进口一批货物，付款日期是 6 月 1 日，货款金额为 100 万美元，3 月 1 日即期汇率为 1 美元=118 日元，3 个月交割的远期汇率为 1 美元=148 日元，专家们预测在 3 月后日元会升值，该公司为避免日元升值的风险，从外汇期货市场买进远期美元 100 万元。

6 月 1 日公司在支付货款时，汇率为 1 美元=158 日元，如果公司不购买外汇期货，那么为支付 100 万美元的货款，需支出日元 15800 万元，比 3 月 1 日时的远期汇率多支出 1000 万元，即由于汇率变动，公司损失了 4000 万日元。但是，公司在外汇交易所买进美元期货，保证以 1 美元=148 日元的汇率将日元兑换成美元。这时兑换成 100 万美元，只需支付日元 14800 万元，公司立刻再将 100 万美元按 1 美元=158 的汇率换成日元，这时可得日元 15800 万元，这一笔外币期货合同使公司又赚回 1000 万元，从而消除了汇率变动带来的风险。

但是，利用货币期货交易也存在一定的缺点。因为货币期货合约一般是标准化合约，对交易币种、交易单位和交割日期都实行标准化，如果受险货币不在交换货币之列、受险金额不是合约交易单位的整数倍或者受险时间与期货合约的标准日期不一致，那么就很难利用货币期货交易来规避外汇风险。

4. 期权合同法（Option Contract）

进出口商利用期权合同法的具体做法是：①进口商应买进看涨期权；②出口商应买进看跌期权。

例如，一美商从英国进口一批价值为 100 万英镑的货物，3 个月后支付。当时外汇汇率为 1 英镑=1.5 美元。该美商为了固定进口成本，防范外汇风险，花费 2 万美元的期权费，用 150 万美元按 1 英镑=1.5 美元的协定汇率，买入 100 万英镑的欧式期权。假定 3

个月后发生了以下情况：

（1）英镑升值，汇率为 1 英镑 = 1.65 美元。

在这种情况下，如果美商未曾签订期权合同，此时需支付 100 万×1.65 = 165 万美元，比原来货价 150 万美元多支付 15 万美元。但通过签订期权合同，使得公司免遭巨大损失，15 万美元扣除 2 万美元的期权费后，公司仍可减少 13 万美元的汇价损失。

（2）英镑贬值，汇率为 1 英镑 = 1.4 美元。

在这种情况下，美商会放弃行使权利，如行使该权利，则美商要支付 150 万美元；而放弃行使权利，只需支付货款 140 万美元。加上期权费 2 万美元，较行使期权少支付 8 万美元。

（3）汇率仍维持在原水平，1 英镑 = 1.5 美元。

在这种情况下，汇率仍维持在原水平，美商没有产生损失或收益，仅以 2 万美元的期权费为代价来减少或避免风险，固定进口成本。

利用外汇期权交易，企业可以灵活地买入外汇期权或者卖出外汇期权来“对冲”现货的外汇空头或者多头头寸，以此来避免将来汇率变动对外汇债务造成多付本币或者对外债权造成少收本币的损失。

该法与远期合同法相比，更具有保值作用。因为远期合同法届时必须按约定的汇率履约，保现在值不保将来值。但期权合同法可以根据市场汇率变动来做选择——即既可履约，也可不履约，最多损失期权费。

📝 课堂操作

公司外汇风险管理案例

中国某公司在美国南卡来罗那州设立一家生产电视机的工厂。公司决定从日本引进一条彩色显像管生产线，总额为 140000000 日元，两个月后支付。公司财务人员担心两个月后日元升值，办法是委托中国银行买两个月远期合约。两个月远期汇率为 1 日元 = 0.007042 美元。但公司财务部又不情愿通过远期合约锁定一固定汇率，因为它希望日元贬值时也能受益。即，公司希望日元升值时能得到保护，但当日元贬值时又能受益。

某银行为公司设计了这样的套期保值方案。公司买进一份协定价格为 1 日元 = 0.007143 美元的日元看涨期权合约，合约金额为 140000000 日元，期权价格为 $50000。同时，公司卖出一份协定价格为 1 日元 = 0.006667 美元的日元看跌期权合约，合约金额和期权价格皆与看涨期权相同。由于两份期权合约的期权费相同，公司开始时没有任何现金支出。

到时不外乎有三种情况：

（1）如果日元汇率大于 0.007143 美元：

①看涨期权有价，公司行使期权，按协定价格 0.007143 买进 140000000 日元，支付 $1000000。

②看跌期权无价，买方放弃期权。公司无任何负担。

（2）如果日元汇率小于 0.007143 美元但大于 0.006667 美元：

①看涨期权无价，公司不会行使期权，按当时的即期汇率买进所需的 140000000 日元，假设当时的即期汇率为 0.006888 美元，则支付美元数目为 $964320。

②看跌期权无价，买方不会行使期权。公司无任何负担。

（3）如果日元汇率小于 0.006667 美元：

①看涨期权无价，公司放弃期权。

②看跌期权有价，买方决定行使期权。按 0.006667 美元卖给公司 140000000 日元。公司别无选择，只能按此价格买进这笔日元，支付美元数目为 $933333。

思考：

（1）银行制定的这套期权组合策略为公司提供了何种保护和受益机会？

（2）银行制定的这套期权组合策略与远期和单一的期权策略相比，有何优点？有何缺点？

（3）什么情况下适合采用该种策略？

田 案例分享

面对人民币汇率双向波动，外贸企业如何做好汇率风险管理？

面对人民币汇率双向波动，外贸企业可依托银行提供的各类外汇衍生工具，尽量规避汇率风险。

案例 1：远期购汇

某进口企业预计 1 个月后将对外支付 1000 万美元采购货款。为做好汇率风险管理，该企业与银行签订 1 个月远期购汇合约，远期购汇价格为 6.6420。1 个月后，企业按照 6.6420 的汇率在银行购汇，向银行支付 6642 万元人民币，兑换得到 1000 万美元；如果企业未签订远期合约，则 1 个月后按照市场价格购汇。如人民币贬值到 6.7500，则企业的 1000 万美元货款需支付 6750 万元人民币，与签订远期合约相比采购成本增加 108 万元人民币。由此，企业通过在银行办理远期购汇，提前锁定了成本，规避了人民币汇率贬值风险。

案例 2：远期外汇买卖

某企业需进口一批设备，预计 6 个月后需付汇 1000 万欧元，企业目前持有美元资金 1300 万美元。考虑到欧元汇率波动较大，且企业实际持有美元，企业在银行办理了本金为 1000 万欧元的买欧元、卖美元远期外汇买卖业务，锁定汇率为 1.2250。至到期日，不管市场价格如何变化，企业都可以通过 1.2250 的价格买入欧元卖出美元，规避欧元汇率波动带来的风险。

案例 3：人民币外汇货币掉期

某企业近日收到 100 万美元，近期急需人民币资金用于经营周转，但一年后需付汇 100 万美元。银行推荐企业叙作货币掉期业务，约定：期初，企业按照汇率（假设为 6.40），即期将美元换成 640 万元人民币；期末，按照 100 万美元本金，银行向企业支付美元利息（利率假设为 3.0%）。作为交换，企业需要按照 640 万元人民币本金，向银行支付人民币固定利息（利息假设为 4.5%）。

通过办理货币掉期，企业既满足了当期人民币资金使用需求，同时又规避了汇率波动风险，与美元质押办理人民币融资相比，成本大幅下降，有助于财务成本管理。

案例 4：买入外汇看涨期权

9 月 11 日，即期汇率为 6.6200，某企业预期未来 1 个月有购汇 1000 万美元对外支付的需求。为防范人民币贬值风险，同时享有汇率可能升值带来的好处，企业买入 1 个月期限、执行价 6.7000 的美元看跌期权，期初支付期权费 16 万元人民币。至到期日，若人民币汇率贬值至 6.8000，则企业行权，可按照 6.7000 价格购汇，成功规避了贬值风险；若人民币汇率升值至 6.5000，则企业放弃行权，可按照 6.5000 价格购汇，享受人民币汇率有利变动带来的好处。

通过买入外汇看涨期权，企业可将未来购汇的最差汇率锁定在期权的执行价水平，在规避人民币贬值风险的同时，可享受人民币汇率可能升值带来的好处。

案例 5：远期结汇

某出口企业预计 3 个月后将收到一笔 1000 万美元的销售收入。为做好汇率风险管理，该企业与银行签订 3 个月的远期结汇合约，远期结汇价格为 6.6800。3 个月后，企业按照 6.6800 的汇率在银行结汇，向银行支付 1000 万美元兑换得到 6680 万元人民币。如果企业未签订远期合约，则 3 个月后按照市场价格结汇。如人民币升值到 6.6600，则企业 1000 万美元销售收入结汇得到 6660 万元人民币，与签订远期合约相比收入减少 20 万元人民币。企业通过在银行办理远期结汇，提前锁定了收益，规避了人民币汇率升值风险。

案例 6：卖出外汇看涨期权

11 月 11 日，即期汇率为 6.6200，1 个月远期结汇汇率为 6.6380。某企业 1 个月后有 1000 万美元外汇收入需要结汇，为降低人民币升值的风险，同时获取较好的结汇价，企业向银行卖出美元看涨期权，期限 1 个月，执行价 6.7000，收到期权费 20 万元人民币。至到期日，若即期汇率为 6.6700，银行买入的看涨期权不行权，则企业按照市场价 6.6700 结汇。考虑到期初期权费收入后，企业实际结汇价为 6.6900，优于到期时办理即期结汇，也优于期初办理远期结汇。

需关注的是，若到期人民币汇率大幅升值，企业仍需承担一定汇率波动风险。如到期时市场汇率为 6.5700，银行买入的看涨期权不行权，则企业按照 6.5700 结汇，考虑到期初期权费收入后，企业实际结汇价为 6.5900，差于期初办理远期结汇，但优于到期办理即期结汇。若到期人民币汇率大幅贬值，企业仍需按照约定的执行价结汇，无法享受贬值带来的好处。如到期时市场汇率为 6.9000，银行买入的看涨期权行权，企业按照 6.7000 结汇，考虑到期初期权费收入后，企业实际结汇价为 6.7200，优于期初办理远期结汇，但差于到期办理即期结汇。

通过卖出外汇看涨期权，企业一方面在期初收到期权费收入，从而改善到期结汇的价格；但另一方面，也将未来结汇的最优汇率锁定在期权的执行价水平，在人民币大幅升值场景下仍面临一定汇率风险，也无法享受人民币大幅贬值带来的好处。

（资料来源：《重庆日报》全媒体，2021 年 6 月 2 日，作者：黄光红）

5. 掉期合同法（Swap Contract）

掉期合同法指具有远期的债务或债权的公司，在与银行签订卖出或买进即期外汇的同时，再买进或卖出相应的远期外汇，以防范风险的一种方法。它与套期保值的区别在于：套期保值是在已有的一笔交易的基础上所做的反方向交易，而掉期交易则是两笔反方向的交易同时进行。掉期交易中两笔外汇买卖币种、金额相同，买卖方向相反，交割日不同。这种交易常见于短期投资或短期借贷业务外汇风险的防范上。

掉期交易是一种组合型外汇交易，它同时包含了两笔交易方向相反、交易币种相同、交易金额相同而交割日期不同的外汇交易。在既有外币支付又有外币收入，但是收支日期不相吻合的情况下，企业可以利用这种方法来控制外汇风险。

例如，美国有一笔三个月后支付的应付账款，三个月后的远期汇率下降，为获得汇率差价和防止外汇风险，该公司就和银行签订按即期汇率成交的等额即期外汇交易合同。与此同时，该公司还按照远期汇价与银行签订购回等额资金的远期外汇交易合同。这样的掉期交易既保证了自己的资金不致遭受外汇风险损失，又能盈利。

6. 利率互换（Interest Rate Swap）

利率互换，是指通过互换利率降低筹资成本，减少风险。它包括两种形式：

一是不同期限的利率互换，如表 4-3 所示。

表 4-3　　　　　　　　　　　　　不同期限的利率互换

当事人	优点	需求	操作	结果
A	能在短期资金市场上以较低利率筹措资金	长期贷款	代替乙借短期贷款	降低长期借款利率
B	能在长期资金市场上以较低利率筹措资金	短期贷款	代替甲借长期贷款	降低短期借款利率

另一种是不同计息方式（一般是固定利率与浮动利率）互换，如表4-4所示。

表4-4 不同计息方式互换

债务人		债务结构	需求	互换后债务
A	A1	低固定利率长期贷款	调整债务结构	A1+B2+A3
	A2	低固定利率长期贷款		
	A3	浮动利率贷款	增加低浮动利率贷款比重	
B	B1	固定利率长期贷款	调整债务结构	B1+A2+B3
	B2	低浮动利率短期贷款	增加低固定利率	
	B3	低浮动利率短期贷款	贷款比重	

7. 易货贸易（Barter Trade）

易货贸易指在换货的基础上，把同等价值的进口和出口直接联系起来，构成一笔商品互换的交易。狭义的易货贸易是指买卖双方各以一种等价值的货物进行交换，同时成交，同时付货，不用支付货币。广义的易货贸易是指双方交换的货物都通过货款支付清算，双方都存在购买对方同值货物的义务。易货贸易的计价货币和结算货币为同一种货币，因此可以避免外汇风险。

8. 提前或延期结汇（Leading & Lagging）

提前或延期结汇是指在国际收付中，通过预测计价货币汇率的走势，提前或推迟收付有关款项来抵补外汇风险。

当预测外币升值时，出口商可在信用期内推迟交货，或允许进口商延期付款，以期获得计价货币汇率上浮的好处（增加利润）。不过，在外汇管制比较严格的国家，不宜提倡推迟收汇。此外，推迟收汇也等于延长了敞口头寸的时间，具有较大的投机性。

当预测外币升值时，进口商则应提前购货，或在价格相宜的条件下预付货款，以防范日后外币汇率上浮带来的风险（多付出本币）。但在提前购买时，应注意仓储费用不应超出潜在的外汇风险收益。同时，提前付汇也会增加贸易信用风险和利息负担。

归纳如表4-5所示。

表4-5 提前或延期结汇

汇率预测	预测外汇汇率上升，本币贬值	预测外汇汇率下跌，本币升值
出口商或债权人（收进外币）	推迟收汇	提前收汇
进口商或债务人（支付外币）	提前付汇	推迟付汇

（二）信贷投资措施

平衡抵消法避险，亦称配对法（Matching），指交易主体在一笔交易发生的同一时期，再进行一笔与该笔交易的货币币种一致、金额相同、收付日期上完全一致，但资金流向相反的交易，使两笔交易面临的汇率变化影响抵消。例如，美国甲公司有一笔 1000 万日元、期限为 3 个月的应收账款，假如能在同时签订 3 个月后付款的 1000 万日元的进口合同，就能消除原有的外汇风险，使自己减少损失。

具体包括两种：

一是单项平衡法，这种方法又可包括两方面：第一，严格意义上的单项平衡；第二，一般意义上的单项平衡。是指在外汇交易中做到收付币种一致，借、用、收、还币种一致，借以避免或减少风险。

二是综合平衡法，是指在交易中使用多种货币，软硬货币结合，多种货币表示头寸并存，将所在单项多头与空头合并，由此使多空两相抵消或在一个时期内各种收付货币基本平衡。该平衡法比单项平衡法更具灵活性，效果也较显著。包括：

（1）组对法，指交易主体利用两种资金的流动对冲来抵消或减少风险的方法。

它与单项平衡法相比，其特殊点在于：单项平衡法是基于同一种货币的对冲，而组对法则基于两种货币的对冲。组对法比较灵活，也易于运用，但若组对不当反而会产生新的风险。因此，必须注意组对货币的选择。

（2）借款法，指有远期外汇收入的企业通过向银行借入一笔与远期收入相同币种、相同金额和相同期限的贷款而防范外汇风险的方法。

其特点在于能够改变外汇风险的时间结构，把未来的外币收入现在就从银行借出来，以供支配，这就消除了时间风险，届时外汇收入进账，正好用于归还银行贷款。不过该法只消除了时间风险，尚存在着外币对本币价值变化的风险。

（3）投资法，指当企业面对未来的一笔外汇支出时，将闲置的资金换成外汇进行投资，待支付外汇的日期来临时，用投资的本息（或利润）付汇。

例如美国某公司，在 3 个月后有一笔 10 万英镑的应付账款，如果在 3 个月内英镑汇率上升，公司将会蒙受损失。为此，在外汇风险管理中，公司可以按照当时的汇率买入一笔相同金额 10 万英镑，并用它进行为期 3 个月的投资。在 3 个月后，再用收回的英镑投资偿付到期的应付账款。

当然，一般投资的市场是短期货币市场，投资的对象为规定到期日的银行定期存款、存单、银行承兑汇票、国库券、商业票据等。这里要注意，投资者如果用本币投资，则仅能消除时间风险；只有把本币换成外币再投资，才能同时消除货币兑换的价值风险。

投资法和借款法都是通过改变外汇风险的时间结构来避险，但两者却各具特点，前者是将未来的支付移到现在，而后者则是将未来的收入移到现在。

（三）利用国际信贷（International Credit）

1. 外币出口信贷

外币出口信贷是指在大型成套设备的出口贸易中，出口国银行向本国出口商或外国进口商提供低利贷款，以解决本国出口商资金周转困难或满足外国进口商资金需要的一种融资业务。

出口商在向本国银行借得外币资金后，若预测将来汇率变动对己不利，便按当时汇率将外汇贷款卖出，换成本币以补充企业的流动资金，以加速资金周转。至于出口商所欠外汇贷款，则用进口商的分期付汇来陆续偿还。这样，出口商的外币负债（从本国银行借得的外币贷款）为其外币资产（应向进口商收取的货款）所轧平，消除了风险。所借外币的利息支出也可用提前兑换的本币在国内的投资收益加以弥补。

该法有四个特点：①贷款限定用途，只能用于购买出口国的出口商品；②利率较市场利率低，利差由政府补贴；③属于中长期贷款；④出口信贷的发放与信贷保险相结合。它包括两种形式：一是卖方信贷（Supplier's Credit），即由出口商所在地银行对出口商提供贷款；二是买方信贷（Buyer's Credit），即由出口商所在地银行对外国进口商或进口方的银行提供融资便利。

2. 福费廷（Forfaiting）

在这种交易中，出口商及时得到货款，并及时地将这笔外汇换成本币。它实际上转嫁了两笔风险：一是把远期汇票卖给金融机构，立即得到现汇，消除了时间风险，且以现汇兑换本币，也消除了价值风险，从而，出口商把外汇风险转嫁给了金融机构；二是福费廷是一种卖断行为，把到期进口商不付款的信用风险也转嫁给了金融机构，这也是福费廷交易与一般贴现的最大区别。

3. 保付代理（Factoring）

出口商在对收汇无把握的情况下，可向保理商申请作保付代理业务。该种业务结算方式很多，最常见的是贴现方式。由于出口商能够及时地收到大部分货款，与托收结算方式比较起来，不仅避免了信用风险，还减少了汇率风险。

在以上三种国际信贷中，出口信贷与福费廷属中长期融资，而保付代理业务则是短期贸易信贷的一种，其特点是：①不能向出口商行使追索权；②保理商提供广泛、综合的服务；③保理商预支货款。保理商在该业务中起了重要的作用。

防止外汇风险的方法比较如表4-6所示。

表 4-6 防止外汇风险的方法比较

风险种类			减少风险的影响	避免风险的环境
时间风险	时间风险与货币风险	货币风险		
提前收付法 拖延收付法 借款法 投资法	远期合同法 即期合同法① 平衡法 货币期货合同法 期权合同法 择期合同法 掉期合同法	即期合同法②	选好计价货币 多种货币组合法 组对法 调整价格法 保值法 即期 L/C 结算法 远期 L/C 结算法	易货法 本币计价法

注：①指对于两天内需要结清的外币债权债务而言。
②指对于超过两天的外币债权债务而言。

三、外汇风险管理的基本方法

在外汇风险管理的方法中，远期合同法既可以消除时间风险，又可以消除货币风险。而有些方法必须与其他方法结合起来使用，才能更有效地规避全部风险。

(一) 外汇风险管理的基本方法在应收外汇账款中的具体运用

1. 远期合同法

借助远期外汇交易，创造与外币流入相对应的外币流出就可以避免外汇风险。

在外币应收账款中远期合同法的具体运用为：签订在收汇日交割的远期外汇合同，把将要收进的外币伴之以同等金额、相同时间的相同外币的流出。这样就消除了时间风险与货币风险，最后得到本币的流入。

2. BSI 法

BIS 法，即借款—即期合同—投资法（Borrowing-Spot-Invest），是指具有应付外汇账款的公司，先借本币，借本币的金额等于可购买外币债务的金额，然后把借入的本币通过即期外汇市场购买外币，再以外币进行投资。届时，以外币投资偿付应付的外币账款。

其运作过程为：

在有应收外汇账款的情况下，为了防止应收外币的汇率波动，首先借入金额相同的外币，将外汇风险的时间转变到现在的办汇日。借款后时间风险消除，再将卖得的本币存入银行或进行投资，所赚得的收入，可冲抵一部分采取防险措施的费用支出，等到应收账款收回日就用收到的外币清偿借款。将借到的外币卖与银行换回本币，以借款消除外汇的时间风险。另外还可以通过即期外汇买卖消除外汇风险；以短期资金市场的投资，免除利息损失，最终达到彻底避免外汇风险的目的。

3. LSI 法

LSI 法，即提早收付—即期合同—投资法（Leading-Spot-Invest），是指具有应收外汇账款的公司，在征得债务方的同意后，请其提前支付货款，并给其一定的优惠折扣。应收外币账款收妥后，时间风险消除，然后再通过即期外汇交易，将外币换成本币从而消除货币风险。另外，为了取得一定的利益，该公司还可以将换回的本币再进行投资，投资收益少的用来抵补因提前收付而让出的折扣。

以上三种方法的基本原理极为相似，都能有效地消除应收外汇账款的外汇风险。

（二）外汇风险管理的基本方法在应付外汇账款中的具体运用

1. 远期合同法

借助远期合同，创造与外币流出相对应的外币流入就能消除外汇风险。在办汇日签订远期合同，把将要付出的外币伴之以同等金额、相同时间的相同外币的流入，同样消除了时间风险和货币风险。在最后付款日期到来之时，以履行期货合同买入的外汇转而支付外币应付账款。

2. BSI 法

在有应付账款的情况下，先借本币，从银行购买应付外币所需的本币，然后与银行签订购买外币的即期合同，买进外币，借本币的金额等于可购买外币债务的金额，将这些外币投资于短期资金市场购买外币，到期时，收回投资，以外币投资偿付应付账款。投资所得的收益也可以冲抵因采取防险措施而产生的部分费用支出。在采取 BSI 法防止应收账款外汇风险时，如果公司流动资金充裕，也可以不从银行借款，而利用流动资金购买即期外汇，这样可能比从银行借款的成本低。

用 BSI 法消除外汇应付款和应收款的原理一样，但币种的操作顺序有别。前者借款是借本币，而后者借款是借外币；前者投资用外币，后者投资用本币。BSI 法使流入和流出的外币完全抵消，消除了外汇风险。

3. LSI 法

具有应付外汇账款的公司，在有应付账款的情况下，先借进一笔本币，然后与银行签订即期外汇合同购买外币，以买得的外币提前支付国外债权人，从而消除了时间风险和价值风险，在将来只需以本币偿还本币借款。这个过程实际上是先借款（Borrow），再与银行签订即期合同（Spot），最后再提前支付（Lead），即 BSL，但国际传统习惯均不称此为 BSL，而称为 LSI。

不难看出，BSI 法与 LSI 法在消除应付账款的外汇风险时的机制作用是一样的，只不过 BSI 法的最后一步是投资，获取利息，而 LSI 法的最后一步是提前付款，从债权人处获得一定的折扣。

课堂练习

一美国进口商须在六个月后支付 200 万澳元，公司借入美元的利率为 10%，持有澳元的利率为 5.5%，即期汇率：USD1 = AUD1.6560/65，六月期远期差价为：220/200，该进口商可用远期外汇交易和 BSI 法来保值，哪种方法更有利？

职业素养

汇率沉浮，银行助外贸企业对冲风险

在汇率持续加大波动引起企业愈发高涨的外汇套期保值的需求下，商业银行正积极探索如何帮助企业提升汇率风险管理水平，以及为其提供更加丰富的汇率避险产品。

目前，银行为企业提供的汇率避险策略大体可分为四类：一是直接采取人民币跨境结算；二是办理远期结售汇业务，在签订进出口合同时就与银行锁定未来结汇或购汇时的汇率；三是办理贸易融资业务，从银行提前获得外汇资金结汇，规避人民币预期升值风险；四是办理人民币期权业务，以较低成本甚至零成本，提前锁定未来结汇或购汇成本。

目前，为切实配合外贸企业的新需求，有的放矢，银行提供的汇率避险产品正逐渐向综合化、灵活化与电子化方向发展。

银行在提供金融衍生产品为外贸企业保驾护航时，也需关注自身可能面临的风险，合理、合规地消化汇率波动带来的风险。

（资料来源：中国保险报网，2019 年 8 月 16 日，作者：许予朋、李林鸾，有删改）

阅读拓展

企业汇率风险管理

A 企业是国内阴极铜加工企业，部分原料从国外进口。进口粗铜需预付 100% 货款，定价月后，根据定价月 LME 现货铜的月均价作为双方的结算基价，进行多退少补；同时，企业通过订单或期货进行销售，销售售价可参照定价月 LME 现货铜的月均价×美元兑人民币汇率+加工费。

企业购买一批粗铜，装船月为 2 月，根据船期，企业选择 6 月作为定价月。企业购买粗铜时，以 2 月的即期汇率购汇预付货款，到货后进行下游销售时，以 6 月的即期汇率进行销售定价，6 月定价月铜均价与预付货款之间的差额，以多退少补的形式结算。

如果人民币处在升值周期，即使商品价格未变，企业采购原材料时以较高的美元/人民币汇率购汇支付预付货款，到货后以较低的汇率折算对下游销售，汇率波动将对企业利润造成影响。

假设 A 企业 2 月从海外采购 1 吨粗铜，装船日为 2 月 8 日，定价月为 6 月均价。企业于 2 月 18 日按照当天 LME 铜价对外支付 100% 美元预付款，预付款计算方法为：铜价：8000 美元/吨，美元/人民币汇率：6.50，预付款：8000 美元/吨×1 吨×6.50 = 52000 元人民币，6 月确定最终价格，从商品价格波动和汇率波动两个维度，可能面临 4 种不同场景，如图 4-1 所示。

汇率变化	财务项目	铜价上涨到9000美元/吨	铜价下降到7000美元/吨
人民币汇率升值到6.40	补交/退回金额	1000USD	-1000USD
	总采购成本	52000+6.4x1000=58400CNH	52000-6.4x1000=45600CNH
	销售价格	9000x6.4+加工费=57600CNH+加工费	7000*6.4+加工费=44800CNH+加工费
	利润	加工费-800CNH	加工费-800CNH
人民币汇率贬值到6.60	补交/退回金额	1000USD	-1000USD
	总采购成本	52000+6.6x1000=58600CNH	52000-6.6x1000=45400CNH
	销售价格	9000x6.6+加工费=59400CNH+加工费	7000x6.6+加工费=46200CNH+加工费
	利润	加工费+800CNH	加工费+800CNH

图 4-1 四种不同场景

企业的盈利模式是赚取加工费，在以上情形中，在不进行汇率保值的情景下，企业最终的毛利和加工费有差异，通过推导可以得出结论：毛利的差异和铜价变化无关，而是由于人民币汇率变化导致的。

由于 A 企业支付预付款的时间 T1 与定价销售的时间 T2 不一致，因市场汇率变化导致利润面临不确定性，为了规避汇率风险，B 企业现在决定对此交易进行套期保值，具体有以下两种方式：通过外汇掉期进行汇率风险对冲，通过贸易融资进行汇率风险对冲。

（资料来源：寻汇 SUNRATE，2022 年 9 月 7 日）

习题与训练

☞ **基础练习**

一、名词解释

1. 外汇风险

2. 交易风险

3. 经济风险

4. 远期合同法

5. BSI 法

6. LSI 法

二、判断题

1. 外汇风险的结果是要么获得收益，要么遭受损失，要么盈亏平衡。　　　　（　　）

2. 外汇风险一般有三个基本要素：本币、外币、汇率。　　　　　　　　（　　）

3. 交易双方如果在合同中规定，以软币计价、以硬币支付，可以保证收入不致减少。

（　　）

4. 远期合同法不能独立地用于消除时间风险和货币风险。　　　　　　　（　　）

5. 选择何种货币计价结算，直接关系到进行对外贸易的企业是否承担外汇风险和承担外汇风险大或小的问题。　　　　　　　　　　　　　　　　　　　　　　（　　）

三、单项选择题

1. 对企业影响最大，企业最关心的一种外汇风险是(　　　)。

　　A. 汇率风险　　　　B. 交易风险　　　　C. 经济风险　　　　D. 会计风险

2. 出口收汇利用保值条款(　　　)。

　　A. 可以消除时间风险　　　　　　　B. 可以消除货币风险

　　C. 可以消除时间风险和货币风险　　D. 只可以减少风险而不可以消除任何风险

3. 外汇风险的大小(　　　)关系。

　　A. 与收汇时间的长短成正向　　　　B. 与收汇时间的长短成反向

　　C. 与付款人的资金结构成正向　　　D. 与付款人的资金结构成反向

4. 企业可以通过远期外汇合同，把不确定的实际远期汇率固定下来，使汇率变动的时间结构由(　　　)。

　　A. 未来提前到现在　　　　　　　　B. 过去提前到现在

　　C. 现在提前到未来　　　　　　　　D. 没有什么变化

四、多项选择题

1. 外汇风险的构成因素有(　　　)。

　　A. 外汇头寸风险　　　　　　　　　B. 两种以上的货币兑换

　　C. 成交与资金结算之间的时间　　　D. 汇率波动

2. 既能消除时间风险又能消除货币风险的方法有(　　　)。

　　A. BSI 法　　　　B. LSI 法　　　　C. 平衡法　　　　D. 迟收早付法

3. 应付外币账款中运用 BSI 法的程序是(　　　)。

　　A. 先借本币　　　B. 先借外币　　　C. 把外币换成本币　　D. 把外币进行投资

4. 外汇风险的种类有(　　　)。

　　A. 交易风险　　　B. 会计风险　　　C. 经济风险　　　D. 经营风险

☞ 技能训练

某进出口企业进口支付的货币主要有欧元和英镑，而该企业的外汇收入主要以美元为主，该企业在 2021 年 1 月签订了一份约合 500 万美元的非美元（欧元、英镑）进口合同，那时欧元兑美元汇价在 1.1 美元，英镑兑美元在 1.5 美元，该企业大约还有 300 万美元的外汇收入。这样该企业的收入外汇的币种、金额与支付外汇的币种、金额不匹配，收付时间也不一致，而且这种不匹配的情况在可预见的未来一段时期内依然存在，主要是支付的外汇金额大于收入的外汇金额，收入的货币主要是美元，而支付的货币主要是欧元、英镑等非美元，表明公司有必要采取积极的保值避险措施，对未来可测算的外汇支付（特别是非美元货币的对外支付）锁定汇率。该企业可以采取什么方法避免外汇风险？

📋 案例操作

1. 美国某公司于某年 6 月 10 日向瑞士出口 50 万瑞士法郎的机器设备，6 个月后收回货款。假设：在 2005 年 6 月 10 日，现货价 1 美元 = 1.6120 瑞士法郎，期货价 1 美元 = 1.6000 瑞士法郎。在 2005 年 12 月 10 日，现货价 1 美元 = 1.6200 瑞士法郎，期货价 1 美元 = 1.6175 瑞士法郎。为防范外汇风险，该公司可以运用期货交易进行套期保值：

（1）在该年 6 月 10 日，该公司在现货市场上：买进瑞士法郎 50 万、卖出美元 310173.70。

（2）在该年 6 月 10 日，该公司在期货市场上：买进美元 312500、卖出瑞士法郎 50 万。

（3）在该年 12 月 10 日，该公司在现货市场上：买进美元 308641.98、卖出瑞士法郎 50 万。

（4）在该年 12 月 10 日，该公司在期货市场上：买进瑞士法郎 50 万、卖出美元 309119.01。

通过上述外汇期货空头套期，该美国公司获得交易毛利为 1849.27 美元。

2. 某年 1 月，美国某公司与日本某公司签订了进口某商品的合同，以日元计价，货值 5 亿日元，交货期不迟于 3 月下旬。当时，东京市场日元对美元的牌价为：即期汇率美元/日元 = 120.00/123.00，3 个月远期为 118/120。进出口商双方协定，出口商将货物装船后，凭其交付的有关凭证，美国公司立即电汇付款。为防止日元汇价上涨，美国公司比较了远期合同、美式期权和欧式期权三种防范方法，最后决定采取其中的一种防范方法。

（1）采取远期合同法，美国公司购买 5 亿日元 3 个月远期，需花费美元成本，该美元成本是按照买入价计算的。

（2）采用远期合同法对美国公司来说，降低其进口成本，在合同到期日前，即使进口货物装船，该公司也无权要求银行实行交割。

（3）采用美式期权法对美国公司来说，增加其进口成本，要交期权费，但在期权合同到期日前，一旦进口货物装船，该公司有权要求银行立即实行交割。

（4）采用欧式期权法对美国公司来说，增加其进口成本，且只有在合同到期日，该公司才有权要求银行立即实行交割，即期权合同到期前，即使进口货物装船，该公司也无权要求银行立即实行交割。

因此既能防范汇率波动风险，又不影响美国公司对出口商及时支付的方法是：美式期权法。

学习情境五　国际金融市场

学习目标

◎ 知识目标:

★　掌握欧洲货币、离岸市场、国际债券的概念。

★　熟悉欧洲货币市场、资本市场的构成。

★　了解欧洲货币信贷业务的主要做法。

◎ 能力目标:

★　学会根据跟踪人民币的改革进程判断亚洲金融市场的发展前景。

资料导入

扩大金融开放，中国市场更具吸引力

近年来，中国金融业开放步伐明显加快。尽管国际形势风云变幻，新冠肺炎疫情冲击引发国际金融市场动荡，但中国按既定节奏履行承诺，以真抓实干的态度和决心，持续扩大金融开放，取得显著成效。国内外经济学家在接受本报记者采访时表示，中国有序扩大金融业高水平开放，大力吸引国际资本，为中国经济高质量发展提供坚实支撑，为世界发展带来了更多机遇。

"中国是一个开放的市场，资本市场正处于开放发展的高潮，未来还将继续发展壮大，外国公司将会获得越来越多的机会。"研究中国资本市场发展的独立分析师弗雷泽·豪威对中国市场充满信心和期待。

(资料来源:《人民日报》,2021 年 1 月 9 日,作者:俞懿春、方莹馨、刘军国,有删改)

项目一　国际金融市场概述

随着国际经济一体化的深入和现代化通信技术的进步，以及金融管制的放松和金融衍生工具的发展，国际间发生着频繁的国际金融活动，这些活动超越了地域和空间的限制，使国际资金流动的规模逐渐超过了国际贸易额，这些活动都是在国际金融市场上进行的。

一、国际金融市场的概念

所谓国际金融市场是指在国际间经营资金借贷、货币买卖和其他国际金融业务的场所。从国际金融市场发展的进程来看,国际金融市场这个概念有狭义和广义之分。

狭义地讲,国际金融市场是指从事国际间资本借贷与资本交易的场所,因此亦称国际资本市场,包括短期资本市场(货币市场)和长期资本市场(资本市场)。

广义地讲,国际金融市场是指从事各种国际金融业务活动的场所,这些业务活动场所包括国际资金市场、外汇市场、黄金市场以及其他种种衍生金融市场,同时也包括在金融市场从事交易的各类参与者、中间人和交易机构。

二、国际金融市场的发展及其特点

国际金融市场是随着生产力的发展而发展起来的,是伴随国际贸易的发展而产生的,最早出现在发达资本主义国家,其交易主要以与国际贸易密切相关的国际结算为主。第一次世界大战前,英国凭借着稳定的政局、强大的经济基础、稳健完善的银行制度和国际结算中心地位的优势使伦敦成为世界上最大的国际金融中心。

两次世界大战使国际政治经济格局发生了巨大的变化。随着美国经济霸主地位的确立和布雷顿森林体系的建立,确立了美元作为世界货币的中心地位,大量的国际借贷与资本都集中在纽约,纽约因此也成为世界上最大的国际金融市场之一。

战后欧洲经济的恢复和发展,使欧洲各国对美元这一主要国际支付货币的需求迅速增加。大量的美元流向境外,促成了美元资金向欧洲市场聚集,境外金融交易随之产生,从而形成了以伦敦为代表的境外美元市场。20世纪70年代以后的石油危机,使国际金融活动急剧增加,欧洲货币市场也在交易主体、业务范围方面得到了很大的突破,新型的欧洲货币市场已经成为国际金融市场的主流。

20世纪70年代至80年代以来,随着全球性外汇管制的放宽、金融工具的创新和信息技术在国际金融领域的广泛应用,国际金融市场逐渐连成一体,国内金融市场与国际金融市场逐步相融,传统国际金融市场与新型国际金融市场也难以完全区分,形成了一个时间和空间高度联结的一体化市场。

20世纪90年代以来,随着经济金融全球化发展、国际金融市场一体化的加强,国际金融市场开始出现以下特点:

(一)国际金融市场一体化不断加强

各国金融政策的逐步放宽和以网络为核心的信息技术的迅速发展,消除了地域和空间的障碍,使全球的国际金融市场连为一个整体。任何一个国家的金融市场都成为国际金融市场不可分割的一部分。

(二)国际金融市场的融资范围日益扩大

这主要表现在传统的吸收存款、发放贷款的融资方式逐渐被削弱,通过金融市场发行长期、短期债券的融资范围日益扩大。商业银行以贷款的债权作为担保发行证券，通过这种形式出售债权，使债券具有了流动性，从而加速了资金的周转。

（三）国际金融衍生产品市场发展迅猛

进入 20 世纪 70 年代，金融衍生品（Derivatives）交易异军突起，为衍生金融市场的发展开创了新纪元，其发展速度令世人瞩目。股指期货、利率期货、外汇期货、股票期货等金融衍生品，成为投资者投资的对象。国际市场上金融衍生产品已从最初的几种简单形式发展到千余种，而由它们衍生出来的各种复杂的产品组合更是不计其数。金融衍生品市场作为一个新兴市场，在价格发现、风险规避和增加投资组合等方面发挥着越来越重要的作用，对国际金融市场产生了深刻的影响。

（四）机构投资者的地位迅速上升

机构投资者是指用自有资金或者从分散的公众手中筹集的资金专门进行有价证券投资活动的法人机构。以有价证券投资收益为其重要收入来源的证券公司、投资公司、保险公司、各种福利基金、养老基金及金融财团等，一般称为机构投资者。机构投资者庞大的资金、专业化的管理和多方位的市场研究，尽可能降低风险的组合化投资结构，使更多的人更愿意让这类中介管理资产，并由此促进了机构投资者的长足发展。

三、国际金融市场的构成

（一）货币市场（Money Market）

货币市场是指资金借贷期限在 1 年以内（含 1 年）的交易市场，或称短期资金市场。货币市场是国际金融市场的重要组成部分。货币市场的参与者众多，商业银行、票据承兑公司、贴现公司、证券交易商和证券经纪商等是该市场的主要参与者。

一个理想的货币市场具备以下三个条件：第一，必须有一个完善的中央银行体系，中央银行有能力并且愿意充当最终贷款人。在发生金融危机时，商业银行可能无力或者不愿意提供贷款，中央银行可以提供必要的贷款，以帮助市场保持稳定。第二，在货币市场上有种类繁多的短期金融工具，交易活跃。所谓种类繁多是指市场上提供有足够数量的不同期限、不同收益、不同风险、不同流动特征的短期金融工具，以满足不同投资人多种多样、随时变化的需要。所谓交易活跃是指有足够多的经纪人、中间商和其他功能相当的金融机构作为市场组织者来有效地调动起大规模、换手率很高的货币市场交易。第三，有相应的法律法规，或按照市场惯例自我约束。有专门机构对各类机构，特别是对金融机构的交易活动进行严格的监督审查。只有门类齐全，交易活跃，交易遵纪守法，监督者严格管理、执法如山，总之是按照市场规律运转的市场才是理想的货币市场。

根据借贷或交易方式和业务的不同，货币市场可分为银行短期信贷市场、短期证券市场和贴现市场。

1. 银行短期信贷市场

银行短期信贷市场以银行同行拆放市场占主导地位，除此之外银行还通过短期信贷市场向企业提供贷款。

银行同业拆放市场是指金融同业之间（包括银行和经营信用业务的非银行金融机构之间）进行短期性、临时性的资金调剂所形成的市场，其最早出现于美国。银行同业拆放市场的交易物是各金融机构的多余头寸，由资金多余的金融机构拆放给资金不足的金融机构。期限一般都控制在 1 年以内，最短的只有 1 天，最长的可达 1 年。一般将该市场上的交易分为两种，即同业头寸拆借（一般期限是 1 天，我国规定期限为 7 天）和同业短期拆借。同业拆借利率一般是由同是经营货币资金的金融机构协商制定的，所以最能反映市场资金供需情况，因此大多数国家的中央银行把同业拆借利率作为货币政策的操作目标。

银行也通过短期信贷市场向企业提供贷款。当企业发生临时性资金周转困难时，银行通过短期信贷市场可以向工商企业提供 1 年以内的短期贷款。贷款利率以市场利率为基础，同时视企业信誉情况附加一定利息。

短期信贷市场的拆放期是长短不一的。最短为 1 日，一般多为 1 周、1 个月、3 个月和 6 个月，最长不超过 1 年。该市场交易方式较为简便，存贷款都是每天通过现代化通信设施或者互联网进行。在贷款时不签订协议，也不必担保，完全凭信誉。利率以伦敦同业拆放利率（LIBOR）为基础。

2. 短期证券市场

短期证券市场是进行短期证券发行与买卖的场所。各国的短期信用工具种类繁多，名称也不一样，归纳起来包括国库券、可转让定期存款单、商业票据、银行承兑票据等，它们的最大特点是具有较大的流动性和安全性。

（1）国库券。

国库券是各国政府为了满足短期急需的财政支出而发行的短期政府债券。国库券是由政府发行的，风险低、信誉好，加之期限短、面值低、具有很强的流动性，因此成为国际投资者的首选目标。在美国，国库券的发行是为满足季节性财政需要。国库券在美国证券市场上信誉最好，流动性最强，交易量最大。它对于美国人和美国以外的政府、金融机构和个人都有很大的吸引力。

（2）大额可转让定期存款单（CD 单）。

CD 单是一种商业银行发行的有固定面额、可转让流通的存款凭证。它是商业银行和金融公司吸收大额定期存款而发给存款者的。这种存款单不记名，可以在金融市场上自由出售，它的特点是期限短、面额大、不记名、可自由转让、变现能力强。因此，投资于存款单既可以获得定期存款利息，又可以随时将其转让变现，很受投资者欢迎。发行定期存款单使银行可以获得稳定的短期资金来源。最初，存款单均系大额，面值最少为 10 万美元，最多达 100 万美元。为吸收更多资金，从 20 世纪 60 年代末开始，银行也发行面值为以十位数、百位数为计价单位的存款单，存款单的利率也由原来的固定利率发展为调整的浮动利率。定期存款单的期限一般为 1~12 个月，其中以 3~6 个月居多。

（3）商业票据。

商业票据是一些大工商企业和银行控股公司为筹措短期资金，凭信用发行的、无担保的、有固定到期日的短期信贷票据。它具有发行手续简便、期限固定、可自由转让和面额较大等特点。

（4）银行承兑票据。

银行承兑票据是银行在商业汇票上签章承诺付款的远期汇票，是由银行承担付款责任的短期债务凭证，期限一般在 6 个月以内。银行承兑汇票多产生于国际贸易。银行承兑汇票由银行担保付款，因此其信用风险低，可背书转让。

3. 贴现市场

贴现指票据持有人将未到期的应收票据在背书后送交银行，银行受理后，从票据面值中扣除按银行贴现率计算确定的贴现利息，然后将余额付给持票人，作为银行对企业的短期贷款。所以，票据贴现实质上是企业融通资金的一种形式，通过贴现，持票人可将未到期的票据提前变现，从而满足了融资需要。简单地说，票据贴现就是企业以票据作抵押向银行借款，银行先按票据面值的一定比例扣除一定利息的一种融资行为。贴现市场的主要经营者是贴现公司。贴现交易的信用票据主要有政府国库券、短期债券、银行承兑票据和部分商业票据等。贴现业务是与短期票据交易业务联系在一起的，贴现利率一般高于银行贷款利率。

（二）资本市场（Capital Market）

资本市场是长期资本融通的场所，通常将 1 年以上的中长期资本借贷或证券发行与交易的市场称为资本市场，或称长期资金市场。国际资本市场是国际金融市场的重要组成部分，是国际资本流动的重要途径。广义的资本市场由国际间银行中长期资本借贷市场与证券发行和交易市场组成。狭义的资本市场主要指证券市场。

1. 银行中长期信贷市场

银行中长期信贷市场的主要业务有：银行中长期贷款、1 年以上的大面额可转让存单、房地产抵押等。资金贷款期限在 1~5 年的为中期贷款，5 年以上的为长期贷款。这种贷款的特点是：金额大、期限长、条件严格、利率不固定、需要担保等。该市场的贷款方式，有双边贷款和多边贷款之分。

2. 证券市场

证券市场是从事股票、公司债券和国家公债等有价证券发行和交易的场所。发行证券的目的在于筹措长期资本，是长期资本借贷的一种方式。证券市场是金融市场的重要组成部分。

国际证券市场根据证券的种类可以分为国际股票市场和国际债券市场。根据证券发行和交易的性质可以分为一级市场和二级市场。

一级市场是新证券如新股票或新债券发行的市场。一般发行人要先对股票或债券的发行进行策划，由中介机构进行承销，由投资人进行认购。一级市场可以使资本迅速、有效地从资本剩余单位转移到资本不足单位。只有一级市场才能通过向新的投资人发行新的证券，或向原有的投资人增发新的证券，为公司提供新的资金来源。

二级市场是将已经在国际金融市场上发行的股票或债券，在国际性交易所或有关交易系统进行上市交易的场所。二级市场交易的形式多种多样，按地点可分为场内交易与场外交易，按期限又可分为现货交易、期货交易和约期交易等。

二级市场的存在为已发行的证券提供了充分流动的交易市场。证券具有高度的流动性，才能使股票或债券持有者可以随时卖出手中的证券。高效的二级市场的存在，可以保证发行人迅速地连续地从社会上筹集资金，满足其不断扩大资金的需要。因此二级市场的存在是为了保证一级市场的更有效地运行，没有一个高效的二级市场，一级市场便不能存在，便失去了活力。

证券交易原本主要在交易所内进行，但是现在场外交易也十分盛行。场外交易是指证券投资者之间不通过证券交易所，而以电话、电传等方式相互进行的证券交易，它给交易者提供了更便利的交易方式，可以根据客户的需求，量体裁衣提供特殊服务。

四、国际金融市场的作用

(一) 促进资本在世界范围内的优化配置和世界经济的发展

国际金融市场能在国际范围内把大量闲散资金聚集起来，通过金融市场的职能作用转化为资本，从而满足了国际经济贸易发展的需要。国际金融市场为资金储存与借贷、资本的频繁调动创造了条件，促进了跨国公司经营资本的循环与周转，由此推动世界经济全球化的巨大发展。

(二) 有助于各国调节国际收支

国际金融市场的产生与发展，为国际收支逆差国提供了一条调节国际收支的渠道，即逆差国可到国际金融市场上举债或筹资，在更大程度上缓解国际收支失衡的压力。

(三) 促进金融业的国际化

国际金融市场的发达，吸引着无数的跨国金融组织，金融市场通过各种活动把这些银行有机地结合在一起，使世界各国的银行信用突破空间制约而成为国际间的银行信用，在更大程度上推动诸多金融业务国际化。

(四) 调剂各国资金余缺，提供国际融资渠道

把闲置资本转化为赢利资本，促进资本的国际化，使资本流向收益最高的国家，从而使资本资源在世界范围内更加有效地配置、有效地利用，促进了世界经济的发展。为国际

贸易融通资金、汇集资金，把大量的货币资本转化为职能资本。

项目二　欧洲货币市场

一、欧洲货币市场的概念

欧洲货币市场（Euro Currency Market），是指集中于伦敦与其他金融中心的境外美元与境外其他欧洲货币的国际借贷市场。例如，一个国际借款人在纽约市场借美元，这是纽约美元市场业务；如果他在伦敦或卢森堡市场上向有关银行借美元（这就是境外美元），这就构成了欧洲美元市场业务。情况相同，一个国际借款人，在苏黎世市场上借瑞士法郎，这是苏黎世市场的瑞士法郎业务；如果他在伦敦或卢森堡或其他境外金融中心借瑞士法郎就构成了欧洲货币市场的欧洲瑞士法郎业务。根据以上的分析，也可以把欧洲货币市场定义如下："所谓欧洲货币市场是指在一国境外进行该国货币借贷的国际市场"。

为了更好地了解欧洲货币市场，我们必须弄清这样几个概念或现象：

（一）欧洲美元

欧洲美元是存放在美国以外银行的不受美国政府法令限制的美元存款或是从这些银行借到的美元贷款。它与美国境内流通的美元是同样的货币，并具有同样的价值。所不同的是欧洲美元不再受美国联邦储备系统规章制度的管理和约束。由于这种境外存款、借贷业务开始于欧洲，因此称为欧洲美元。

（二）欧洲货币

随着欧洲美元业务的增长，市场规模和经营范围不断扩大，欧洲美元的含义也发生了变化。所经营的货币不仅仅是美元，而是扩展到各种可自由兑换的货币，相继出现了欧洲英镑、欧洲马克、欧洲瑞士法郎、欧洲法国法郎、欧洲日元等。因此说欧洲货币不单指欧洲国家的货币，它是指在货币发行国以外被存储和借贷的各种货币的总称。"欧洲"在这里已经不是个地理概念，而是个经济概念，是指"非国内的"或"境外的"，只是表明这种境外的离岸业务最早源于欧洲。

（三）离岸市场

离岸市场是相对在岸市场而言的，它也不是个地理概念。它是指同市场所在国的国内金融体系相分离，既不受所使用货币发行国政府法令管制，又不受市场所在国政府法令管制的金融市场，即欧洲货币市场。由于境外货币中美元占的比重最大，所以有时把欧洲货币市场统称为欧洲美元市场。其实在欧洲货币市场中除欧洲美元外，还包括欧洲欧元、欧洲英镑等，但不包括该市场所在国家所属的货币。

离岸货币市场重点集中在伦敦、卢森堡、巴哈马等金融中心，亚洲地区则集中在新加坡。从某种意义上说，一般所谓亚洲美元市场其实是欧洲美元市场的延伸，或是广义的欧洲美元市场。

（四）欧洲货币市场实质是货币市场

尽管欧洲货币市场发展迅速，地位不断提高，作用不断扩大，甚至被人们称为当代国际金融市场的主体，但其实质是货币市场，是由众多的欧洲银行经营欧洲货币存贷款业务而形成的信贷与债券市场，即它主要是一种借贷市场，发生关系的是存款人（通过银行）和借款人，这与买卖不同国家货币的外汇市场有所区别。当然，欧洲货币市场与国际外汇市场具有密切的联系。

综上所述，所谓欧洲货币市场是指在一国境外进行该国货币借贷的国际货币市场，又称离岸金融市场。凭借着参与主体的广泛性、经营货币的多样性以及运行机制的灵活性等特点，欧洲货币市场已经成为国际金融的核心和主体，是真正意义上的国际金融市场。

二、欧洲货币市场的产生和发展

（一）欧洲美元的出现

第二次世界大战后，美国对饱受战争创伤的西欧各国实施了"欧洲复兴计划"即"马歇尔计划"，使巨额的美元资金流入欧洲，到1952年6月30日，美国共提供了131.5亿美元。而1950年朝鲜战争爆发后，美国政府冻结了中国在美国的全部美元资产。美国的这一举动引起了苏联和东欧各国的恐慌，纷纷将存放在美国的资产转移至欧洲，英国为了吸引资金，支持国内经济的发展，允许商业银行接受美元存款，发放贷款，因此大部分美元就聚集在了伦敦各大银行，这就是最初的欧洲美元。同时，在美国国内，美国联邦银行颁布了一个"Q字条款"，该条款规定美国商业银行的存款利息不得超过6厘，美国国内利率当时较国外低；而西欧国家自1958年起，放松外汇管制，货币实行自由兑换，境外存款人用美元开户不仅不受限制，而且没有最高存款利率的规定。因此，企业、银行、金融机构或个人持有的美元就转移到欧洲各国银行存储，追求较高的利息收入，从而使"境外美元"也即欧洲美元的数量迅速增长。

境外美元的出现，是逃避美国金融政策法令的一个结果，但美国当局对此又采取了一种纵容的态度。"二战"后一直到1971年8月15日以前，美国对外国政府或中央银行承担美元纸币兑换成黄金的义务。一方面，大量美元在境外辗转借贷存储，不需换成外币，这就减少了流入外国中央银行或政府的可能性，从而减轻了美国政府兑换黄金的压力，对美国减少黄金储备有缓冲作用，并为美国转嫁其通货膨胀开辟了新途径，对美国有利。但另一方面，境外美元的存在，逃避了美国政府的法令管制，对减缓美元危机不利。所以，美国当局权衡之下，还是采取纵容放任的态度。

（二）欧洲美元市场的形成

苏伊士运河战争导致了1957年英镑危机的出现，为了应对危机英国加强了对英镑的管理，而伦敦的各大商业银行为了逃避外汇管制开始系统地吸收美元存款，发放贷款，于是大规模经营美元存贷业务的资金市场在伦敦出现。

由于庞大的海外军事开支和海外援助投资，使美元大量外流，美国为了改善国际收支状况，从 20 世纪 60 年代起采取了一系列限制美元外流的措施。而这些措施迫使存款和筹资的重点转移到了欧洲美元市场，对欧洲美元市场的发展起到了推动作用。与此同时，西欧各国相继减少了外汇管制，为欧洲货币市场的进一步发展提供了宽松的环境。吸收"欧洲美元"存款的欧洲货币市场的银行可以不用缴纳法定存款准备金；经营"欧洲美元"业务的非美国银行可以不缴纳美国的利息平衡税，降低了银行的经营成本，由此促使欧洲美元业务急剧发展。1968 年美国限制对外直接投资，一些跨国公司为逃避美国的管制，将美元资金调至境外，再从事对外直接投资，这也是当时境外美元业务发展的一个诱因。

(三) 欧洲货币市场的发展

1960 年 10 月伦敦黄金市场价格猛涨到 41.5 美元/盎司，超过官价 20%，美元大幅贬值，美元作为布雷顿森林体系所规定的储备货币第一次显示出信任危机，动摇了人们对于美元与黄金固定兑换比价的信心。加之 1958 年后，联邦德国马克、瑞士法郎一直坚挺。当时还是实行固定汇率制度时期，一些外国人纷纷将本币换成德国马克或瑞士法郎存于德国或瑞士，以套取德国马克或瑞士法郎增值的利益。但是，在德国或瑞士，如外国人的德国马克、瑞士法郎存款增多，无异于加剧本国的通货膨胀。为此，德国、瑞士货币当局对非居民的本币存款，采取倒收利息政策，以限制非居民的本币存款，缓解本国通货膨胀的压力。西欧一些国家实行的这种政策使非居民将所持德国马克或瑞士法郎从德国或瑞士抽走，转存于伦敦或卢森堡，这不仅可逃避因德国、瑞士货币当局倒收利息而受到损失，同时一样可以获得该货币增值的利益。大量德国马克、瑞士法郎存于这两国国境以外，进而形成了欧洲英镑、欧洲马克、欧洲法郎。交易的货币已不仅仅局限于美元，因而使欧洲美元市场发展成为欧洲货币市场。

在 20 世纪 70 年代的两次石油危机中，石油输出国组织因石油提价而获取了巨额的石油美元，这些石油美元大部分存放在欧洲银行，这就进一步推动了欧洲货币市场的发展。

(四) 欧洲货币市场与离岸金融中心

欧洲货币市场形成后的范围不断扩大，它的分布地区已不限于欧洲，很快扩展到亚洲、北美洲和拉丁美洲。欧洲货币市场最大的中心是伦敦，加勒比海地区的巴哈马、欧洲地区的卢森堡的业务量略逊于伦敦，其他各大金融中心也分散地经营其境外货币的业务。

欧洲货币市场与离岸金融中心同为经营境外货币的市场，前者是境外货币市场的总称或概括，后者则是具体经营境外货币业务的一定地理区域，吸收并接受境外货币的存储，然后再向需求者贷放。根据业务对象、营运特点、境外货币的来源和贷放重点的不同，离岸金融中心分为以下四种类型：

1. 功能中心

主要指集中诸多外资银行和金融机构，从事具体存储、贷放、投资和融资业务的区域或城市，其中又分两种；

（1）集中性中心。是内外融资业务混在一起的一种形式，金融市场对居民和非居民开放，伦敦和香港金融中心属于此类。

（2）分离性中心。是限制外资银行和金融机构与居民往来的一种内外分离的形式，即只准非居民参与离岸金融业务，典型代表是新加坡和纽约的"国际银行设施"。

2. 名义中心

这种离岸金融中心多集中在中美洲各地，如开曼、巴哈马、拿骚和百慕大等，成为国际银行和金融机构理想的逃税乐土。这些中心不经营具体融资业务，只从事借贷投资等业务的转账或注册等事务手续，所以国际上也把这种中心称为簿记中心。

3. 基金中心

基金中心主要吸收国际游资，然后贷放给本地区的资金需求者，以新加坡为中心的亚洲美元市场则属此种中心。它的资金来自世界各地，而贷放对象主要是东盟成员或临近的亚太地区国家。

4. 收放中心

与基金中心的功能相反，收放中心主要筹集本地区多余的境外货币，然后贷放给世界各地的资金需求者。亚洲新兴的离岸金融中心巴林，主要吸收中东石油出口国的巨额石油美元，然后贷放给世界各地的资金需求者，同时它也通过设立在当地的外资银行与金融机构积极参与国际市场的各项金融业务。

金融热点

海南自由贸易港需要什么样的金融服务？

2020 年 5 月，中央正式发布《海南自由贸易港建设总体方案》（下称《总体方案》），明确了在海南实现贸易、投资、跨境资金流动、人员进出、运输来往等方面的自由便利以及数据安全有序流动的目标，基本确立了 2025 年全岛封关运作目标，明确届时将实现"一线放开、二线管住、岛内自由"，实际上明确了未来海南自由贸易港及其人、财、物的性质。

按照《总体方案》，2025 年海南实现全岛封关运作，实行"一线放开、二线管住"，做到资金、人员、运输和数据四个方面要素的自由流动，同时与内地之间实行关境管理。这意味着从封关那天起，相对于祖国内地而言，海南将成为一个"离岸岛"，所有海南和内地之间的人、财、物流动都必须从海南岛和内地间的关境进出。

全岛封关运作后，海南岛内的人、财、物流动和管理的基本遵循将是《海南自由贸易港法》（下称《自由港法》），同时将会有一系列的配套法律法规对海南自由港的经济活动和人、财、物流动进行规范管理。总体而言，《自由港法》和配套法规将与内地的现有法律法规有非常大的区别，尤其是在对经济活动的管理上，必将更多地对标国际，体现最先进、最有竞争力的国际自由港管理要求。

从"人"的角度看，全岛封关运作后，相对内地而言，海南岛内居民将成为离岸居民，持有与内地居民不同的法律身份。

从"物"的角度看，全岛封关运作后，相对内地而言，海南的商品和劳务也将成为离岸商品和劳务，并将拥有与内地的商品和劳务不同的财产权利属性。

从"财"的角度看，全岛封关运作后，相对内地而言，海南岛内的货币和金融资产总体上也将成为离岸货币和离岸金融资产，其财产权利、运行规则和监督管理都将建立在《自由港法》和相关法律法规的基础上，而呈现出与内地截然不同的特征。

从海南自由港市场主体的角度看，未来经济活动有三种类型：一是岛内交易，二是海南与内地之间的交易，三是海南与国际间的交易。

全岛封关运作后，海南市场主体在财产权利的持有及交易上不仅适用自由港的特别规则，不再受到部分内地法律法规的束缚，而且在规则和开放度上较之于内地更与国际接轨。也正是基于这一基本财产权利特性及交易制度框架，才能在海南实现有别于内地的差别管理制度，才能做到"零关税、低税率、简税制"。

（资料来源：《金融研究》，2020 年第 12 期，作者：周诚君，有删改）

三、欧洲货币市场的构成

欧洲货币市场按其业务可分为欧洲短期信贷市场、欧洲中长期信贷市场和欧洲债券市场。

（一）欧洲短期信贷市场

欧洲短期信贷市场形成最早，规模最大，其余两个市场都是在短期信贷市场发展的基础上衍生形成的。这个市场主要有以下几个特点：

（1）借贷期限短。欧洲短期信贷市场的交易大部分是按日计算的短期放款。一般为 7 天、30 天、90 天、180 天，最多不超过 1 年。3 个月期以内的借贷业务较多，3 个月至 1 年期的交易较少。其中隔夜交易比例相当大，虽然期限很短，但对维持银行资金周转与国际金融市场正常运行有十分重要的意义。

（2）借款数额较大。欧洲货币市场上每一笔交易额都很大，一般以 25 万英镑为起点，多者高达数百万英镑。所以欧洲短期信贷市场的参与者主要是金融机构、跨国公司、政府机构及国际金融机构。

（3）欧洲货币市场的伦敦银行同业拆放利率（London Inter Bank Offered Rate，LIBOR）是国际信贷市场的基础，许多国际借贷业务都以 LIBOR 附加一定的利息来确定。

（4）欧洲利率一般略低于国内市场，一般为 0.23% ~ 0.5%。存贷款利率差小，主要原因之一是经营境外货币的银行免交存款准备金。

（5）条件灵活，选择性强。短期资金的期限、货币种类、金额、交割地点以及利率均由借贷双方协商确定。

（6）发生在银行同业之间的拆借一般建立在信誉的基础上，无须提供抵押品和签订协议。

欧洲短期信贷资金的主要来源有：

①银行间存款；②跨国公司；③一些西方国家和发展中国家（主要是产油国）的中央银行为获取利息收入或保持储备货币的多样化，将其一部分外汇储备存入欧洲货币市场；④国际清算银行的存款。

欧洲短期信贷资金的贷放对象有：

①商业银行；②跨国公司和工商企业；③西方国家的地方市政当局和公用事业单位。

（二）欧洲中长期信贷市场

欧洲中长期信贷市场主要从事借贷期限 1 年以上的业务活动。国际银团贷款，或称辛迪加贷款，是欧洲资本市场上中长期信贷的典型形式。辛迪加贷款是由一家银行牵头，由几家甚至几十家银行组成的银行集团，共同筹措并联合提供金额较大、期限较长的贷款。

1. 辛迪加贷款的形式

辛迪加贷款有两种形式，一种是直接银团贷款，即参加银团的各成员行直接向借款人提供贷款，贷款的具体工作由各贷款银行在贷款协议中指定的代理银行统一管理。更多的贷款是间接银团贷款，即辛迪加贷款。辛迪加贷款的银行集团由三部分构成，分别是牵头银行、参加银行和代理银行。牵头银行负责与借款人谈判，项目确定之后，由牵头银行将参加贷款份额分别转售给其他参加银行；这些参加银行负责提供一定比例的贷款；代理银行负责具体事务工作，包括负责监督管理贷款项目的实施。

2. 辛迪加贷款的特点

辛迪加贷款具有很多优点：第一，参加辛迪加贷款的银行很多，各参加银行需要对某个项目提供一个贷款总额的百分比，如果该项目在运转过程中出现问题，每个银行个体只承担部分风险，有利于风险的分散，同时数家银行共同承担某一个项目，也减少了同业之间的竞争，达到参加银行共同分散风险、共同获取利润的目的。第二，对于借款人来说，借款项目通常需要资金量大、期限长，这是某一家银行难以承担或不愿意承担的项目。辛迪加贷款的形式使贷款金额分割给不同的银行来承担，或者说从期限上分割成不同的银行提供不同时期的贷款额度，大大便利了借款人的筹资。第三，借款人只需委托银行即可得到大笔借款，在整个贷款期间也只需同代理银行打交道，十分便利。第四，辛迪加贷款可以承担贷款数额巨大、期限长的项目，一般贷款为 5~10 年，或 10 年以上，但要求贷款资金专款专用。

3. 辛迪加贷款的利息和费用

辛迪加贷款的成本由利息和费用两个部分组成。辛迪加贷款的利息是以伦敦银行同业拆放利率 LIBOR 为基础，再加上一个附加利率构成。一般而言，附加利率比较稳定，而 LIBOR 经常波动。由于伦敦各主要银行都提供自己的 LIBOR，因此用哪种 LIBOR 作为辛迪加贷款利率要由借贷双方研究而定。通常确定方法有以下几种：①寻求各主要银行报价中的最优价格；②选择几家参考银行的报价，折算出平均利率；③将贷款银行与主要银行的平均利率作为贷款利率；④由贷款银行单独确定。

国际银行中长期贷款利率一般采用可调整利率，即利率在一定时期保持不变，但每隔 3~6 个月就要按照市场利率进行调整，它实际上是按期调整的浮动利率。附加利率要根据借款人的信誉状况、贷款风险程度、贷款期限、市场资金供求、金额大小等具体情况来确定，一般为 1% 左右。

辛迪加贷款的费用大体分为三个部分，分别为管理费、代理费和承担费。管理费，是借款人支付给辛迪加贷款牵头银行的佣金，是对牵头银行成功组织辛迪加贷款所支付的报偿。管理费一般按贷款总额的一定百分比一次或分次支付，费率一般为总额的 0.5% ~ 2.5%。代理费是支付给代理银行的费用。在通常情况下，在辛迪加贷款中有一家代理银行，负责贷款期间与借款人之间的各项具体事务如邮政、通信等。具体业务费用实报实销，除此之外还要另外向代理银行支付代理费，作为对代理银行提供服务的酬金。一般代理费按照事先商定的金额支付。承担费是借款人未能按期使用银团或贷款银行已经按贷款合约准备好的资金，给贷款银行造成影响而支付的赔偿性费用，一般费率为贷款总额的 0.25% ~ 0.75%。这是为了促使借款人积极有效地利用贷款，不妨碍贷款银行有效地运筹资金。

欧洲中长期信贷资金的主要来源有：①吸收短期欧洲货币存款；②发行欧洲票据筹集到的短期资金；③发行金额不等、期限不同的大额银行存款单；④银行本系统的分支行或总行的资金调拨。

欧洲中长期信贷资金的贷放对象有：①外国政府；②国际组织；③大跨国公司；④中央银行、其他银行和金融机构。

(三) 欧洲债券市场

欧洲债券市场是指从事由国际辛迪加承保的、在面额货币国家以外发行和交易国际债券的业务活动。欧洲债券是指发行人在本国之外的市场上发行的，以发行人所在地国家之外的货币为面值的债券，如美国人在法国发行以英镑为面值的债券。

欧洲债券具有以下特点：

(1) 欧洲债券是在国际资本市场上融资的一个重要途径。欧洲债券的发行人、发行地点和货币单位分别属于不同国家。

(2) 欧洲债券实际上是一种无国籍债券，它的发行人通常是政府机构、大公司和国际性金融机构。欧洲债券的发行不受任何政府的管辖，是一种完全自由的债券。欧洲债券可以同时在几个国家发行，多数国家对其发行期限和数量没有限制，也不需要发行前的注册和信息披露手续。欧洲债券的出售通常是通过国际辛迪加承包后再进行分售。

(3) 欧洲债券市场有容量大、发行灵活、发行成本低、品种多、流动性高、利息不纳税等优点。具体体现在：

①发行成本低。

②自由灵活。债券发行一般不需经过有关国家政府的批准，不受各国金融法规的约束。

③货币可选择性强。欧洲债券可以任意选择发行市场和债券面值货币，筹资潜力很大。筹资人可以根据各种货币的汇率、利率和其他需要，选择发行任何一种或几种货币的债券，投资者亦可选择购买任何一种债券。

④安全性高。欧洲债券的发行人大多是各国政府、国际组织和大的跨国公司，所以资信很高，对投资人来说很安全。

欧洲债券与中长期信贷虽然都是利用欧洲货币市场资金，但各有特点：

（1）债权人不同。债券发行后，通过发行银行集团的认购转卖，金融组织、保险公司和私人成为债券持有人，即债权人；而中长期贷款的债权人则为贷款银行。

（2）债券有行市，持有人可随时转让，腾出占压的资金，流动性强；中长期贷款，一般不能转让。

（3）债券发行单位如因故延期还款，在债券未到期前可再发行一种更换续债的债券，如持有人愿更换时，给予一定优惠，如不换也可。这比中长期贷款到期后重新展期的条件更有利。

（4）通过债券发行筹集到的资金，其使用方向与目的，一般不会受到干涉与限制；而利用中长期贷款筹集到的资金，由于贷款银行比较集中，对借款人资金的使用方向比较关注，资金使用要符合原定的方向。

四、欧洲货币市场的特点和作用

（一）欧洲货币市场的特点

欧洲货币市场作为一个创新市场，与传统的国际金融市场相比，具有许多不同的特点。

1. 摆脱了任何国家政府法规税制的管制约束

传统的国际金融市场，必须受市场所在国法规和税制的管制，而欧洲货币市场则不受任何国家法规和税制的管制。一方面，从欧洲货币市场的产生和发展原因来看，这个市场本身就是为了逃避西方国家的金融管制而产生的，它在货币发行国境外，货币发行国的金融管制鞭长莫及；另一方面，市场所在国政府为了吸引更多的欧洲货币资金，采取种种优惠措施，创造尽可能宽松的环境。因此，欧洲货币市场非常自由，基本上不受管制。

2. 突破国际贸易与国际金融汇集地的限制

传统的国际金融市场，通常是国际贸易与国际金融的汇集地，云集众多的跨国公司和跨国银行。欧洲货币市场则突破了这一限制，只要某个地方管制放松、税收优惠或地理位置优越，能够吸引投资者和筹资者，即可以成为一个离岸的金融中心。20 世纪 70 年代以后迅速发展的开曼、巴哈马等国际金融中心都体现了这一特征。

3. 主要是银行间的批发市场

欧洲货币市场主要是银行间的批发市场，大多数短期资金的借贷在银行间进行，并且每笔交易的成交额巨大，少则几千万美元，多则数亿甚至数十亿美元。

4. 具有独特的利率体系

与传统的国际金融市场相比，欧洲货币市场形成了独特的利率体系，一方面其存款利率略高于国内金融市场，另一方面贷款利率略低于国内金融市场。存款利率略高是由于在国外存款的风险比国内大，同时"欧洲银行"享有免税和免交存款准备金的优惠，并且不受利率上限限制，而愿意支付较高存款利率；贷款利率低是由于"欧洲银行"不受管制，贷款成本相对较低，可以降低利率来招揽顾客。欧洲货币市场的这一特点对存款人和借款人都具有吸引力。

5. 完全由非居民交易形成借贷关系

传统的国际金融市场主要是居民与非居民的借贷关系，而欧洲货币市场的借贷关系，则是外国投资者和外国筹资者的关系，也即非居民和非居民的借贷关系。这是欧洲货币市场区别于传统国际金融市场的一个根本特征。

(二) 欧洲货币市场的作用

1. 促进了金融市场的一体化

随着生产国际化和世界经济一体化的不断加强，各国之间的金融联系也更加密切。欧洲货币市场在很大程度上打破了传统国际金融市场相互分离的状态，把全球的金融中心联系在一起，从而促进了国际资本的流动，使国际金融市场的联系更加紧密，促进了金融市场的一体化。

2. 促进了各国经济的发展

在欧洲货币市场上，金融机构发达、资金规模大、借款成本较低、融资效率高，使之成为各国获取资金推动经济发展的重要场所。为各国经济发展提供资金便利。

3. 缓解国际收支

欧洲货币市场的发展，丰富了国际结算的支付手段。国际收支逆差的国家，可以从欧洲货币市场上直接借入欧洲美元或其他欧洲货币来弥补，从而缓解逆差压力；反之，国际收支顺差的国家，可以把过多的外汇储备投入该市场，这样就达到了平衡国际收支的目的。

4. 促进国际贸易和国际投资的发展

欧洲货币市场作为离岸金融市场，不受各国法律制度的约束，它既可为跨国公司的国际投资提供大量的资金来源，又可为这些资金在国际间进行转移提供便利，从而推动跨国公司的国际经营和业务的国际化。

但我们也应该看到，欧洲货币市场对世界经济发展除了有推动作用之外，还有一定的消极影响：第一，削弱了各国货币政策的效力。欧洲货币市场的活动往往会使一些国家的金融政策不能收到预期的效果。例如实行紧缩性的货币政策时，国内的银行和企业却能从欧洲货币市场获得信贷，从而使国内紧缩政策的威力减弱。第二，影响国际金融市场的稳定。欧洲货币市场资金流动不受管制的特性，为外汇投机活动提供了方便，加大了汇率的波动幅度，从而加剧了国际金融市场的动荡。第三，加大了国际金融市场的信贷风险。在欧洲货币市场的资金来源中，短期资金和同业拆借资金占有相当大的比重，而欧洲货币市场中的很多贷款是中长期的。这种短借长贷的运作方式加大了国际金融市场的信贷风险。

职业素养

上海国际金融中心建设短板怎么补？

上海国际金融中心建设应以增强全球资源配置能力，服务构建新发展格局为导向。前者要求加大金融开放力度，实现资源全球配置；后者强调完善金融市场体系，服务经济高质量发展。浦东作为上海国际金融中心的核心承载区，已经成为全球金融要素市场最丰富、金融机构最集聚、金融交易最活跃的地区之一，率先承接了国家新一轮金融业扩大开放的战略举措，助推上海国际金融中心全球排名上升至第三位。

然而，上海国际金融中心建设还存在以下短板：

首先，从全球资源配置上看，上海金融市场、机构和业务的国际化程度有待提升。目前，人民币资本项下可兑换性的不足是上海国际金融中心建设的主要制约。

其次，从金融服务实体经济上看，上海金融市场的体系还需进一步完善：①在市场的定价机制和交易制度的有效性上有一定的改善空间；②多层次资本市场（包括不同板块、不同层级）仍需进一步发展和完善；③市场之间联动互通还需加强。

中共中央、国务院《关于支持浦东新区高水平改革开放打造社会主义现代化建设引领区的意见》中有关金融业的若干措施有助于弥补上海国际金融中心建设的短板。

首先，进一步加大金融开放力度。主要从两个方面推进：一是支持浦东率先探索资本项目可兑换的实施路径，二是从离岸市场建设方面推进。构建与上海国际金融中心相匹配的离岸金融体系。支持浦东在设计离岸独立的法律制度、交易制度、外汇管理且风险可控的前提下，发展人民币离岸交易。

这两点是相互补充的。前者是推动我国资本账户开放的直接应对，后者是当前我国资本账户不开放、金融监管较严的间接应对。如果一个地区的金融开放度很高，资本账户可以自由兑换，资金自由进出，且监管放松，那么离岸市场并没有存在的必要。因为现有的在岸的市场已经可以满足非居民的需求。考虑到我们现在的金融开放度还不够，金融监管和国际准则还有一定的差距，我们需要打造人民币的离岸市场。这个离岸业务是现有在岸业务的补充。建立离岸人民币市场是权宜之计而不是最终目的，最终目标是打通在岸人民币市场和离岸人民币市场，让人民币成为真正的国际货币，而这将是一个多年渐进的过程。中国在岸的金融市场主要在上海，这使得浦东发展离岸市场具有一定的优势。

其次，打造国际资产交易平台和债券市场的开放对增强全球资源配置能力、打造人民币金融资产配置中心有着重要意义：①吸引更多国际投资者。虽然我国债券市场已成为全球第二大债券市场，但国际投资占比依旧较低。目前，境外投资者在上海债券市场持有的债券余额比重约为3%，还有很大的提升空间。②提高"上海价格"的国际影响力，让人民币金融资产在国际接受度更高、影响力更大。③推动人民币国际化。通过人民币资产走出去的方式，提高国外居民/机构持有人民币的意愿。

最后，金融制度改革推动金融在服务实体经济上发挥更大作用。在全证券市场稳步实施以信息披露为核心的注册制，在科创板引入做市商制度，对完善市场的定价机制和交易制度有着重要作用；私募股权和创业投资股权份额转让平台的建设，私募股权和创业投资股权份额二级交易市场的发展，有助于多层次资本市场的完善；支持上海期货交易所探索建立场内全国性大宗商品仓单注册登记中心，开展期货保税仓单业务则有利于大宗商品市场期现联动均衡发展。市场定价和交易制度的改善、多层次资本市场的发展是直接融资发展的关键，对推动资本市场更好地服务实体经济有着重大意义。而大宗商品期现联动发展，则有助于大宗商品的价格发现，这是实体经济发展的关键。

（资料来源：新浪专栏，2021年7月16日，作者：李蜂，https：//finance. sina. com. cn/zl/china/2021-07-16/zl-ikqciyzk5770907. shtml）

💬 **阅读拓展**

人民币利率互换市场建设回顾

2021年利率互换市场继续保持健康发展态势，成交量稳步增长，交易品种更加丰富，基础设施建设进一步完善，对外开放程度不断加深，市场总体结构更加多元化。

一、市场规模与品种结构

截至2021年11月30日，人民币利率互换市场规模稳步增长，利率互换交易量（按名义本金计）约19.32万亿元，较去年同期交易量增长约1.48万亿元，增速8.3%。其中，FR007利率互换交易量约15.91万亿元，占比约82.35%，较去年同期交易量增长1.52亿元，同比增长10.56%，FR007利率互换交易量和市场占比均有所提升。SHIBOR 3M利率互换交易量约3.09万亿元，占比约15.99%，较去年同期增加约0.4万亿元，同比上升14.87%，SHIBOR 3M利率互换交易量和市场占比较去年均有提升。由于 1 年期及 5 年期 LPR 利率自 2020 年 4 月 20 日起分别维持不变，直至今年 12 月下调 1 年期利率，市场在前 11 个月对于 LPR 利率互换的交易需求有所下降。以 1 年期 LPR 利率互换为例，前 11 个月交易量为 1933.27 亿元，较去年同期下降。

二、产品期限结构

在期限结构方面，上半年 1 年期及以下利率互换交易热度较高，下半年恢复到去年水平。以 FR007 利率互换为例，1 年期及以下利率互换交易量约 9.96 万亿元，占比 51.54%，较上半年的 65.5% 有明显回落，接近去年 55.7% 的占比。

三、市场参与者结构

在市场参与者方面，自 2016 年非法人产品开始参与人民币利率互换市场以来，互换市场参与者数量逐年增长，市场参与者种类进一步丰富。根据全国银行间同业拆借中心 2021 年 12 月 17 日发布的信息，人民币利率互换市场交易的参与机构数达 679 家，类型包括开发性金融机构、政策性银行、大型商业银行、股份制商业银行、城市商业银行、农村金融机构、国际金融组织、境外银行、境外产品、外资银行、民营银行、证券公司、保险公司及保险资管、非法人产品等。

四、政策及基础设施建设

2021 年 6 月 21 日，人民银行指导市场利率定价自律机制将存款利率自律上限由存款基准利率浮动倍数改为加点确定，持续释放 LPR 在深化利率市场化改革中的潜力，也为未来的利率互换品种结构设计提供基础。在产品建设方面，今年 11 月，上海清算所进一步拓展利率互换集中清算品种，正式将期限在 3 年及以内的 1 年期 LPR 利率互换交易纳入集中清算，成为全球首家为贷款市场报价利率的互换产品提供集中清算服务的清算机构。该品种上线首月，共清算 1 年期及以下 LPR 利率互换 64 笔，名义本金合计 45 亿元，交易量同比上升 21.6%。

（文章来源：格隆汇，2021 年 12 月 28 日，作者：晨曦宏观）

习题与训练

☞ 基础练习

一、名词解释
1. 国际金融市场
2. 欧洲货币市场
3. 欧洲债券
4. 欧洲美元

二、判断题
1. 欧洲欧元是指存放在欧洲境内的欧元。　　　　　　　　　　　　（　　）
2. 通常所指的欧洲货币市场主要是指离岸金融市场。　　　　　　　（　　）

3. 欧洲货币市场是指以欧洲各国货币为经营对象的货币市场。　　　（　　）

4. 亚洲货币市场是与欧洲货币市场相平行的国际金融市场。　　　（　　）

5. 欧洲货币市场最初的资金来源是石油美元。　　　（　　）

6. 欧洲货币市场产生的根本原因是英镑危机和东西方冷战。　　　（　　）

7. 欧洲货币市场就是欧洲各国货币市场的总和。　　　（　　）

8. 欧洲货币市场的存贷利率一般大于各国国内市场的存贷利率。　　　（　　）

9. 银团贷款既包括短期贷款，也包括中长期贷款。　　　（　　）

三、选择题

1. 欧洲美元是指（　　　）。

    A. 欧洲地区的美元　　　　　　　　B. 存放在欧洲地区银行的美元

    C. 世界各国美元的总称　　　　　　D. 欧洲各国官方的美元储备

    E. 美国境外的美元

2. 欧洲货币市场是（　　　）。

    A. 经营欧洲货币单位的国家金融市场

    B. 经营欧洲国家货币的国际金融市场

    C. 欧洲国家国际金融市场的总称

    D. 经营境外货币的国际金融市场

3. 国际债券包括（　　　）。

    A. 固定利率债券和浮动利率债券　　B. 外国债券和欧洲债券

    C. 美元债券和日元债券　　　　　　D. 欧洲美元债券和欧元债券

4. 传统的国际金融市场作为借贷货币的是（　　　）。

    A. 市场所在国的货币　　　　　　　B. 市场所在国以外的货币

    C. 外汇　　　　　　　　　　　　　D. 黄金

5. 由多家银行联合提供的中长期贷款称为（　　　）。

    A. 单边贷款　　　B. 双边贷款　　　C. 辛迪加贷款　　　D. 政府贷款

6. 在岸金融市场的交易主体是（　　　）。

    A. 居民与居民　　　B. 居民与非居民　　C. 非居民与非居民　D. 以上都不是

7. 最早和最重要的欧洲货币市场是（　　　）。

    A. 欧洲短期信贷市场　　　　　　　B. 欧洲中长期信贷市场

    C. 欧洲债券市场　　　　　　　　　D. 以上都不是

学习情境六　国际贸易融资

学习目标

◎ 知识目标：

★ 掌握国际保理、出口信贷、福费廷的主要内容、特点及进出口商的受益。

★ 熟悉传统国际贸易融资的主要产品。

★ 了解国际融资的内涵及基本特征。

◎ 能力目标：

★ 能够用图形描述国际保理、买方信贷、卖方信贷、福费廷等业务的操作流程，并能明确它们使用的背景和条件。

资料导入

央行与三银行签署区块链福费廷交易平台合作协议

2020年7月底，中国人民银行清算总中心与中国银行、中信银行、中国民生银行正式签署区块链福费廷交易平台合作协议。

所谓福费廷，是基于信用证等基础结算工具的贸易金融业务，具有贸易结算和融资的特点，是银行信用介入贸易融资链条的间接融资，属于贸易金融产品。

根据协议，中国人民银行清算总中心将借鉴三家商业银行前期区块链福费廷交易平台建设实践经验，完善中国人民银行国内电子信用证系统资产交易功能。相关功能建设将充分利用和发挥区块链技术优势，将区块链的多边信任、防篡改、共识算法等技术与电子信用证资产交易业务结合，开发一个福费廷资产交易平台。新平台将统一业务标准，与中国人民银行大额支付系统对接，便利银行间福费廷资产买卖，提高福费廷领域的贸易融资效率，降低企业融资成本。

中国银行、中信银行、中国民生银行三家商业银行目前在运行的区块链福费廷交易平台，是基于区块链技术和思维，共同设计、共同开发的资产交易联盟链平台，用于国内福费廷资产的二级市场交易。平台集合了资产发布、资金发布、要约、债权转让等一系列环节，实现了"一站式"服务，利用区块链技术去中心化、信息共享、不可篡改等特点，解决了福费廷业务缺乏公开报价市场、交易流程脱节、多主体双边交易标准不统一、操作人员工作繁杂等长期以来的痛点。

截至目前，该平台联盟成员已增加至43家，累计办理业务超过3000亿元人民币，助推国内信用证项下资产交易的线上撮合和流转，在国内信用证福费廷业务的线上撮合和流转方面积累了丰富的经验，并荣获中国人民银行 2018 年"银行科技发展奖二等奖"。

经中国人民银行批准，中国人民银行清算总中心于 2019 年 12 月 9 日上线了电子信用证信息交换系统，该系统将吸收借鉴三家商业银行已有福费廷交易平台建设成果，基于区块链技术实现资产登记、交易功能，预计将成为国家公共金融基础设施的重要组成部分。此次与中信银行等商业银行的合作，有利于吸收市场先进经验、贴近市场真实需求、进一步提升电证系统的服务水平，促进国内信用证福费廷市场健康稳定发展，并为区块链等金融科技创新提供宝贵的实践经验，践行金融为民、金融服务实体经济的理念。

（资料来源：中国银行保险报网，2020 年 8 月 7 日，作者：冯娜娜，http：//www.cbimc.cn/content/2020-08/07/content_357181.html）

什么是国际贸易融资？什么是福费廷？福费廷是哪一种类型的融资方式？如何运用？这些内容将在本情境中呈现。

国际贸易融资是随着国际贸易发展和结算需求出现的，它的起源可以追溯到最初的商品交换时期，体现为货币兑换商为各国贸易商的贸易活动提供汇兑和支付行为，之后逐步扩展到银行金融机构提供与贸易相关的资金融资、现金流管理等服务。20 世纪 80 年代，在信息技术革命的推动下，世界分工模式发生了深刻变革，贸易融资从贸易结算与融资等基础金融服务阶段跨入综合金融服务阶段，银行在贸易双方债权、债务关系的基础上，提供涉及国际货物或服务贸易或者国际投资等全方位的金融服务。

银行对外贸的融资也促进了国际贸易和国际投资的发展，解决了一些国家和地区在经济发展中的资金短缺问题，并推动了经济全球化的发展。特别是在中国"一带一路"的倡议下，不仅更多的中国企业走出去，推动了沿线国家和地区的经济发展，还提供了更多的贸易融资平台。据中国银行业协会贸易金融专业委员会的不完全统计数据显示，2015 年中国主要商业银行整体国际贸易结算额为 74907 亿美元，之后 5 年始终保持在 7 万亿美元上下波动。2020 年虽然受到新冠肺炎疫情的影响，全球贸易一度停滞，但我国积极采取有效的防控措施，经济发展持续恢复，我国银行业贸易金融业务实现了稳中提质、保持平稳健康发展的良好态势。主要商业银行国际结算规模也在 2020 年年末创历史新高，达到 76393 亿美元；2020 年各主要银行国际贸易融资业务量涨跌互现，大行增长带动总量大幅增加 33.27%，达 1.72 万亿美元。

项目一 国际贸易融资概述

在国际贸易业务中，由于进出口贸易结算的需要，进出口双方都有可能产生融资需求。出口方从制造产品、运输到销售，或者进口方在进货过程中，往往需要获得风险较小、成本低的融通资金；在国际结算中使用三大方式（汇款、托收、信用证）往往涉及银行信用，由此产生国际贸易融资行为。

一、国际贸易融资的含义

国际贸易融资是指一切为开展或支持国际贸易而进行的各种信贷活动，主要是银行等金融机构围绕着国际结算的各个环节，为进出口商提供资金融通便利的融资活动。其服务范围涵盖贸易结算、贸易融资、信用担保、避险保值、财务管理等各个领域，对企业开展贸易、降低交易风险、创造更多贸易机会发挥了重要作用。

二、国际贸易融资的特征

从银行角度来看，国际贸易融资具有以下主要特点：

1. 服务于实体经济，主要提供结算业务

国际贸易融资服务于实体经济，是涉外银行的基础性业务，主要为产品和服务提供支付、结算、信贷、信用担保等业务，这些业务紧紧围绕"贸易"这一实体经济活动展开。

2. 债务自偿性，风险相对可控

自偿性体现在国际贸易融资与企业真实贸易相匹配，银行根据企业真实的贸易背景和上下游客户的资信实力，以企业销售收入或者贸易产生的确定的未来现金流作为直接还款来源，有物权和应收账款作为保障。银行依托对物流、资金流的控制，或者对有实力关联方的责任和信誉捆绑，在有效控制授信资金风险的前提下进行授信，大大降低银行的风险。此外，国际贸易融资业务以短期为主，时效性高，从银行放款到客户收款，时间通常不超过 180 天，如果客户不能偿还，银行可以很快觉察并采取补救措施。

3. 业务综合性强，银行收入来源多样化

商业银行提供的贸易融资涉及中间业务和资产业务，贸易融资收益来源于三个方面：一是贸易融资的直接收益，即利息净收入；二是中间业务收益，包括手续费收入、汇兑收入等；三是资金交易的佣金收入，进出口商为了规避汇率和利率波动风险，通过银行做一些保值性的外汇交易，银行可从中获得资金交易的佣金收入。

4. 融资方式多样化，解决中小企业资金瓶颈问题

商业银行和进出口商都以追求利润为最终目标，有着各自的利益。商业银行需要稳定的、信誉良好的客户群，进出口商也需要有资金实力的银行为其提供优质服务。商业银行可为中小企业提供打包放款、进出口押汇、减免保证金开证以及办理国际保理业务等多种融资方式。商业银行可凭贸易过程中产生的应收账款作为质押对企业进行授信，大大降低融资准入门槛，有效解决中小企业的融资瓶颈问题。而有银行信用介入的信用证、保理业务，能增强中小企业的对外贸易信心，有利于提高企业的谈判地位，充分利用赊销商业信用方式扩大海外市场。

三、国际贸易融资的分类

1. 根据融资主体不同，可分为商业信用和银行信用

所谓商业信用，即企业在商品或劳务交易中以延期付款或预收货款的方式进行购销活动而产生的企业之间的直接信用行为。在国际贸易活动中，出口商或进口商之间相互提供的信贷属于对外贸易商业信用；赊销和预付款分别是出口商与进口商提供给贸易对方的商业信用形式。在中长期国际贸易融资中，商业信用更多体现为出口商对进口商提供的延期付款方式。

银行信用是指进口商或出口商获得银行等金融机构提供的融资便利，如银行承兑或贴现出口商向进口商签发的汇票、银行对进出口商提供进出口押汇等行为。

商业信用是银行信用的基础，在国际贸易活动中，两者总是紧密交织在一起。例如，银行对出口商提供的信用加强了出口商对进口商提供信用的能力。

2. 根据融资期限不同，可分为短期国际贸易融资和中长期国际贸易融资

短期国际贸易融资是指期限在 1 年以内（含 1 年）的贸易融资方式，主要用于满足商品周转较为迅速、成交额不大的商品进出口的资金需求，如打包放款、出口押汇等形式。

中长期国际贸易融资是指期限在 1 年以上的贸易融资方式，主要用于解决周转期长、金额大的大型成套设备等资本货物进出口的资金需求。

与短期国际贸易融资相比，中长期贸易融资突出的特点是企业往往得到政府提供的各种优惠政策支持，如出口信贷利差补贴、担保和保险等形式，甚至有专门的机构为其政策性信贷业务。

📖 课堂互动

说一说在对外贸易中，体现商业信用的具体做法有哪些？

项目二　短期国际贸易融资

在国际贸易中，进出口商大多需要进行短期融资，以促进对外交易顺利完成。短期国际贸易融资是对进出口贸易提供的期限在 1 年以下（含 1 年）的融资方式。进出口商在商品交易全过程中，在采购、打包、仓储、出运、装船等环节，以及在办理相关的制单、签订合同、申请开证、承兑、议付等手续过程中，均可从银行得到资金融通，解决资金困难问题。下面从出口和进口角度分别介绍出口商和进口商可以采用的短期国际贸易融资方式。

一、出口贸易融资

随着全球贸易竞争逐渐从卖方市场转变为买方市场，出口商品销售方式伴随着赊销等商业信用形式的使用增加，同时也扩大对银行信用的需求，从而导致对出口贸易融资需求规模的不断扩大，出口贸易融资方式日益多样化。下面主要介绍打包放款、出口押汇、票据贴现三种出口融资方式。

（一）打包放款

打包放款是出口商在收到国外订单到货物装船前这段时间因需要流动资金而向银行申请的一种贷款形式，所以俗称"装船前信贷"。具体来说，打包放款是指出口商以收到的国外进口商开来的信用证作为抵押品向银行申请的装船前贷款，即"信用证抵押贷款"，主要用于采购或生产、运输过程中出现的资金缺口。由此，打包放款具有以下主要特点：①属于装船前信贷。打包放款主要用于满足出口商在信用证项下备货装运的短期资金融通需求。②出口商得到大部分货款融资金额。打包放款的融资金额为信用证金额的70%～80%，一般不超过90%。③属于短期融资方式。打包放款的期限通常为3个月，从放款日起至信用证有效期后1个月，一般不超过1年。④安全性高。打包放款的还款来源为信用证项下的出口收汇，有开证行有条件的信用保障。

打包放款的业务流程如下：

（1）出口商与进口商签订贸易合同，并约定以信用证方式结算。

（2）进口商申请开证，银行开证并寄给出口商银行。

（3）出口商银行向出口商通知信用证。

（4）出口商向出口商银行申请打包放款，双方签订融资协议；出口商提交贷款申请书、贸易合同、信用证正本及相关材料。

（5）出口商银行审核后将打包放款的款项转入出口商账户。

（6）出口商使用打包放款的款项完成采购或生产、装运后，向出口商银行提交信用证项下的单据。

（7）出口商银行将单据寄往国外开证行进行索汇，国外开证行到期向打包放款银行付款，出口商银行用于归还打包放款款项。

（二）出口押汇

出口押汇是指在信用证业务和托收业务下出口商将代表货权的单据及其他单据抵押给出口商银行，从而得到银行扣除押汇利息及费用后的有追索权的垫款的一种融资方式。具体来说，出口商发运货物并提交了信用证或合同要求的单据后，出口商银行即可凭借其所提交的单据给予出口商短期资金融通。出口押汇主要用于满足出口商在信用证或托收项下的短期资金需求，如果到期开证行或代收行不付款，则出口商银行对出口商可行使追索权。由此出口押汇可分为出口信用证押汇和托收押汇两种做法。

出口信用证押汇即"信用证项下的出口押汇"，指的是出口商凭进口商银行开来的信用证将货物发运后，按照信用证要求制作单据，并提交其往来银行要求议付；即出口商以出口单据为抵押，要求往来银行在收到开证行支付货款之前提供资金流通。

出口信用证押汇的主要操作流程如下：

（1）出口商向押汇银行（通常为议付行）提出出口押汇申请，提交申请书、信用证正本及全套单据。

（2）押汇银行核对申请书，审查单据，确认单据与信用证条款是否严格相符；同时，银行还要审查开证行和出口商的资信状况等。

（3）押汇银行完成审核后，如果单证严格相符，则立即议付单据，叙作出口押汇，从货款中扣除利息后付给出口商款项。

（4）押汇银行将单据寄往国外开证行进行索汇。

（5）国外开证行收到单据后提示信用证项下的开证申请人即进口商付款。

（6）进口商到期向银行付款，押汇银行用于归还押汇款项。

出口托收押汇即"托收项下的出口押汇"，指的是出口商将代表货权的单据及其他单据提交给押汇银行（即托收行），要求托收行先预支部分或全部货款，在托收款项收妥后归还银行垫款。在出口托收押汇中，托收行要求以汇票和货运单据作为抵押品，如果托收行遭到进口商拒付，托收可以向出口商索回货款，若出口商无力还款，银行有权处理货物。由于托收押汇属于商业信用，风险相对较大，所以银行通常核对相应额度，只在额度内叙作出口托收押汇。在信用证项下的出口押汇，由于银行通常仅对资信良好、能够提供单证相符的信用证的受益人叙作担保议付，所以银行融资风险较小，收汇比较有保障。

（三）票据贴现

票据贴现是指出口商发货之后取得国外进口商或开证行已承兑的远期汇票，将未到期的承兑汇票转让给银行，银行有追索权地买进汇票，按票面金额扣除贴现利息后将余额支付给出口商的一种融资方式。

出口票据贴现多用于满足出口商在远期信用证项下的短期资金融通需求，主要适用于以下几种情况：①出口商的流动资金有限，需要快速得到资金周转开展业务。②出口商取得国外银行承兑/承付/保付后，在收款前面临资金周转困难。③出口商在收款前遇到新的投资机会，且预期收益率高于贴现利率，则考虑采用票据贴现方式得到银行的融通资金。

出口票据贴现的业务流程如下：

（1）出口商与出口商银行签订票据贴现协议，出口商向银行提交出口单据。

（2）出口商银行审核单据后，将单据寄往国外银行（开证行或指定行）进行索汇。

（3）国外银行收到单据后向出口商银行承兑/承付/保付。

（4）出口商银行收到承兑/承付/保付后，出口商应向银行提交贴现申请书，出口商银行再按票面金额扣除贴现利息后，将余额划入出口商账户。

（5）国外银行到期向出口商银行付款，出口商银行用于归还贴现款项。

（6）如果承兑/承付/保付银行到期不付款，则出口商银行对出口商行使追索权。

📖 **课堂互动**

短期出口融资方式有哪些？讨论每一种方式的操作特点。

二、进口贸易融资

在国际贸易中，由于进口商时常面临临时资金困难和支付能力问题，更需要银行的支持和介入，来保证交易和支付的顺利正常完成。银行也针对进口商不同的需求提供不同的贸易融资方式，下面主要介绍承兑信用、授信开证、进口押汇三种业务。

（一）承兑信用

在国际贸易中，限于进出口商双方的合作背景和关系，出口商有时并不完全相信进口商的支付能力。为了保证凭票付款的可靠性，出口商往往要求进口商找到一家银行来为其承诺支付出口商开出的汇票。银行对进口商提供的这种信用即"承兑信用"。

承兑信用是指银行应进口商的申请，对出口商开出的汇票进行承兑，承兑汇票后，承兑行应履行该汇票到期时的付款责任。当然，进口商必须在汇票到期日前将货款送交承兑行，以便后者在汇票到期时向出口商支付货款。银行承兑提高了出口商对进口商偿付能力的信任度，从而保障贸易合同的履行。同时，银行承兑汇票易于在市场上流通和转让，持票人可以通过背书或贴现方式融通资金，加速企业资金周转，促进进出口贸易的开展。银行承兑信用是国际贸易融资的主要方式之一。

银行承兑信用业务的一般流程如下：

（1）进口商在洽谈进口贸易合同的同时，与银行协商议定请其承兑汇票。

（2）出口商对银行开出汇票，背书后连同货物单据交给本身往来银行，请求议付，收回货款。

（3）议付银行将汇票、单据寄交进口商银行，进口商银行凭货物单据承兑汇票。

（4）出口商银行将承兑汇票留在该行或在市场上贴现。

（5）汇票到期时，进口商对承兑银行付款，承兑银行向出口商支付货款。

（二）授信开证

银行在应进口商的要求开立以出口商为受益人的信用证时，通常会要求进口商缴纳一定金额的保证金，如果进口商是一家实力雄厚、信誉良好且与开证银行关系密切的大型企业，银行会在不要求其缴纳保证金的情况下开立信用证，即是对进口商提供的一种资金融通。

授信开证是指银行在未向进口商收取全额保证金的情况下，根据进口商的资信情况，为其授信开证额度，在额度内办理进口信用证业务的贸易融资方式。业务用于满足进口商在进口信用证项下的短期资金融通需求。

虽然进口商要支付开证手续费，但是授信开证的做法有助于减少进口商资金占压，加快资金周转，提高资金使用效率。授信开证的主要业务流程如下：

（1）银行应进口商的申请，根据其偿债能力、履约记录和担保条件等情况为其核定授信额度。对授信额度实行余额控制，可以循环使用，进口商在该授信额度内的全部或部分免开保证金。

（2）银行受理进口商开证申请，占用授信额度对外开出信用证。

（3）银行收到出口商提交的信用证单据，经审核无误后扣划进口商款项并对外付款，同时归还额度。

（三）进口押汇

进口押汇是指进口商以其进口货物作为抵押，从银行取得资金融通的一项业务。当进口货物尚在运送途中，银行贷款往往以货运单据作为抵押；当货物运抵进口地而进口商仍未支付货款时，进口货物本身就成为银行的抵押品。在信用证或托收项下，银行凭有效凭证和商业单据代进口商对外垫付进口款项，然后向进口商提示付款。由于进口商银行有汇票及单据作为抵押，若进口商拒付，则银行可不予交单，并有权处理货物来抵偿垫款。

银行是否受理进口商的进口押汇，主要取决于进口商的资信及商誉情况。银行同意作进口押汇时，向进口商收取押金和手续费，在垫款后又取得全套单据，借此向进口商索汇，因此银行的风险较低。

进口押汇的一般业务流程如下：

（1）进口商向开证行或指定代收行提出进口押汇申请，申请额度在银行为进口商核定的授信额度内。

（2）银行审核通过并签订进口押汇协议。

（3）银行凭有效凭证和商业单据代进口商对外垫付进口款项。

（4）进口商到期向银行付款，用于归还押汇款项。

项目三　国际保付代理业务

在英国、法国、美国、日本等国的对外贸易短期融资业务中，普遍盛行一种应收账款收买业务，统称为"保付代理业务"。在国际贸易形势复杂化和企业融资需求多样化的背景下，银行提供的贸易融资服务范围从资金结算和融资信贷逐步扩展到覆盖企业采购、生产、销售整个产业链条中的信用担保、避险保值、财务管理、资信调查、顾问咨询等多元化综合服务。保付代理业务就是典型的提供综合性贸易融资的业务，应用在国际贸易中的保付代理业务则被称为"国际保付代理"。

一、什么是国际保付代理

国际保付代理业务（International Factoring），简称国际保理，又称"承购应收账款业务"，是指出口商以商业信用的形式出卖商品，在货物装船后立即将发票、汇票、提单等有关单据卖断给承购应收账款的财务公司或专门组织（通常称为保理商），收进全部或一部分货款，从而取得资金融通的短期国际贸易融资方式。

保理业务早期是由出口代理的交易方式演变而来的。它起源于 14 世纪英国的毛纺工业，当时英国的毛纺织品都是由专门的经营商以寄售（Consignment）方式向海外出口。这些专营商除向海外买主出售纺织品外，还担保买主的信用责任。这种服务在当时欧美国家的对外经济贸易中起着非常重要的作用。由于当时的外贸业务往来活动受交通条件的限制，一般都很缓慢，如果在海外没有可靠的代理人进行协助，是很难打开海外市场的。到了 19 世纪，保付代理业务已成了欧洲向美洲输出商品尤其是纺织品贸易的重要方式。20 世纪初，美国在出口贸易融资中，也开展了保付代理业务，随着美国经济的发展，贸易量不断扩大，保付代理业务也随之逐年增加。第二次世界大战以后，国际贸易迅速发展，为保付代理业务的发展开辟了新的领域。许多保付代理商在国外设立了分支机构，并在国际范围内建立了联合组织，加强了同业之间的联系，促进保付代理业务的进一步发展，加强了这一组织在国际结算领域中的地位和作用。这些组织不仅对纺织品、食品、一般日用品的出口应收账款给予资金融通，并且对电子产品、家具、机械产品的出口账款给予资金融通，同时还提供其他有关服务。至此，在工业发达国家中，保付代理业务已成为国际贸易短期信用的一种有效方式。20 世纪 70 年代，日本、新加坡先后成立了承购应收账款机构，发展承购应收账款业务，以促进本国对外经济发展。之后随着全球国际贸易的发展，已有越来越多的企业部门卷入国际分工，使保付代理业务得到进一步发展。1992 年，中国银行在国内率先推出国际保理业务，并于 1993 年加入国际保理商联合会（FCI）。现在，保付代理业务已推广到了全世界，被包括中国在内的多个国家采用，成为中小企业融资的重要渠道之一。

知识解答

国际保理商联合会（FCI）

国际保理商联合会（Factors Chain International，简称 FCI），成立于 1968 年，总部设在荷兰的阿姆斯特丹，是一个由全球各国保理公司参与的开放性的跨国民间会员组织。其目的是为会员公司提供国际保理服务的统一标准、程序、法律依据和规章制度，负责组织协调和技术培训，旨在通过提供保理和有关财务服务促进国际贸易发展。作为国际保理行业最权威的专业组织，FCI 是国际保理业务规则 GRIF 的制定者，开发并运营了国际双保理电子数据交换系统（EDI Factoring）。2016 年 1 月，FCI 与全球第二大保理商——国际保理商组织（IFG）正式合并，会员规模达到 400 多家，遍布全球 100 多个国家和地区，包括来自中国内地的近 50 名会员，主要有政策性银行、商业银行、外资银行及部分商业保理公司。

全球两大保理组织将致力开发会员间跨境保理统一规则、共同经营规则和共同沟通联络系统。

《中国商业保理行业发展报告 2019》显示，据 FCI 统计，2019 年全球保理业务量达

29230 亿欧元，同比增长超过 5%，行业发展呈现地区性差异。在全球保理业务中，欧洲贡献最大，占全球业务量的 68%，亚太地区占全球总量的 23%，美洲地区占 8%，非洲地区仅占 1%。截至 2019 年 12 月 31 日，我国已注册商业保理法人企业及分公司存量共计 10724 家。其中在 2019 年下半年，行业已出现一定规模的企业集中清退，存量较 2019 年年中净减少 1357 家。但国内商业保理行业在逆势中仍顽强增长。据测算，全年商业保理业务量达到 1.38 万亿元人民币，较 2018 年增长了 15%，占我国保理市场的比例上升至 44.2%。从调研数据来看，目前保理公司聚焦服务中小企业，集中提供应收账款融资服务，更加注重应收账款登记，并在股东和银行寻求融资的基础上积极开拓 ABS 等融资渠道，且取得一定成效。业内人士判断，虽然较行业增长高峰期的增速有所放缓，但经过前几年的发展积累，国内保理市场基础深厚，总体仍处于高速成长期，中国商业保理业务规模有望大幅增长。

二、国际保付代理业务的内容

作为一项综合性的金融服务业务，保理主要提供信用销售控制、坏账担保、催收账款和账户管理、贸易融资等业务内容。

(一) 信用销售控制

信用销售控制是指保理商利用自身的网络资源和优势对进口商的资信状况进行全面调查，出口商提供核定的信用销售额度，以及将坏账风险降到最低的融资服务。为了履行这一职能，保理商必须及时、准确、全面地掌握进口商的资信情况、业务表现、清偿能力、经营情况，以及进口国的外贸政策、经济形势、政治稳定性等宏观因素，据此来确定是否承购出口商的票据或提供信用的额度，否则保理商将承担较大的信用风险。保理商所承担的风险限于进口商无清偿能力而造成拒付或不按期付款，由于其他原因造成呆账，则不在保理商承保的风险范围内。比如，因出口商运出的货物与贸易合同要求不符合，造成进口商拒绝付款，保理商不承担这种风险责任，带来的损失只能由出口商自己承担。

(二) 坏账担保

大多数保理是无追索权保理，保理商一般是无追索权地买入出口商的应收账款（即出口商将票据卖断给保理商），如果是进口商无理拒付或破产等因素造成坏账，由此带来的损失和风险，将由保理商承担，也就是说保理商为出口商提供了坏账担保。出口商享受保理商提供的坏账担保服务涉及的应收账款，应满足一定的条件：其一，必须是经保理商核准的应收账款，即保理商规定出口商对进口商赊销额度内产生的应收账款；其二，必须是无争议的应收账款，即没有合同纠纷的应收账款。如果由于合同纠纷造成坏账，保理商对此不做担保，若已发生垫款，保理商仍可向出口商追索。所以说，只有毫无争议、已被核准的应收账款，才能得到保理商的坏账担保服务。

（三）催收账款和账户管理

通常，保理商大多为大商业银行的附属机构，拥有较完善的账务管理制度、先进的管理技术和丰富的管理经验。因此，保理商能向客户提供优良的账户管理服务。保理商购买了出口商的应收账款之后，同时也承担了为出口商向进口商催收账款、代办会计处理手续等任务，负责协助出口商完成售后账户管理工作。出卖应收债权的出口商多为中小型企业，它们对国际市场了解不多，保理商为其提供了调查进口商资信的服务，并承担托收货款的责任，解除了出口商对收款的后顾之忧，免除了出口商的记账、收账业务以及寄送账单和查询催收的工作，也相应减少了财务管理人员和办公设备，节约了开支；同时，出口商把售后账务交给保理商代管后，可以集中力量搞好生产、经营和销售，不断拓展自己的业务。

（四）贸易融资

保理业务的一项主要内容就是向出口商提供贸易融资。在大多数情况下，保理商在收应收账款时，会立即支付不超过应收账款80%的货款，为出口商提供资金融通服务，其余20%的货款待进口商付款后再予支付。出口商在出卖单据后，立即得到保理商的预支货款，得到资金融通，出口商可将这笔融资款项作为正常的销售收入对待，不用显示在资产负债表中的负债方，有助于改善公司的资产负债状况；另外，出口商以出卖应收账款得到保理商的融资，盘活了存量资产，保证了出口商及时回收大部分资金，减轻资金占用压力。由此，出口商向保理商支付融资利息和一定数额的保理业务手续费。

从以上保理业务提供的主要服务内容可看出，保理业务是一种广泛的、综合的短期贸易融资服务，保理商一般无追索权地买入出口商应收账款，向出口商预支货款，承担了较大的信贷风险。因此，保理商事前要做好深入、广泛的调查工作，有效地提供信用销售控制服务。

三、国际保付代理业务的流程

1. 进出口双方进行贸易磋商

出口商和进口商进行贸易磋商，双方约定采用赊销方式支付货款。

2. 出口商提出保理业务申请

出口商向出口保理商提出保理业务申请，填写《信用额度申请书》，用于为进口商申请信用额度。申请书一般包括如下内容：出口商名称、地址、法人代表、商品名称、数量、赊销金额、期限、申请的额度情况等。

3. 申请传递，提出信用风险担保

出口保理商通过由国际保理商联合会（FCI）开发的保理电子数据交换系统（EDI

Factoring）将有关情况通知进口保理商，请其对进口商进行信用评估。通常出口保理商选择已与其签订过《保理代理协议》、参加 FCI 组织且在进口商所在地的保理商作为进口保理商。

4. 对进口商开展资信调查

进口保理商根据所提供的情况，运用各种信息来源对进口商的资信以及进口商品市场行情进行调查。按照 FCI 的国际惯例规定，进口保理商应最迟在 14 个工作日内答复出口保理商。

5. 信息反馈，进口保理商做出信用担保承诺

若进口商资信状况良好且进口商品具有不错的市场，进口保理商愿担保信用风险，则进口保理商将为进口商初步核准一定信用额度，并将有关条件及报价电告通知出口保理商。

6. 签订书面保理协议

出口保理商将被核准的进口商的信用额度以及自己的报价通知出口商，出口商接受出口保理商的报价，与其签订《出口保理协议》，并与进口商正式达成交易合同。与出口商签署《出口保理协议》后，出口保理商向进口保理商正式申请信用额度。进口保理商于第 3 个工作日回复出口保理商，通知其信用额度批准额、效期等。

7. 货物出运，单据卖断

出口商按合同发货后，将发票正本、提单、原产地证书、质检证书等单据寄送给进口商，将发票副本及有关单据副本（根据进口保理商要求）交给国内出口保理商。同时，出口商还向出口保理商提交《债权转让通知书》，将发运货物的应收账款转让给出口保理商，出口保理商按《出口保理协议》向出口商提供融资（一般不超过发票金额的 80%）。

8. 单据传递，催收账款

出口保理商在收到发票副本及单据后，当天将发票及单据的详细内容通过 EDI Factoring 系统通知进口保理商，进口保理商于发票到期日前若干天向进口商催收。

9. 账款划回，交易终结

发票到期后，进口商向进口保理商付款，进口保理商将款项划拨给出口保理商，出口保理商扣除融资本息及有关保理费用后，再将余额付给出口商，保理交易终结。如果当票据到期时进口商破产、倒闭或无理拒付，进口保理商仍应承担支付义务；若进口保理商拖延支付，还应承担延期支付的利息。如果进口商对货款支付存有争议，进口保理商应于自发票到期日起 90 天内通知出口保理商，双方应在 180 天内协商解决，进口保理商根据协商解决办法进行货款支付。如争议通过法院裁决，根据裁决结果，3 年内进口保理商仍须承担支付义务。

国际保付代理业务的操作流程如图6-1所示。

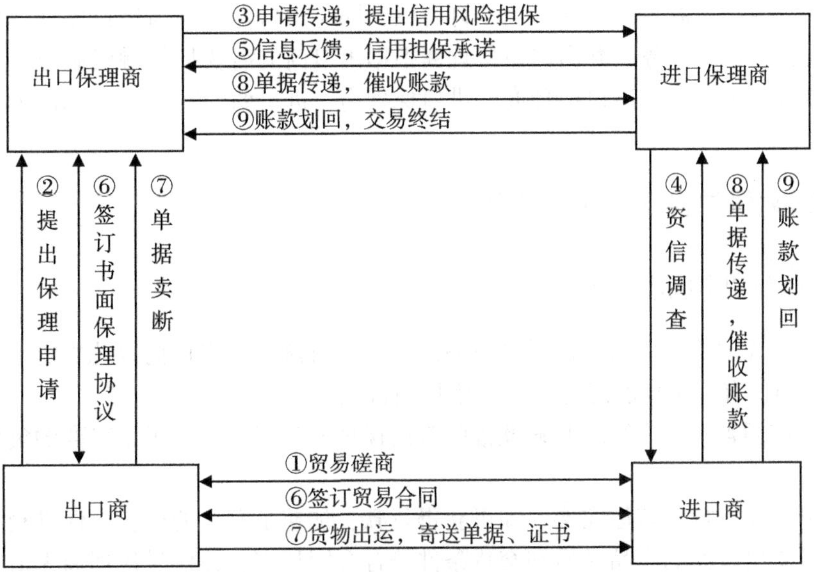

图 6-1 国际保理业务流程图

四、国际保付代理业务的种类

1. 有追索权保理与无追索权保理

根据保理商是否对出口商享有追索权，保理业务可分为有追索权保理（Recourse Factoring）和无追索权保理（None-recourse Factoring）。在有追索权保理业务中，保理商不负责为客户核定信用额度和提供坏账担保，而只是提供贸易融资、账户管理及债款催收等服务。如果债务人因清偿能力不足而形成呆账、坏账时，保理商有权向出口商追索。在无追索权保理业务中，保理商根据出口商所提供的客户名单进行资信调查，并为每个客户核定相应的信用额度。出口商在有关信用额度内的销售，因为已得到保理商的核准，所以保理商对这部分应收账款的收购没有追索权。由债务人资信方面所造成的呆账、坏账损失也由保理商承担。这类保理是国际保理业务的主流，体现了保理业务的坏账担保功能。

2. 单保理和双保理

根据保理商的数量，保理业务可分为单保理（Single Factoring）和双保理（Dual Factoring）。单保理只是涉及一方保理商的国际保理业务，在单保理条件下，进口商所在地保理商直接与出口商联系并对其汇款，一般不通过出口商所在地保理商传递单据。因此，单保理业务主要有三个当事人：进口商、出口商、进口保理商。进口保理商不再对出口保理商承担付款责任，而是直接对卖方负责，并提供坏账担保，这就意味着进口保理商要为一个不熟悉的卖方办理收取货款的业务，在业务习惯和语言方面比双保理操作困难。单保理通常用于出口商所在国（或地区）没有保理商的情况，现在主要适用于国内保理业务。

双保理是由出口商与出口保理商签订协议，同时出口保理商与进口保理商也要签署协议，相互委托、代理业务，并由出口保理商根据出口商的需要提供融资服务。双保理业务有四个当事人：出口商、出口保理商、进口保理商、进口商。现在的国际保理指的就是双保理业务。

五、国际保付代理业务的优势

1. 出口商使用国际保理业务的优势

（1）保付代理业务代出口商对进口商的资信进行调查，出口商以此决定是否向进口商提供商业信用，有利于拓展海外市场，增加销售额。

（2）资信调查、账户管理和账款催收都由保理商负责，减轻了出口商的负担，也节约管理成本。

（3）出口商将货物装运完毕，即可获得货款，加速了资金的周转，促进利润的增加。

（4）只要出口商的商品品质和交货条件符合合同规定，在保付代理商无追索权地购买其票据后，出口商的信用风险和外汇风险就可以转移到保付代理商身上。

（5）出口商利用保付代理业务立即得到现金，不仅没有增加负债，反而会使资产增加，使资产负债比率得到改善，从而有利于进一步融资和有价证券上市。

2. 进口商在国际保理业务中得到的好处

（1）在保付代理业务中，进口商不需要向银行申请开立信用证（L/C），免去交付押金和处理繁杂文件的费用，从而减少资金占用，降低了进口成本。

（2）保理商核准信用额度后，出口商根据交易合同规定，定期发货寄单，进口商可迅速得到进口货物，并按约定条件支付货款，简化了进口手续。

（3）出口商利用保付代理业务，将办理该项业务的有关费用转嫁到出口货物的价格中，从而提高进口商的进口成本，但货价提高的金额一般仍低于进口商交付开证押金产生的利息与银行手续费损失。

📖 课堂互动

请分析出口商使用国际保理融资方式来开展贸易结算的背景和优势。

项目四 中长期国际贸易融资

一、出口信贷的概念

出口信贷（Export Credit）是一种中长期国际贸易融资方式，是指一国为了支持和扩大本国大型设备出口，加强国际竞争能力，对本国的出口给予利息补贴并提供信贷担保，来鼓励本国银行对其出口商或外国进口商（或其银行）提供较低利率的中长期贸易融资方式。在大型设备、船舶、飞机等资本货物市场上，西方各国为了争夺销售市场，扩大本国出口，政府给予贷款利差补贴或提供信贷担保，为本国出口商解决资金困难，对成交额较大、风险大、周转期较长的资本货物出口提供政策性融资。因此，早期出口信贷成为发达国家促进资本货物出口的一种主要方式。

第二次世界大战后，国际贸易领域中的工业制成品的出口，愈来愈多地被技术含量高、交易金额大的大型成套设备和大型工程项目的出口替代，进出口商需要金额较大、期限较长的信贷支持，而原有的对外贸易短期信贷方式难以满足这一需要。于是，发达国家相继成立专门支持本国商品出口的出口信贷机构，专门从事或者支持本国的商业银行开办中长期的、有补贴的出口信贷。由于出口信贷具有政府支持的特点，金额大、期限长，且利率优惠，因此对出口商的吸引力远比一般的商业贷款要强；由于政府会补贴利差并担保有关风险，因此商业银行也乐于开展此项业务。随着新兴国家的经济快速发展，需要大量的资金、设备、技术发展国内经济，所以目前出口信贷已经成为各国商业银行的一项重要国际信贷业务。

为了支持我国机电产品出口，优化出口商品结构，中国银行在 1980 年开办了出口卖方信贷业务，积极支持我国大型成套设备和船舶等资本货物出口。1992 年 12 月 15 日，中国银行签订了我国第一笔金额为 2000 万美元的出口买方信贷协议，用于支持我国建造的两艘多用途集装箱货轮的出口，首次开办了出口买方信贷业务。1994 年我国成立了归口办理出口信贷业务的政策性银行——中国进出口银行，它除了办理出口卖方信贷、出口买方信贷和福费廷业务外，还办理保险担保、政府对外优惠贷款等。中国进出口银行的建立与业务开展，标志着我国形成初步的出口信贷体制；我国在对外经贸发展与国际经济交流合作扩大的背景下，纷纷设立各类出口信贷机构，一一落实统一的出口信贷政策，出口信贷体制逐渐完善。

二、出口信贷的特点

出口信贷的目的在于支持和扩大本国大型设备的出口，其所支持出口的资本货物具有技术复杂、成本昂贵、金额巨大且资金占用期长的特点，因此，出口信贷属于政府参与的带有政策性优惠的贷款。

与其他信贷相比较，出口信贷具有以下特点：

1. 属于官方资助的政策性贷款，在资金提供上得到专门的政府出口信贷机构的支持

一般而言，发达国家中长期出口信贷可直接由商业银行发放。如果贷款金额巨大，商业银行无法完全满足该资金需要时，则由官方的出口信贷机构给予支持。比如，英国规定商业银行提供的出口信贷资金超过其存款的一定比例时，超过部分由官方的出口信贷担保

局提供；美国发放的出口信贷资金，按惯例由商业银行与进出口银行共同承担。有的国家对一定类型的出口信贷，则采用由官方出口信贷机构直接发放的方式，通过专门的政府出口信贷机构，利用财政资金支持出口信贷，不仅可以解决商业银行资金不足的问题，改善本国的出口信贷条件，而且可以根据国际市场的变化，经常调整本国的出口信贷政策，以适应对外贸易发展的需要。

许多国家专门设有具有政府性质的出口信贷机构对出口信贷给予资助，如美国的进出口银行、英国的信贷担保局、日本的输出入银行、我国的中国进出口银行等。

2. 出口信贷的金额大、期限长、风险大

随着现代资本货物的技术日益复杂，成本不断上升，大型设备的建造投产往往需要数年完成，伴随的出口信贷一般为 2～5 年或者 5 年以上，贷款金额大（有最低起点限额，没有最高限额），因此发放贷款的机构承担了较大的风险。

3. 出口信贷的利率较低

大型机械设备和成套设备的价值高、交易金额大，这类产品的出口对一国的生产、就业情况，尤其是制造业的发展和技术研发再投入有着重要的影响。因此，各出口国政府为了增强本国资本货物在国际市场上的竞争能力，扩大其在国外的市场份额和利润，竞相以低于相同条件下资金贷放的市场利率向本国出口商或国外进口商提供优惠的中长期贷款，利差由国家财政给予补贴，支持本国出口。

4. 出口信贷资金只能用于购买贷款提供国生产的大型成套设备等资本货物

出口信贷的目的是为了支持和扩大本国资本货物的出口，出口信贷资金只限于用来购买信贷提供国所生产的大型机械设备等资本货物，其金额一般只占贸易合同金额的85%，其余的15%是进口商必须预付的现汇定金。

5. 出口信贷的发放与信贷保险相结合

由于出口信贷的金额巨大、期限长，涉及不同国家的当事人，贷款风险比较大，因此，为了保障信贷资金的安全，各国政府一般都会要求国家信贷保险机构给予担保，当保证贷款无法正常回收时，信贷保险机构能够利用国家资金给予补偿。例如，2001 年 12 月我国成立了中国出口信用保险公司，它由国家出资设立，用以支持我国对外经济贸易的发展。中国出口信用保险公司的业务范围包括中长期出口信用保险业务、海外投资保险业务等，重点支持货物、技术和服务等出口，特别是高科技、附加值大的机电产品等资本货物的出口。

由此可见，出口信贷不仅是提供融资，而且还包括保险与担保两项业务内容。出口信用保险不但为出口商提供出口收汇安全的保障，而且为出口商从银行取得贷款奠定基础；而担保则以更直接有效的方式支持商业银行向出口商或国外进口商提供贷款。因此，保险

或担保是出口信贷的基础，融资是出口信贷的核心。

三、出口信贷的主要形式

随着全球化的发展以及各国经济建设推进和贸易往来深入，出口信贷在各国得到普遍应用，形式多样。出口信贷的主要形式有卖方信贷，买方信贷、福费廷等。

（一）卖方信贷（Supplier's Credit）

卖方信贷是指在大型机械设备等资本货物贸易中，在出口商对进口商提供延期付款的商业信用条件下，出口商所在国银行对出口商提供的信贷方式。在卖方信贷中，进口商从出口商那里获取延期付款信用，缓解了资金压力，进口商虽未直接享受出口国的银行信用，但出口商通过卖方信贷取得资金融通，并将银行贷款利息、保险费以及其他费用均通过提高出口货物价格转嫁给进口商。

1. 卖方信贷的特点

（1）信贷资金虽然来源于银行，但在出口商和进口商之间存在着商业信用，出口商须承担货款不能按时收回的风险。

（2）出口商既要组织生产，安排交货，同时又要洽谈信贷事项，筹措资金，造成精力分散。

（3）银行资金直接贷放给出口商，出口商则将贷款利息、贷款保险费及其他费用加到货物的价格中，因此，出口商报出的价格往往高于货物净价与利息的总和，进口商难以了解清楚货价中各部分的比例，在贸易谈判中处于被动地位。

2. 卖方信贷的贷款原则

（1）卖方信贷的使用要符合国家的产业政策和进出口政策。

（2）卖方信贷所支持的出口产品是资本性、半资本性货物。

（3）卖方信贷不是全额融资，进口商须支付贸易合同金额的 15%～20% 的现汇。

（4）卖方信贷的贷款利率一般较低。

（5）贷款期限一般为 1～3 年。

3. 卖方信贷的流程和做法

（1）出口商以延期付款的方式向进口商出售设备，出口商在与进口商洽谈贸易合同时，一般先向当地出口信用保险机构询保，确定投保中长期延期付款收汇险，落实费用负担，以便将有关保费打入成本，并为取得当地银行的卖方信贷提供前提。

（2）进出口商签订贸易合同。合同一般要求进口商先向出口商支付 10%～15% 的定金，之后还要支付 15%～20% 的现汇货款，其余 80%～85% 的款项在交货时由进口国银行承兑若干张具有不同到期日的汇票或本票，进行分期支付。

（3）出口商向当地银行申请贷款，签订卖方信贷协议，并将投保的保单转让给贷款银行。

需要注意的是，卖方信贷协议在内容上必须和贸易合同协调一致，包括定金比例、延期付款的次数、每次延付的金额以及付款期限是一致的。

（4）在贸易合同中，一般要求出口商开具具有不同付款期限的汇票，或由进口商出具具有不同付款期限的本票，并由进口商往来银行加保或承兑，贷款银行要求以此作为抵押担保。

（5）出口商在根据贸易合同发货后，把出口装运单据以及商业发票提交给贷款银行，然后根据卖方信贷协议从银行贷款中提取货款（一般为发票金额的85%左右）。

（6）进口商按照贸易合同的约定，分期支付货款和利息给出口商，收到进口商所付货款的出口商根据贷款协议偿还银行贷款。不过在实践中更多的做法是银行直接介入：进口国银行会把其出具或承兑的本票、汇票直接交给贷款银行，贷款银行一般则会要求出口商把贸易合同项下的债权凭证抵押在银行，用到期款项优先偿还贷款本息。

卖方信贷的做法如图6-2所示。

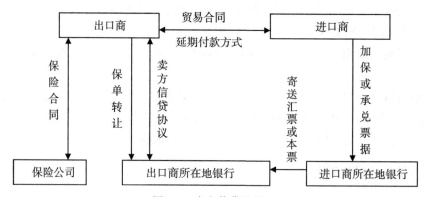

图6-2　卖方信贷的做法

卖方信贷基于商业信用，风险大，出口商不仅要承担进口商不付款的风险和汇率风险，还要支付贷款的利息以及保险费、承担费和管理费等。而对于进口商来说，这种方式手续简便，无须考虑信贷问题。但出口商把出口信贷的利息和各项费用加到货物价格中，很明显，延期付款的货价要高于现汇支付的价格，一般要高出5%左右，因此进口商难以掌握真实的货价构成。

（二）买方信贷（Buyer's Credit）

买方信贷是指出口方银行向进口商或进口方银行提供贷款，进口商以现汇结算方式用该贷款支付进口货款，然后由进口商向出口方银行分期还本付息的信贷方式。

从买方信贷的这一概念，我们即可知道买方信贷有两种做法：其一是由出口方银行直接把款项贷放给进口商；其二是由出口方银行把款项贷放给进口方银行，然后由进口方银行转贷给进口商。这两种做法由于款项直接贷放的对象不同，其操作程序也不一样。

1. 直接贷款给进口商的买方信贷操作流程

（1）进口商与出口商进行贸易洽谈，签订贸易合同，进口商预先支付相当于货价15%的现汇定金。

（2）进口商以贸易合同为基础与出口商所在地银行签订买方信贷协议。

（3）出口商所在地银行向进口商提供贷款，一般要求进口商所在地银行提供还款担保。

（4）出口商所在地银行为防范政治风险和商业风险，根据国际惯例要求出口商为其贷款投保出口信用保险。出口商与保险公司签订保险协议并支付保费后，保险公司与贷款银行签订担保协议，以贷款银行作为保险赔付的受益人。

（5）进口商用获得的贷款，以现汇付款方式支付出口商的货款。

（6）进口商对出口商所在地银行的欠款，按贷款协议的条件分期偿还。

直接贷款给进口商的买方信贷的做法如图 6-3 所示。

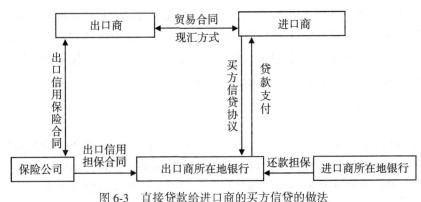

图 6-3　直接贷款给进口商的买方信贷的做法

2. 直接贷款给进口方银行的买方信贷操作流程

（1）进口商与出口商进行贸易洽谈，签订贸易合同，进口商预先支付相当于货价15%的现汇定金。

（2）贸易合同经出口商所在地银行审查同意后，出口商所在地银行与进口商所在地银行签订买方信贷协议。

（3）出口商所在地银行为防范政治风险和商业风险，根据国际惯例要求出口商为其贷款投保出口信用保险。出口商与保险公司签订保险协议并支付保费后，保险公司与贷款银行签订担保协议，以贷款银行作为保险赔付的受益人。

（4）进口商所在地银行将其借来的款项转贷给进口商，进口商再以现汇付款方式支付给出口商货款。

（5）进口商所在地银行根据贷款协议分期向出口商所在地银行偿还贷款。

（6）进口商按转贷协议分期偿还进口商所在银行贷款。

直接贷款给进口方银行的买方信贷的做法如图 6-4 所示。

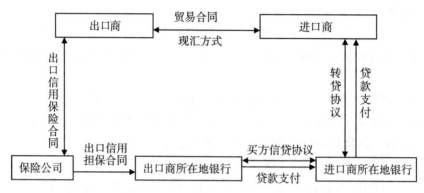

图 6-4　直接贷款给进口方银行的买方信贷的做法

买方信贷的费用由进口商和进口方银行负担，贸易的付款方式是现汇付款。买方信贷是当今世界上各国对外贸易融资中比较流行的一种方式。使用这种方式，出口商可及时收到货款，有利于资金周转；同时货物按现汇方式交易报价，与信贷保险费、管理费等并不相混，反映真实的货价，有利于进口商进行设备成本核算。

3. 买方信贷的贷款原则

（1）买方信贷的使用原则。接受买方信贷的进口商只能以其所得的贷款向发放买方信贷国家的出口商、制造商或在该国注册的外国出口公司进行支付，不能用于第三国。进口商利用买方信贷限于购买资本货物，并且是由提供买方信贷的国家制造的。

（2）使用买方信贷的贸易合同符合一定条件。比如我国曾规定，出口买方信贷的贸易合同金额不低于 200 万美元；机电产品、成套设备和高新技术产品及服务的中国制造部分应占合同金额的 70% 以上，船舶应占 50% 以上。

（3）买方信贷不是全额融资，一般只提供贸易合同金额的 85% 款项，其余 15% 由进口商支付现汇。

（4）贸易合同以现汇付款方式结算。进口商在取得买方信贷资金后，即对出口商以现汇方式支付货款，然后再分期偿还银行贷款。一般规定半年还本付息一次，还款期限有长有短。

4. 买方信贷广泛使用的原因

在出口信贷中，卖方信贷和买方信贷是最主要的两种类型。两者比较，买方信贷的使用更为广泛，这是因为买方信贷比卖方信贷更具有优势。

（1）买方信贷能提供更多的融通资金。

卖方信贷是出口商首先以赊销或延期付款方式出卖设备，由于资金周转发生困难，本国银行给予资金支持，即交易开端首先是以商业信用开始，最后由银行信用给予支持。随着新兴国家的经济建设深入和快速发展，国际上成套设备及大型工程项目交易急剧增加，这些交易金额大、期限长，由于商业信用本身存在的局限性，出口商对筹措资金感到困难。因此，由出口方银行出面直接贷款给进口商或进口方银行的买方信贷，迅速发展起来。买方信贷具有银行信用的全部优点，最主要的是提供出口信贷的机构资金雄厚，信贷的能力强，能够满足大型设备贸易金额巨大、期限长的特殊资金需求；又有进口方银行参与或提供还款担保。所以，国际间利用买方信贷的数量大大超过卖方信贷。

（2）买方信贷对进出口商都有利。

在买方信贷中，出口商交货后，进口商或进口方银行即用买方信贷的贷款，以现汇结算方式支付出口商的货款。出口商既不用承担信用风险，又能加速出口资金的周转，使出口商省却了在卖方信贷中筹措周转资金的麻烦，可以集中精力组织生产，按合同完成交货任务。买方信贷对进口商也有利。由于信贷条件由双方银行通过协议解决，贸易合同按现汇条件签订，不涉及信贷问题，因此避免了信贷因素掺杂在内而导致货品价格构成混淆不清的情况；进口商对货物规格、质量及价格构成比较清晰掌握，便于与其他国家的同类货品进行比较，就物论物，按质定价，集中精力谈判技术条件和商务条件。同时，信贷合同多由进口方银行出面与出口方银行直接签订，业务熟悉，办理方便，手续费也较卖方信贷低廉。

（3）买方信贷对银行有利

卖方信贷是把款项贷放给本国的出口企业，而买方信贷通常是把款项贷放给进口商所在国的银行。银行的资信一般要高于企业，款项贷给国外的买方银行要比贷给本国企业风险相对小些，资金安全较有保障。同时，买方信贷的贷出为银行资金在国外的运用开拓了出路，所以卖方所在国银行更愿意使用买方信贷业务。

📖 课堂互动

比较卖方信贷和买方信贷，并说一说买方信贷广泛受欢迎的原因。

（三）福费廷（Forfaiting）

"福费廷"一词来源于法语"a forfait"，含有放弃权利的意思，又称票据包买，是指在延期付款的大型设备贸易中，出口商把经进口商承兑的、期限在半年以上到五年或六年的远期汇票，无追索权地售予出口商所在国的银行或大金融公司，提前取得现款的一种资金融通方式。它是出口信贷的一种特殊类型。

福费廷业务产生于20世纪50年代，当时东欧各国为了医治第二次世界大战后的战争创伤，重建家园，需要从西方进口大量建设物资、日用品和粮食。进口商因外汇资金短缺而向银行申请贷款，但当时的银行融资能力有限。于是，中立国瑞士的苏黎世银行协会便以美国向东欧国家出售谷物为背景，率先开创了福费廷融资业务。当时福费廷业务的期限多为90~180天。20世纪70年代，国际债务危机的加深使得许多买主由于资金支付困难而形成违约，导致保险单和保函项下的索赔案大量增加，一些官方出口信贷保险机构数年所积累的盈余由于索赔的增加而消耗。这样它们不得不设法缩小其承保险别和赔付的范围，减少自身业务，这也为福费廷业务的发展提供了空间。80 年代，福费廷业务持续增长，逐渐由欧洲向亚洲及全世界发展，二级市场也逐渐形成，形成了一个世界范围内的福费廷交易市场。由于福费廷业务需要灵活、复杂的财务经营和迅速决策，因此许多银行都开设了专门的附属机构来做福费廷业务，如英国的巴克莱银行、密德兰银行，美国的大通曼哈顿银行、花旗银行等。

1. 福费廷业务的特点

在福费廷业务的不断发展中，逐步显示出鲜明的特征：

（1）福费廷是一种与贸易相关的融资方式，用于销售资本货物或提供技术服务的资本品贸易。

（2）福费廷是融合商业信用和银行信用于一体的融资方式。出口商通常向进口商提供期限为 6 个月至 5 年甚至更长期限的商业信用，福费廷业务的银行信用体现在出口方银行（包买商）向出口商融通资金及进口方银行（担保行）提供付款保证。

（3）一般需要进口商所在地银行担保。代表应收账款的债权凭证必须由包买商接受的银行或其他机构无条件、不可撤销地进行承兑或担保。远期商业汇票或本票须经包买商同意的担保行担保后方可操作福费廷业务。

（4）福费廷是一种无追索权的融资方式。包买商买入票据后，必须放弃对出口商的追索权，出口商也须放弃对应收账款的一切权益；出口商在背书转让票据时，需加注"无追索权"（without resources）字样。

（5）福费廷期限长短皆宜，操作简单方便。经过长时间地发展，福费廷突破了传统意义上的分期付款的长期融资模式，融资期限可长可短，操作灵活。

2. 福费廷业务的运作模式

按照福费廷业务项下的结算工具，福费廷业务可分为两种模式：一种是普通票据项下的福费廷业务，另一种是信用证项下的福费廷业务。

（1）普通票据项下的福费廷业务。

在此运作模式下，包买商直接对出口商提供的经进口方银行担保或承兑的商业汇票（或本票）进行贴现，对出口商无追索权地融资付款。担保行可通过出具单独的银行保函或直接在票据上保付签字，即加具"PER AVAL"字样并加上保付行签字来承担对商业票据的担保责任。出口商将经保付行担保的票据交给包买商，包买商确认无误后，向出口商无追索权地付款。

（2）信用证项下的福费廷业务。

此种运作模式系在信用证结算方式下进行的，实质上是信用证结算方式的一个环节。在出口商将单据交给包买商，并提出叙作福费廷业务申请后，包买商审单并寄给开证行，开证行在确认单单相符、单证一致的基础上，向出口商出具承兑电文。包买商根据开证行的有效承兑电文向出口商无追索权地贴现付款，完成福费廷业务。

3. 福费廷的业务流程

（1）出口商在和进口商进行资本货物贸易洽谈时，如要使用福费廷融资方式，应事先要与其所在地的银行或金融公司（包买商）约定，做好各项信贷安排。

（2）进出口商签订贸易合同，言明使用福费廷，出口商为索取货款而签发汇票，并取得进口商往来银行的担保，保证在进口商不能履行支付义务时，由其最后付款。担保行要取得出口商所在地银行（包买商）的同意。如后者认为担保行资信不高，进口商要另行选择资信可靠的银行。

（3）出口商发运货物后，全套货运单据通过银行寄给进口商，换取经进口商承兑并附有担保行保证的汇票（或本票）。

（4）出口商把经过承兑的汇票（或本票），按照与其所在地银行（包买商）的约定，依照放弃追索权的原则，办理票据贴现，即把汇票卖断给包买商，取得现款。

（5）包买商将包买票据经过担保行同意向进口商提示付款。

（6）进口商付款给担保行，担保行扣除费用后把剩余货款交给包买商。

福费廷的业务流程如图6-5所示。

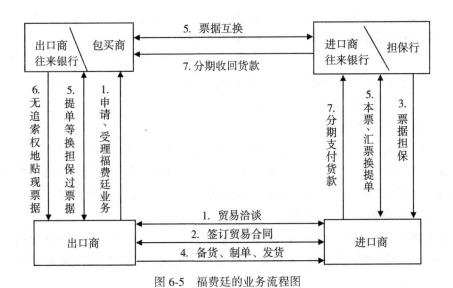

图6-5　福费廷的业务流程图

4. 福费廷业务的主要费用

一般来讲，福费廷业务的费用主要包含贴现利息、选择费和承担费等。

（1）贴现利息。贴现利息由票面金额按一定贴现率计算而成，通常按照事先确定的固定利率计算。贴现率高低是由进口国的综合风险指数、融资期限长短、融资金额大小、担保行的信用评级和融资货币的筹措成本等因素决定的。贴现率由两部分构成：一是基本利率，一般为报价或以签约时相关货币的伦敦银行同业拆放利率（LIBOR）为基准，反映包买商的筹资成本；二是附加利率，反映包买商承担的风险及期望的收益。

（2）选择费（又称选期费），即针对选择期收取的费用。选择期是指从包买商提出报价到最终与出口商签订福费廷协议期间的天数。在这段时间内，包买商有可能要承担利率或汇率变动的风险，因此要收取一定的费用作为风险补偿，即选择费。

（3）承担费（又称承诺费），即包买商针对承担期所收取的补偿费用。承担期是指从福费廷协议签订日到实际贴现日的这段时间，通常是 1~6 个月，最长可达 18 个月。在此期间，包买商要筹集资金，形成实际资金成本和机会成本，因此要向出口商收取承诺费。

（4）罚金。如果出口商未能按期向包买商交出汇票，按规定需要向包买商支付一定金额的罚金，来弥补包买商准备包买行为所发生的各项费用。

5. 福费廷业务的利弊

（1）给出口商带来的优势。

首先，有利于出口商加速资金周转。出口商将票据无追索权地卖断给包买商后，即刻获得资金，有利于资金周转，从而促进出口业务的发展。

其次，有利于出口商转嫁风险。在国际贸易中，出口商通常会面临汇率波动风险以及进口商的信用风险，而出口商通过福费廷业务卖断票据给包买商后，包买商对出口商无追索权，即出口商将信用风险、汇率风险转嫁给包买银行。

最后，有利于改善出口商的资产负债表。出口商通过福费廷业务，出售应收账款直接获取资金，这属于资产负债表中的确定性资产，从而改善了资产负债表的状况，提高了出口商的资信，有利于出口商开展其他业务。

（2）对进口商的利弊。

对进口商来说，福费廷业务有利有弊。虽然贴现利息及所有的费用都转嫁到货价中，致使货价较高，然而进口商在福费廷业务中的操作较简单，它不像买方信贷需要与出口方银行和进口方银行进行商洽，只需寻找优质的担保行对票据进行担保即可。

（3）对包买商和担保行的利弊。

对包买商来说，福费廷业务的主要优点是收益率较高，此外，由于所购票据可以在二级市场上转让，使它拥有较强的选择性。但是，它无追索权地包买意味着承担了各种风险。

对担保行来说，福费廷业务的主要优点是给它提供了获取可观的担保费收入的机会。此外，它还保留对进口商的追索权。但是，它必须对进口商的资信有全面的了解，否则承担较大的风险。

🔖 课堂互动

请分析出口商采用福费廷融资方式有哪些好处。

6. 福费廷业务与一般贴现业务的区别

（1）在福费廷业务中包买商不能向出口商行使追索权，这是它不同于一般贴现业务的典型特征；在一般贴现业务中，银行或贴现公司在有关票据遭到拒付的情况下，可向出口商或有关当事人进行追索。

（2）贴现业务中的票据可以是国内贸易或国际贸易往来中的任何票据；而福费廷业务中的票据通常是与大型设备出口有关的票据，由于它涉及多次分期付款，通常是成套的数张等值的汇票或本票。

（3）在贴现业务中票据只需要经过银行或著名大公司承兑，一般不需要银行担保；而福费廷业务不仅要求票据要经进口方银行担保，而且必须是一流银行提供担保。

（4）贴现业务的手续比较简单，贴现公司承担的风险较小，贴现率也较低；而福费廷业务则比较复杂，包买商承担的风险较大，由此出口商承担的费用也比较高。

7. 福费廷业务与保付代理业务的区别

福费廷业务与保付代理业务虽然都是由出口商向银行卖断汇票或期票，银行不能对出口商行使追索权，但是，两者之间有明显区别：

（1）交易金额和贸易背景不同。保付代理业务一般多在中小企业之间进行，成交的多系一般进出口商品，交易金额不大，付款期限在 1 年以下；而在福费廷业务中，成交的货物为大型设备等资本品，交易金额大，付款期限长，通常在大型企业之间进行。

（2）对担保的要求不同。保付代理业务不需进口商所在地的银行对汇票的支付进行保证或开立保函，而福费廷业务则必须履行该项手续。

（3）达成交易意愿的做法不同。在保付代理业务中，出口商不需事先与进口商协商；而福费廷业务则需要进出口商双方事先协商，取得一致意见后明确采用。

（4）业务范围不同。保付代理业务的内容比较综合，涉及资信调查、信用销售控制、催收账款、账户管理、贸易融资及坏账担保等服务内容；而福费廷业务的内容则比较单一，它只提供远期汇票兑现的资金融通业务。

📖 课堂互动

比较分析福费廷业务与一般贴现业务以及福费廷业务与保理业务的不同。

（四）混合信贷

资本货物生产国为扩大本国设备的出口，在其银行发放卖方信贷或买方信贷的同时，还发放一部分政府贷款，以满足出口商（如卖方信贷）支付当地费用或进口商（如买方信贷）支付设备价款的需要。这种卖方信贷或买方信贷与政府贷款混合发放的做法即为混合信贷。

混合信贷对于发放贷款国来说有两方面作用：一方面可更大幅度降低贷款利率，提高出口产品的竞争力；另一方面，混合信贷含有政府赠款成分，因此这类贷款项目带有援助性质，可以扩大与借款国在政治、经济、技术、金融各个领域的合作，加强双边的友好合作关系。

（五）信用额度安排

信用额度安排是指在买卖合同签订之前，出口方银行为扩大本国消费品或基础工程设备的出口，给予进口方银行以中期融资的便利，并与进口方银行配合，组织较小金额业务的成交。信用额度安排有两种形式：

1. 一般用途信用限额（General Purpose Lines of Credits）

出口方银行向进口方银行提供一定的贷款限额，签订一份总信贷协议，协议内的资金，用于许多彼此无直接关系的进口商购买该出口国的消费品。这些消费品是由众多彼此无直接关系的出口商提供的。较小金额贸易所使用信贷的偿还期限为 2 年到 5 年。

2. 项目信用限额（Project of Lines of Credit）

出口方银行向进口方银行提供一定的贷款限额，用于多个进口商向多个出口商购买基础设备或支付基础工程建设所需资金。项目信用限额的条件和程序与一般用途信用限额相似，只是贸易商品主要为工程设备。

项目五　我国保理和福费廷业务的发展

一、我国保理业务的发展

（一）我国保理业务的发展现状与趋势

我国保理业务起步较晚，自 20 世纪 80 年代末保理业务作为国际贸易结算新工具在我国引入以来，只有国有银行开展保理业务；在中国加入世贸组织之后，银行保理业务迅速发展，2012 年后商业保理业务进入发展期。目前，中国保理业已经发展成为一个欣欣向荣的新型金融产业，中国成为全球第一大保理市场。据国际保理商联合会（FCI）统计，2017 年，我国保理业务总量达到 3.16 万亿元人民币，占全球保理业务量的 15.6%，其中，国内保理业务量为 2.6 万亿元人民币，市场占比 82.7%，国际保理业务量为 5600 亿元人民币，占比为 17.3%，虽国内保理业务比重较大，但国际保理业务比重也稳步提升。针对国际保理业务而言，我国已经从出口保理业务占据主导地位，逐渐向进出口保理业务平衡的方向发展。目前，我国进口保理业务约占国际保理总量的 60%，出口保理业务约占 40%，国际保理业务的经营主体主要以银行保理商为主，银行经营国际保理业务量占比超过 90%。

2020 年，世界遭遇新冠肺炎疫情冲击，全球经济普遍衰退，全球保理业务近年来连续增长的势态被打破。深圳市商业保理协会联合国际保理商联合会、BCR 发布《世界保理发展蓝皮书（2021）》，数据显示，2020 年全球保理业务量为 21.45 万亿元人民币，同比下滑 6.5%；中国实施强有力的疫情管控措施，经济率先恢复，2020 年中国保理业务总量达到 3.48 万亿元人民币，同比增长 7.3%，中国保理业务量连续第四年领跑全球；国际保理业务量为 363.55 亿美元，较上一年 314.96 亿美元增长 15.43%；国内保理业务量为 2.25 万亿元人民币，较上一年 1.90 万亿元增长 18.45%，中国国际保理和国内保理业务比重保持在 19% 和 81% 的水平。另外，据中国银行业协会和中国服务贸易协会商业保理专委会统计，2020 年中国银行保理业务量为 2.49 万亿元，同比增长 17.4%，商业保理业务量为 1.5 万亿元，同比增长 8.7%，中国保理业务已经步入稳步快速发展时期，同时中国商业保理业显现出巨大的发展潜力。据中国服务贸易协会商业保理专委会测算，2025 年商业保理业务规模将在 2020 年的基础上增长 1 倍，有望达到 3 万亿元人民币。

近年来，中国保理业务的快速发展，离不开金融科技的助力，金融科技的探索为保理业务的发展提供了有力支撑；我国正不断地探索金融科技与保理业务快速融合，使用大数据、云计算、物联网、区块链和人工智能等现代信息技术在融资、渠道拓展、成本降低、风险控制和效率提升等方面发挥更大作用，保理业务正向数字化和智能化转型；各家商业银行通过利用金融科技手段整合供应链资金流、物流、商流和信息流，提升业务操作便利性和工作效率，并进行保理产品创新。保理商不断推进保理业务线上化、平台化、数字化，在底层嵌入大数据纵深运用，提高服务企业效率、降低运营成本，更好地服务中小微企业；为中小企业解决融资难问题，势将保理业务发展成为促进中小企业进出口业务发展和提高国际竞争能力的有效融资工具。

（二）我国保理业务的开展

下面以中国银行开展的"进口双保理业务"和"出口双保理业务"为例做介绍。

1. 进口双保理业务

进口双保理是指银行应国外出口保理商的申请，为某一特定的进口商核定信用额度，从而向出口商提供应收账款催收、资信调查、坏账担保等服务。在进口商占据有利地位，不愿以信用证等方式向出口商提供信用支持，而希望以赊销等信用销售方式进行交易的情况下可考虑采用进口双保理业务。

进口双保理业务对进口商的好处体现在：

（1）进口商可充分利用优惠付款条件，扩大营业额。由银行承担进口商的信用风险，促成进出口双方以信用销售方式签订合同，从而使进口商能充分享受信用销售的实惠，以有限的资本购进更多的货物，加快资金流动，扩大营业额。

（2）节约成本，简化手续。保理费用一般由出口商承担，进口商省去了开立信用证和处理繁琐文件的费用，购买手续简化，进货快捷；同时，银行提供账户管理和应收账款催收服务，减轻进口商的业务负担，节约管理成本。

（3）进口商可规避卖方履约风险。进口商在货到之后验收付款，有效避免卖方欺诈、履约风险的发生。

进口双保理业务流程如下：

(1) 应出口保理商/出口商申请，银行对进口商进行信用评估，核定信用额度并报价。

(2) 出口商按银行规定向进口商签发 Introductory Letter，并在发货出单后将应收账款通过出口保理商转让给银行。

(3) 银行向进口商就应收账款进行定期催收。

(4) 进口商到期付款，银行将相应款项付给出口保理商。

如在发票到期日 90 天后进口商仍未付款，也没有提出争议，银行对出口保理商做核准付款；如果进口商提出争议，银行将暂时解除核准付款义务直至争议解决，协助进出口商解决争议，并根据争议的处理结果采取相应的措施。

2. 出口双保理业务

出口双保理业务是指出口商将其与进口商（债务人）订立的货物销售、服务或工程合同项下产生的应收账款转让给银行，再由银行转让给进口保理商，由银行和进口保理商配合为出口商提供融资、销售分户账户管理、应收账款催收及信用风险控制与坏账担保等服务。出口商希望降低应收账款，降低风险，又想拓展市场，但对潜在客户的信用状况心存疑虑，这时可以考虑采用出口双保理业务来融资。

出口双保理业务对出口商的好处体现在：

(1) 增加营业额。出口商通过叙作保理业务，对于新的或现有的客户提供更有竞争力的 O/A、D/A 付款条件，轻松拓展海外市场，增加营业额。

(2) 有效的风险保障。保理商通过遍布国内与国际的保理业务网络，对进口商进行信用评估，并承担进口商信用风险。出口商在受核准的额度内可以得到 100% 的收汇保障。

(3) 提供融资便利，优化财务报表。在无商业纠纷等情况下保理商融资无追索权，帮助出口商将"应收"变为"收入"，优化财务报表。

(4) 节约成本。资信调查、账务管理和账款催收都由保理商负责，减轻出口商的业务负担，节约管理成本。

出口双保理业务的申请条件如下：

(1) 出口商具备相应的业务资格或资质，履约能力强，具有较强的市场竞争力。

(2) 出口商上下游客户关系稳定，经营情况和交易信息真实透明。

(3) 出口商资信情况良好，符合出口保理商准入标准。

(4) 进口保理商资金实力雄厚，具备较强的核准付款能力，符合出口保理商准入标准；进口商资信状况良好，进口保理商可以为其核准信用额度。

出口双保理业务流程如下：

(1) 出口商向银行提交出口双保理业务申请，银行据此联系进口保理商对进口商进行信用评估。

(2) 进口保理商为进口商核准信用额度，银行与出口商签订出口双保理协议，出口商同意将其应收账款转让给银行，并由银行进一步转让给进口保理商。

（3）出口商发货或提供服务后，将附有转让条款的发票交由银行寄单，并将发票副本转交银行。

（4）银行通知进口保理商有关发票详情。

（5）如出口商有融资需求，银行针对已核准的应收账款为出口商办理融资。

（6）进口保理商于发票到期日前若干天或发票到期日开始向进口商催收。

如进口商于发票到期日向进口保理商付款，进口保理商将款项付给出口保理商；如进口商在发票到期日90天后仍未付款，亦未发生争议，进口保理商做核准付款。出口保理商扣除融资本息（如有）及费用后，将余额支付给出口商，业务结束。

出口双保理业务案例分享：

> S公司是一家民营企业，生产家用炊具，公司考虑拓展海外市场，但公司品牌在海外知名度不高，美欧等地的进口商拒绝开证，要求O/A 90天付款。S公司既要对进口商提供优惠的付款条件，又担心进口商的信用风险，同时面临资金周转的问题。中国银行向S公司推荐了出口双保理业务，利用与美国进口保理商的良好合作关系，成功为S公司在美国的进口商核准了保理额度，为S公司开办了出口双保理业务，当年业务量即超过1500万美元。S公司采用了出口双保理业务成功开拓了海外市场，销售额和利润率节节攀升，并最终成功上市。

> （资料来源：中国银行官网-国际贸易融资，https：//www.boc.cn/cbservice/cb3/cb35/200807/t20080703_890.html）

二、我国福费廷业务的发展

（一）我国福费廷业务的引入与发展

20世纪40年代，瑞士苏黎世银行协会首创福费廷，作为一种新型的融资方式，福费廷解决了当时进口商因采用"赊买"付款方式而使出口企业面临资金困难的问题，也解决了进出口双方的矛盾，买方实现了延期付款，卖方获得了资金融通。福费廷能够很好地解决长期资本融通问题，并能有效地控制风险，是一种比较好的避险工具，由此在世界范围内得到广泛应用。

20世纪90年代中期，中国进出口银行积极开展出口卖方信贷和买方信贷业务的同时，也在积极探索新的融资方式，福费廷由此在1995年被引入中国。之后，中国进出口银行建立我国最早的有关福费廷业务的管理办法和操作规程，办理多笔福费廷业务。2001年，中国银行江苏省分行为某轻工进出口公司出口酒具办理福费廷业务，开创了国有商业银行办理福费廷业务的先河。

2007年3月中国银行在全国推出国内信用证项下的福费廷产品，成为全国首家办理该项业务的银行。国内信用证项下福费廷产品的推出，既进一步丰富了国内信用证产品的功能，又扩大了福费廷的适用范围；国内信用证项下的福费廷作为一种低风险、低成本、放款速度快、无需占用企业授信的融资产品，得到客户的认可和支持，备受各类企业的关注。十几年来，福费廷与国内信用证业务相伴相生，支持国内实体经济发展，国内信用证项下的福费廷业务随着国内信用证的发展而不断发展，在 2020 年得到爆发式增长，业务量估测值达到 3 万亿元人民币以上。

近年来，国内各家商业银行在积极发展福费廷一级市场业务的同时，还大力拓展二级市场。为进一步防范业务风险，加强业务管理，更好地发挥福费廷业务在优化金融资源配置、降低企业融资成本、服务实体经济发展等方面的优势，2019 年 8 月 6 日，中国银行业协会发布了《中国银行业协会商业银行福费廷业务指引》，规范和促进商业银行福费廷业务一级、二级市场业务发展，加强相关业务跨行合作，降低业务风险。2019 年年底，中国贸易金融跨行交易区块链平台（CTFU）完成首笔福费廷二级市场跨行交易业务验证，标志着由中国银行业协会牵头筹建的 CTFU 成功上线跨行福费廷业务功能模块。

步入数字化经济时代，金融科技创新助力福费廷业务快速发展。2018 年 9 月，中信银行与中国银行、民生银行应用区块链、大数据等技术，合力开发了区块链福费廷交易平台，该平台是为福费廷业务量身打造的包括预询价、资产发布、询价确认、债权转让等功能在内的一站式应用服务平台，大大地提高了交易效率，提升了银行间资产交易的安全性，同时也降低了交易成本。

（二）我国福费廷及相关业务的开展

以下以中国银行开展的"福费廷"和"出口卖方信贷"为例做介绍。

1. 福费廷业务

福费廷是指银行无追索权地买入因商品、服务或资产交易产生的未到期债权，客户由此得到资金融通的一种中长期信贷方式。提供福费廷业务的银行可接受的债权形式主要包括：信用证、汇票、本票、有付款保函/备用信用证担保的债权、投保出口信用险的债权、IFC（国际金融公司）等国际组织担保的债权及其他可接受的债权工具，通常该债权已由金融机构承兑/承付/保付。

福费廷业务在无须占用客户授信额度的情况下，为客户提供固定利率的无追索权买断，有效地满足客户规避远期收款面临的信用风险、国家风险、利率风险和汇率风险，增加现金流，改善财务报表，获得提前核销退税等多方面的综合需求。主要的福费廷业务类型有：

（1）远期信用证项下福费廷。指银行应客户申请，在远期议付、远期承兑或延期付款信用证项下，无追索权地买入经开证行承兑/承付的远期应收款项。

（2）即期信用证项下福费廷。指在即期议付信用证项下，银行为指定议付行或信用证为自由议付，在严格审单、确保单证一致的情况下，应客户要求买断开证行应付款项。

（3）D/A 银行保付项下福费廷。即在承兑交单（D/A）项下，银行应客户要求无追索权地买入经银行保付的已承兑商业汇票。

（4）国内信用证项下福费廷。指在国内延期付款信用证和可议付延期付款信用证项下，银行在收到开证行真实、有效的到期付款确认后，从客户处无追索权地买入未到期债权。

（5）信保项下福费廷。指银行对已投保出口信用保险的出口贸易，凭客户提供的单据、投保出口信用保险的有关凭证、赔款转让协议等，向客户提供无追索权地买入未到期债权的业务。

（6）IFC 等国际组织担保项下福费廷。作为 IFC、ADB、EBRD、IDB 四家国际组织全球贸易融资项目协议参与方（保兑行身份）的银行，凭国际组织担保，无追索权地买入客户持有的未到期债权。

客户采用福费廷业务的好处：

（1）无追索权买断。银行无追索权地买断应收账款，使客户应收账款"落袋为安"。

（2）规避各类风险。客户将国家风险、买方信用风险、汇率风险、利率风险等全部转移给银行，达到规避风险的目的。

（3）无须占用客户的授信额度。福费廷业务不占用客户的授信额度，客户在没有授信额度或授信额度不足的情况下，仍可从银行获得融资。

（4）增加流动资金。客户获得 100%的资金融通，将未来应收账款转化为当期现金流入，避免资金占压，增加现金流。

（5）优化财务报表。客户在不增加银行负债的情况下，减少应收账款，改善现金流量，达到优化财务报表的目的。

（6）提前获得出口退税。根据外汇管理局的规定，办理福费廷业务，客户可以提前获得出口核销和退税，从而节约财务成本。

福费廷业务的办理流程如下：

（1）客户与银行签订福费廷业务合同。

（2）客户提交福费廷业务申请书。

（3）银行取得对债务人的授信额度或确定转卖后，与客户签署福费廷业务确认书。

（4）在客户持有票据的情况下，将票据背书给银行；在无法取得票据的情况下，双方签署债权转让书，转让债权。

（5）银行取得信用证项下开证行/指定银行的承兑/承付通知，或其他符合银行要求的债权凭证后，扣除贴现息和有关费用后将款项净额支付给客户；

（6）在出口贸易项下，银行为客户出具出口收汇核销专用联，供其办理出口收汇核销和退税。

需注意的事项是：办理福费廷业务的有关债权应是合法、真实、有效的，未设立任何抵押、质押；在 D/A 托收项下，须由有关银行在汇票上加签保付或提供担保；选择资信良好的开证行或承兑/承付保付银行，有利于获得优惠的融资利率。

🗄 案例分享

我国机械设备制造企业 A 公司拟向中东某国 B 公司出口机械设备。该类型设备的市场为买方市场，市场竞争激烈，A 公司面临以下情况：

（1）B公司资金紧张，但在其国内融资成本很高，希望A公司给予远期付款便利，期限1年。A公司正处于业务快速发展期，对资金需求较大，在各银行的授信额度基本用满。

（2）B公司规模不大，信用状况一般。虽然B公司同意采用信用证方式结算，但开证银行C银行规模较小，A公司对该银行了解甚少。

（3）A公司预计人民币在一年内升值，如等一年后再收回货款，有可能面临较大汇率风险。

A公司与中国银行联系，希望提供解决方案。为满足A公司融资、规避风险、减少应收账款等多方面需求，中国银行设计了福费廷融资方案，A公司最终采用了中国银行方案，并在商业谈判中成功将融资成本计入商品价格。业务过程如下：

（1）C银行开来见票360天远期承兑信用证。

（2）A公司备货发运后，缮制单据交往中国银行。

（3）中国银行审单无误后寄单至C银行。

（4）C银行发来承兑电，确认到期付款责任。

（5）中国银行占用C银行授信额度，为A公司进行无追索权贴现融资，并结汇入账。

（6）中国银行为A公司出具出口收汇核销专用联，A公司凭其办理出口收汇核销和退税手续。

通过福费廷业务，A公司不但用远期付款的条件赢得了客户，而且在无须占用其授信额度的情况下，获得无追索权融资，解决了资金紧张的难题，有效规避了买方信用风险、国家风险、汇率风险等各项远期收汇项下风险，同时获得提前退税，成功将应收账款转化为现金，优化了公司财务报表。

（资料来源：中国银行官网–国际贸易融资，https：//www.boc.cn/cbservice/cb3/cb35/200806/t20080627_887.html）

2. 出口卖方信贷

出口卖方信贷是指出口国为支持本国机电产品、成套设备、对外工程承包等资本性货物和服务的出口，由出口国银行给予出口商的中长期融资便利。贷款金额最高不超过出口成本的总值减去定金和企业自筹资金。由于官方出口信用保险机构（ECA）的主要经营目标是实施国家政策，不以盈利为主要目的，因此其保险费率（或担保费率）和贷款利率往往低于市场平均水平，从而致使ECA项下（保险、担保或直接融资）的出口买方信贷融资成本较一般商业贷款的融资成本低。凡出口成套设备、船舶等及其他机电产品的合同金额在50万美元以上，并采用一年以上延期付款方式的资金需求，均可申请使用出口卖方信贷贷款。

田 知识解答

出口卖方信贷的申请条件如下：

（1）借款企业经营管理正常，财务信用状况良好，有履行出口合同的能力，能落实可靠的还款保证并在银行开立账户。

（2）出口项目符合国家有关政策和企业的法定经营范围，经有关部门审查批准并有已生效的合同。

（3）出口项目经济效益好，换汇成本合理，各项配套条件落实。

（4）合同的商务条款在签约前征得银行认可。

（5）进口商资信可靠，并能提供银行可接受的国外银行付款保证或其他付款保证。

（6）出口合同原则上应办理出口信用保险。

（7）借款企业原则上应提供银行认可的还款保证。

（8）如果借款人申请了外汇贷款，则借款人必须落实相应的外汇还款来源。

办理出口卖方信贷需提交的材料如下：

（1）借款申请书（写明企业概况、申请借款金额、币别、期限、用途、还款来源、还款保证、用款/还款计划等），股份制企业的董事会关于同意申请借款的决议和借款授权书，初次借款的企业需要提交公司章程和资本金到位情况的证明。

（2）企业经年审的营业执照，近三年经年审的财务报表和贷款卡。

（3）有关主管部门对项目的批准书（包括使用外汇贷款的进口所需的批准文件）。

（4）有关商务合同副本（含出口合同、国内采购合同和使用外汇贷款的进口合同）。

（5）项目基本情况及经济效益分析报告。

（6）进口方银行出具的延付保证（即不可撤销的信用证或保函）。

（7）保险机构承诺办理出口信用保险的意向书及借款人同意将出口信用险项下赔付款优先用于还贷的证明。

（8）担保的有关资料（包括抵/质押物权属证明文件、评估报告等，以及保证人的营业执照、财务报表复印件及担保意向书等）。

（9）银行需要的其他有关材料。

（资料来源：中国银行官网-特色贷款融资，https：//www.boc.cn/cbservice/cb2/cb22/200806/t20080630_794.html）

职业素养

铸就中国海工制造"金色"竞争力
中国进出口银行倾力支持海工装备制造业发展

海工装备市场虽火，但已不是"蓝海"。海工订单"奇货可居"，许多高端海工项目的业主把钱袋子捂得紧紧的，将预付款比例一降再降，有的项目甚至低至10%。前期付款比例低，须在建造期内垫付的资金量就很大，这给船企造成了较大资金压力。

面对国内企业不断扩大的海工业务融资需求，中国进出口银行凭借在船舶融资领域19年积累的业务经验，创新业务手段，将海工装备制造项目纳入船舶出口卖方信贷支持范围，同时通过提供专项美元资金，重点支持船东在我国企业订造高端海工装备，为企业注入竞争活力。

例如，中国进出口银行与挪威银行、北欧银行联合牵头，为南通中远船务工程有限公司出口挪威克努特森航运公司下属单船公司的2艘穿梭油船提供了7200万美元贷款。由于穿梭油船是具有高技术、高附加值的船型，该领域的进入壁垒很高，这一市场被加拿大Teekay、挪威Knutsen Shipping等少数专业公司垄断。为了增强中国企业在国际市场的竞争力，中国进出口银行果断接受挪威银行的联合融资邀请，将该项目纳入船舶出口买方信贷支持范围，为南通中远船务成功斩获该订单提供了有力支撑。

在帮助企业争取海工订单的同时，中国进出口银行还十分注重帮助企业提升海工装备制造技术水平，以实现助力产业结构转型升级的愿景。例如，该行提供5亿元人民币的资金支持上海船厂船舶有限公司向新加坡出口1艘TIGER系列钻井船。该船配备了我国自主品牌的船载钻井系统，其实现的一系列技术突破将为我国今后进一步开发超深水钻井船提供宝贵经验和核心设计技术，从而使我国真正能够掌握不同水深条件下海工装备的设计和建造技术。

（资料来源：国际海事信息网，2013年7月17日，http：//www.simic.net.cn/news-show.php?id=129913，有删改。）

📑 阅读拓展

《中国贸易金融行业发展报告（2020—2021）》主要内容

《中国贸易金融行业发展报告（2020—2021）》（以下简称《报告》）共分为四章，第一章简要介绍了贸易金融业务的环境与现状，包括经济金融宏观环境、贸金业务政策环境、主要银行业务发展现状；第二章着重总结了贸易金融业务在银行与非银行供应链金融领域、交易银行经营体系和数字化发展上的创新与发展；第三章从贸易保护主义与逆全球化、新冠肺炎疫情、合规与反洗钱等方面分析了贸易融资业务面临的风险与挑战；第四章从服务国家战略和"十四五"规划、助力构建新发展格局、贯彻绿色发展理念三个方面对贸易金融未来发展进行了展望。《报告》还以专栏形式展现了丰富的贸易金融创新典型案例，旨在为中国银行业贸易金融业务的创新与发展提供宝贵的借鉴和参考。

（资料来源：《中国贸易金融行业发展报告（2020—2021）》，中国银行业协会，2021 年 9 月 1 日）

习题与训练

☞ **基础练习**

一、名词解释

1. 打包放款
2. 出口押汇
3. 授信开证
4. 卖方信贷
5. 买方信贷
6. 国际保理
7. 福费廷

二、判断题

1. 对出口商来说，福费廷业务具有防止外汇风险的作用。　　　　　　（　　　）
2. 买方信贷是卖方银行贷给买方企业或买方银行的信贷。　　　　　　（　　　）
3. 出口信贷是一种非限制性贷款，这种贷款除了用于购买贷款国的出口商品外，还可用于购买其他国家的出口商品。　　　　　　　　　　　　　　　　（　　　）
4. 福费廷业务与贴现业务均是由出口商向银行或其他金融机构卖断汇票或期票。
　　　　　　　　　　　　　　　　　　　　　　　　　　　　　　（　　　）
5. 福费廷业务与保付代理业务都是由出口商向银行卖断汇票或期票，银行不能对出口商行使追索权，二者之间是没有区别的。　　　　　　　　　　　　（　　　）
6. 利用卖方信贷，进口商或进口方银行要支付保险费、承担费、管理费。（　　　）
7. 福费廷业务主要适用于大宗交易，对于较小金额的交易，福费廷也是一种经济的短期的资金融通方式。　　　　　　　　　　　　　　　　　　　　　　（　　　）
8. 出口商所在地银行对出口商提供的信贷就是买方信贷。　　　　　　（　　　）
9. 买方信贷因其优越性，"二战"后被各国商人普遍采用，已远远超过了卖方信贷。
　　　　　　　　　　　　　　　　　　　　　　　　　　　　　　（　　　）
10. 混合贷款是指政府将援助性贷款和传统的出口信贷结合在一起向进出口商发放的一种更为优惠的贷款。　　　　　　　　　　　　　　　　　　　　　（　　　）

三、单项选择题

1. 保理业务与贴现业务的区别之一是（　　　）。
　　A. 前者对出票人能行使追索权
　　B. 两者对出票人均有追索权

C. 前者对出票人无追索权而后者则有追索权

2. 福费廷业务中的远期汇票应得到(　　　)。

　　A. 进口商担保　　B. 进口方银行担保　C. 出口方银行担保

3. 对外贸易商业信用是指(　　　)。

　　A. 银行向出口商提供的信用　　　　　B. 银行向进口商提供的信用

　　C. 进、出口商之间相互提供的信用

4. 买方信贷属于(　　　)。

　　A. 个人信用　　　B. 国家信用　　　　C. 商业信用　　　　D. 银行信用

5. 保付代理业务中的利息与手续费用由(　　　)承担。

　　A. 进口商　　　　B. 出口商　　　　C. 银行　　　　　D. 保付代理组织

6. 在保付代理业务中，信贷风险由(　　　)承担。

　　A. 进口商　　　　B. 出口商　　　　C. 保付代理组织　　D. 保险公司

7. 在大型机械装备贸易中，出口商所在地银行对进口商所在地银行提供的信贷是
(　　　)。

　　　A. 卖方信贷　　　B. 买方信贷　　　　C. 混合信用贷款　　D. 福费廷

8. 福费廷对出口商的有利之处是(　　　)。

　　A. 无外汇风险　　　　　　　　　　B. 费用低廉

　　C. 易于对外报价　　　　　　　　　D. 可使用 10 年以上远期票据

9. 买方信贷和卖方信贷向进口商或进口方银行提供贸易合同中金额的(　　　)的贷款。

　　A. 70%～80%　　　B. 80%～85%　　　C. 100%

10. 以下属于商业信用的是(　　　)。

　　A. 打包放款　　B. 出口押汇　　　C. 延期付款　　　D. 保付代理

11. 利用买方信贷只能从提供贷款国家进口(　　　)。

　　A. 粮食　　　　　B. 电器　　　　C. 煤炭　　　　　D. 资本货物

12. 对出口商来说，通过福费廷业务进行融资最大的好处是(　　　)。

　　A. 转嫁风险　　B. 获得保费收入　　C. 手续简单　　　D. 收益率较高

13. 在延期付款的大型设备贸易中，采用福费廷融资形式，风险的最后承担者是
(　　　)。

　　A. 出口商　　　　B. 进口商　　　　C. 出口地银行　　　D. 担保银行

14. 用保理业务出售商品的货价(　　　)用现汇出卖商品的价格。

　　A. 高于　　　　　　　　　　　　B. 低于

　　C. 等于　　　　　　　　　　　　D. 有时高于、有时低于

15. 在下列出口信贷的特点中，(　　　)是不符的。

　　A. 出口信贷是一种与本国出口货物相联系的约束性贷款

　　B. 贷款利率低于市场利率

　　C. 属于短期贸易融资

　　D. 与信贷保险相结合

E. 非全额信贷

16. 在福费廷业务中,进口商采用( )方式支付贷款。

    A. 即期付款   B. 延期付款   C. 两者均可

17. 使用买方信贷时,贸易合同的付款条件是( )。

    A. D/P   B. D/A   C. 即期   D. 延期

18. 采用国际保理方式收取贷款,由( )对进口人的资信情况进行调查。

    A. 出口商   B. 出口保理商   C. 进口保理商

19. 在我国现阶段,对大型成套设备出口的贷款支持是以出口( )为主要方式。

    A. 卖方信贷   B. 买方信贷   C. 混合信贷   D. 福费廷

20. 打包放款业务的受信人是( )。

    A. 出口商   B. 进口商   C. 出口方银行   D. 进口方银行

四、多项选择题

1. 保理业务受出口商欢迎的原因是( )。

    A. 货物装运完毕,即可获得现款

    B. 出口手续简便

    C. 保理组织协助出口商做出是否提供商业信用的决定

    D. 只要出口商按合同规定交货,风险由保理组织承担

    E. 可降低出口商的外汇风险

2. 出口信贷具有的特点是( )。

    A. 出口信贷与信贷保险相结合

    B. 出口信贷的利率一般低于相同条件下的市场利率

    C. 金额大、期限短、风险小

    D. 政府设立专门的出口信贷机构

    E. 出口信贷没有指定用途

3. 在短期贸易融资中银行对出口商的融资品种有( )。

    A. 打包放款   B. 银行承兑远期汇票

    C. 抵押贷款   D. 出口押汇

4. 福费廷业务对出口商的作用有( )。

    A. 改善资产负债表的状况   B. 融通资金

    C. 费用低   D. 转嫁风险

5. ( )均属于对外贸易银行信用。

    A. 银行代出口商办理托收业务

    B. 银行向出口商提供以准备出口或发往国外的货物为保证的贷款

    C. 出口商向进口商提供延期付款的信用

    D. 银行贴现出口商向进口商签发的汇票

    E. 凭出口商对进口商的债权提供贷款

6. 福费廷业务与一般贴现业务的区别在于( )。

A. 一般票据贴现如票据到期遭到拒付，银行对出票人能行使追索权，而福费廷业务则不能

B. 贴现票据一般为贸易往来票据，而福费廷票据则与出口设备相联系

C. 贴现票据要求有第一流的银行担保，而福费廷票据则无须担保

D. 办理贴现业务的手续比较复杂，而办理福费廷业务的手续比较简单

E. 贴现业务的费用负担较低，福费廷业务则较高

7. 保理业务具有的特点是(　　)。

A. 保理公司负责信贷风险　　　　　　B. 预支货款

C. 保理公司负责资信调查和账款催收　D. 保理业务收费较低

E. 需进出口双方同意

8. 出口信贷的主要类型有(　　)。

A. 买方信贷　　　　B. 卖方信贷　　　　C. 承兑信用　　　　D. 混合信贷

E. 福费廷　　　　　F. 国际保理

五、简答题

1. 简述出口信贷的概念、特点和类型。

2. 比较卖方信贷和买方信贷。

3. 分析保理业务对出口商的使用优势。

4. 分析福费廷业务与保理业务的区别。

5. 简述买方信贷被广泛使用的原因。

☞ 技能训练

一、实务题

请分别用图示描述国际保理业务、福费廷业务的操作流程，并加以说明。

二、案例题

　　东北某省农垦集团发展公司欲从意大利菲亚特公司引进一套全自动的喷灌收割农机设备。该农垦集团发展公司打算采取延期付款方式购买该项设备，设备价款为800万美元。经谈判双方确定，自设备的验收保证期满后的半年开始付款，每半年付款一次，付款期限为6年，由菲亚特公司向意大利出口信贷机构SACE申请卖方信贷。

　　在双方贸易合同洽谈的过程中，菲亚特公司欲增资重组，并筹划发行新股上市，不愿以延期收款的方式出售该设备，但又不愿丧失这次出口设备的机会。经菲亚特公司的奔走安排，SACE同意向农垦集团发展公司提供买方信贷，由中国银行哈尔滨分行对按期还款提供担保。使用买方信贷后，菲亚特公司出口设备的价格降至740万美元。

　　(资料来源：《国际金融》第三版，刘舒年、温晓芳编著，中国人民大学出版社，2011年)

请根据上述案例分析、回答问题，下列每道选择题至少有一个正确答案。

1. 菲亚特公司最初考虑接受农垦公司以延期付款方式进口设备的条件，则：

（1）卖方信贷的申请人是（　　）。

    A. 农垦公司   B. 菲亚特公司

    C. 中国银行哈尔滨分行   D. SACE

（2）贸易合同设备价款为 800 万美元，其中（　　）。

    A. 包括利息   B. 不包括利息   C. 包括管理费、承担费、保险费

    D. 不包括管理费、承担费、保险费

（3）对菲亚特公司的影响是（　　）。

    A. 有利于其资金周转加速   B. 不利于其增资重组

    C. 有利于其进行证券上市   D. 恶化其资产负债表状况

2. 农垦公司最后采取买方信贷方式进口菲亚特公司的设备，则：

（1）买方信贷的申请人是（　　）。

    A. 农垦公司   B. 菲亚特公司

    C. 中国银行哈尔滨分行   D. SACE

（2）买方信贷的发放人是（　　）。

    A. 农垦公司   B. 菲亚特公司   C. 意大利有关银行 D. SACE

（3）买方信贷一般按（　　）计收利息。

    A. LIBOR   B. Prime Rate   C. CIRR   D. Discount Rate

（4）除利息外，借款人尚需向贷款行支付（　　）。

    A. 管理费   B. 代理费   C. 杂费   D. 承担费

（5）贸易合同设备价款 740 万美元（　　）。

    A. 包括利息   B. 不包括利息

    C. 包括融资的从属费用   D. 不包括融资的从属费用

（6）贸易合同的支付条件为（　　）。

    A. 即期付款   B. 延期付款   C. D/P   D. D/A

（7）农垦公司可得到的贷款金额为（　　）。

    A. 740 万美元   B. 740 万美元加管理费

    C. 595 万美元   D. 629 万美元

参 考 文 献

［1］刘舒年，温晓芳．国际金融（第3版）［M］．北京：中国人民大学出版社，2011.

［2］陈雨露．国际金融（第5版）［M］．北京：中国人民大学出版社，2015.

［3］姜波克．国际金融新编（第6版）［M］．上海：复旦大学出版社，2018.

［4］孙连铮，张会平．国际金融（第4版）［M］．北京：高等教育出版社，2019.

［5］陈珂，韩余静．国际金融理论与操作教程［M］．海口：海南出版社，2013.

［6］倪信琦，李杰辉．国际金融（第3版）［M］．北京：中国人民大学出版社，2019.

［7］国家外汇管理局门户网站．

［8］中国人民银行官网．

［9］中国银行官网．

［10］中国外汇交易中心官网．